U0745218

国家出版基金项目
NATIONAL PUBLICATION FOUNDATION

单中惠　总主编
杜威教育研究大系

学校的公共性与民主主义

——走向杜威的审美经验论

〔日〕上野正道　著

赵卫国　主译

山东教育出版社
·济南·

图书在版编目（CIP）数据

学校的公共性与民主主义：走向杜威的审美经验论 /（日）上野正道著；赵卫国
主译. — 济南：山东教育出版社，2022.12
（杜威教育研究大系 / 单中惠总主编）
ISBN 978-7-5701-2222-6

Ⅰ.①学…　Ⅱ.①上…　②赵…　Ⅲ.①杜威（Dewey, John 1859—1952）—教育
思想—研究　Ⅳ.①G40-097.12

中国版本图书馆CIP数据核字（2022）第100682号

山东省版权局著作权合同登记号：图字 15-2022-104 号
学校の公共性と民主主義：デューイの美的経験論へ
First published in Japanese by University of Tokyo Press
Text Copyright©2010, by Masamichi Ueno
All rights reserved.
Simplified Chinese translation edition©2022 by Shandong Education Press Co., Ltd
中文简体字版由山东教育出版社有限公司在中国大陆地区独家出版发行

选题策划：蒋　伟　孙文飞
责任编辑：苏文静　齐　爽
责任校对：赵一玮
装帧设计：王玉婷

XUEXIAO DE GONGGONGXING YU MINZHU ZHUYI：ZOUXIANG DUWEI DE SHENMEI JINGYANLUN

学校的公共性与民主主义：走向杜威的审美经验论
［日］上野正道　著　赵卫国　主译

主　　管：山东出版传媒股份有限公司
出版发行：山东教育出版社
地　　址：济南市市中区二环南路 2066 号 4 区 1 号　　邮　　编：250003
电　　话：（0531）82092660　　　　　　　　　　　网　　址：www.sjs.com.cn
印　　刷：山东新华印务有限公司
版　　次：2022年12月第1版　　　　　　　　　印　　次：2022年12月第1次印刷
规　　格：710毫米×1000毫米　1/16　　　　　　印　　张：22.25
字　　数：305 千　　　　　　　　　　　　　　　定　　价：96.00 元

如印装质量有问题，请与出版社发行部联系调换。（电话：0531-82092686）

总　序

　　美国哲学家和教育家约翰·杜威（John Dewey）从1859年10月20日到1952年6月1日走过了93年的人生道路。在整个学术生涯中，杜威从哲学转向教育，既注重教育理论，又注重教育实验，始终不渝地进行现代教育的探索，创立了一种产生世界性影响的教育思想体系，成为现代享有盛誉的西方教育思想大师。凡是了解杜威学术人生或读过杜威著作的人，都会惊叹其知识的渊博、思维的敏锐、观点的新颖、批判的睿智、志向的坚毅、撰著的不辍。综观杜威的学术人生，其学术生涯之漫长、学术基础之厚实、学术成果之丰硕、学术思想之创新、学术影响之广泛，确实是其他任何西方教育家都无法相比的。

　　杜威的著述中蕴藏着现代教育智慧，他的教育思想具有恒久价值。这种恒久价值主要体现在五个方面：阐释了学校变革与社会变革的关系；强调了教育目标应该是学生发展；倡导了课程教材的心理化趋向；探究了行动和思维与教学的关系；阐明了教育过程是师生合作的过程。特别值得指出的是，杜威的那些睿智的教育话语充分凸显了创新性。例如，关于社会和学校，杜威提出："社会改革是一种有教育意义的改革"，"社会重构和教育重构是相互关联的"，"学校是一个社会共同体"，"教会儿童如何生活"，等等。关于儿童和发展，杜威提出："身体和心灵两方面的发展相辅而行"，"身体健康乃各种事业的根本"，"心智不是一个储藏室"，"解放了的好奇心就是系统的发现"，"教育的首要浪费是浪费生命"，等等。关于课程和教材，杜威提出："课程教材心理化"，"在课堂上拥有新生命"，"批量生产造就了埋没个人才能和技艺的批量教育"，"教师个人必须尽其所能地去挖掘和利用教材"，等等。关于思维和学习，杜威提出："教育的原理就是学行合一"，"做中学并不意味着用工艺训练课或手工课取代教科书的学习"，"学习就是要学会思维"，"讲课是刺激和指导反思性思维的时间和场所"，等等。关于创造与批判，杜威提出："创造与批判是一对伙伴"，"发展就等于积极地创造"，"批判和自我批判是通往创造性释放之路"，等等。关于道德教育和职业教育，杜威提出："道德教育的重要就因为它无往不在"，"道德为教育的最高最后的目的"，"品格发展是学校一切工作的最终目的"，"职业教育的首要价值是教育性的"，"普通教育与职业教育同时并行"，等等。关于教师职业和教师精神，杜威提出："教师职业是全人类最高贵的职业"，"教师是学校教育改革的直接执行者"，"教师必须是充满睿智的心灵医师"，"教师是艺术家"，"确保那些热爱儿童的教师拥有个性和创造性"，"教育科学的最终实现是在教育者的头脑里"，等等。

　　杜威的教育名著及其学术思想，受到众多哲学家、教育学家的推崇。例如，美国哲学家和教育家胡克（Sidney Hook）特别强调了杜威的《民主主义与教育》一书的经典价值："在任何领域中，在原来作为教科书出版的著作中，《民主主义与教育》是唯一的不仅达到了经典著作的地位，而且成为今天所有关心教育的学者不可不读的一本书。"①英国教育史学家拉斯克（Robert R. Rusk）和斯科特兰（James Scotland）在他们合著的《伟大教育家的学说》（1979）一书中则指出："在过去的一百年里，提供指导最多的人就是约翰·杜威。……在教育上，我们不得不感谢杜威，因为他在对传

――――――――

　　①［美］约翰·杜威著，俞吾金、孔慧译：《杜威全集·中期著作》第9卷，华东师范大学2012年版，导言。

统的、'静止的、无趣的、贮藏的知识理想'的挑战中做出了自己最大的贡献，使教育与当前的生活现实一致起来。……在20世纪70年代后期，在杜威去世后的四分之一世纪里，有一些迹象表明教育潮流再一次趋向杜威的方向。"①

尽管杜威也去过日本（1919）、土耳其（1924）、墨西哥（1926）、苏联（1928）访问或讲演，但他印象最深刻的是在中国的访问和讲演。从1919年4月30日至1921年8月2日，杜威在中国各地访问讲学总计两年零三个月又三天。其间，他的不少哲学和教育著作也在中国翻译出版，对近代中国教育的发展以及近代中国教育家陶行知、陈鹤琴、黄炎培等产生了不可忽视的影响。因此，西方教育学者中对近代中国最为熟悉，对近代中国教育影响领域最广、程度最深和时间最长的，当属杜威。

杜威在华期间，蔡元培在他的60岁生日晚餐会演说中曾这样说：杜威"博士不绝的创造，对于社会上必更有多大的贡献"②。我国近代学者胡适在《杜威先生与中国》（1921）一文中也写道："自从中国与西洋文化接触以来，没有一个外国学者在中国思想界的影响有杜威先生这样大。"③ 因此，杜威女儿简·杜威（Jane Dewey）在她的《约翰·杜威传》（1939）一书中这样提及杜威和中国的交往："不管杜威对中国的影响如何，杜威在中国的访问对他自己也具有深刻的和持久的影响。杜威不仅对同他密切交往的那些学者，而且对中国人民表示了深切的同情和由衷的敬佩。中国仍是杜威所深切关心的国家，仅次于他自己的国家。"④

---

① ［英］罗伯特·R. 拉斯克、詹姆斯·斯科特兰著，朱镜人、单中惠译：《伟大教育家的学说》，山东教育出版社2013年版，第266—288页。

② 蔡元培：《在杜威之60生日晚餐会上之演说》，见沈益洪编《杜威谈中国》，浙江文艺出版社2001年版，第330页。

③《晨报》，1921年7月11日。

④ Jane M. Dewey. *Biography of John Dewey*. // Panl Arthur Schilpp. *The Philosophy of John Dewey*. Evanston and Chicago: North-western University, 1939：42.

教育历史表明，如果我们要研究美国教育的发展，要研究世界教育的发展，要研究中国教育的发展，那我们就必须研究杜威教育思想。正如美国学者罗思（R. J. Roth）在他的《约翰·杜威与自我实现》（1961）一书的"序言"中所指出的："未来的思想必定会超过杜威……可是很难想象，它在前进中怎么能够不通过杜威。"这段话是那么睿智深刻，又是那么富有哲理。

在中华人民共和国成立后，杜威教育思想并没有受到学术界的重视，杜威教育研究在相当长的一个时期里也成为学术禁区。1980年，我国著名教育史学家、华东师范大学教育系赵祥麟教授在《华东师范大学学报（哲社版）》当年第2期上发表了《重新评价杜威实用主义教育思想》一文，第一个提出对杜威教育思想进行重新评价，在我国教育界特别在教育史学界产生了很大的影响。应该说，这是我国改革开放后对杜威教育思想重新评价的"第一枪"，引领了对杜威教育思想的再研究。赵祥麟教授这篇文章中最为经典的一段话——"只要旧学校里空洞的形式主义存在下去，杜威的教育理论将依旧保持生命力，并继续起作用"，它不仅被我国很多教育学者在杜威教育研究中所引用，而且被刊印在人民教育出版社2008年出版的五卷本《杜威教育文集》的扉页上。

自改革开放以来，在实事求是精神的引领下，我国教育学界对杜威教育思想进行了重新评价，并使杜威教育思想研究得到了深化。其具体表现在：杜威教育研究的成果更加多样，多家出版社组织翻译出版杜威教育著作，研究生开始关注杜威教育研究，中小学教师对阅读杜威教育著作颇有兴趣，等等。

特别有意义的是，华东师范大学出版社出版了由刘放桐教授主编、复旦大学杜威与美国哲学研究中心组译的中文版《杜威全集》38卷，其中包括《杜威全集·早期著作（1882—1898）》5卷、《杜威全集·中期著作（1899—1924）》15卷、《杜威全集·晚期著作（1925—1953）》17卷以及《杜威全集·补遗卷》。刘放桐教授在《杜威全集》"中文版序"（2010）中强调指出，杜威"被认为是美国思想史上最具影响的学者，甚至被认为是美国的精神象征；在整个西方世界，他也被公认是20世纪少数几个最伟大的思想家之一"。应该说，《杜威全集》中文版提供了珍贵的一手资料，不仅有助于杜威哲学思想的研究，而且也有助于杜威教育思想的研究。

2016年是杜威的最重要的标志性著作《民主主义与教育》出版100周年。值此之际，作为对这位西方教育先辈的一个纪念，美国杜威协会（John Dewey Society）于2016年4月、欧洲教育研究学会（European Education Research Association）于同年9月28日至10月1日分别在美国华盛顿和英国剑桥大学召开了《民主主义与教育》一书出版100周年纪念会。2019年是杜威诞辰160周年，也是他来华访问讲演100周年。美国芝加哥大学、哥伦比亚大学师范学院等高等学府的学者，分别举行了纪念杜威访华100周年的学术研讨会。

与此同时，在我国，不仅众多教育学者发表了与杜威教育相关的文章，而且一些教育学术期刊也开设了相关的纪念专栏或专题，还有一些全国或地方教育学术团体举行了各种形式的纪念性学术研讨活动。中华教育改进社、北京师范大学教育历史与文化研究院等还共同发起了纪念杜威来华100周年系列活动。其中，2019年4月28日举行了"杜威与中国教育高端学术会议"，人民网、新华网、光明网、中国社会科学网等分别对此进行了报道。事实表明，如果没有改革开放，我国教育学界就不会有对杜威教育思想的重新评价，也就不会有杜威教育研究的深化。

杜威是20世纪美国乃至世界上最有影响的教育家之一，他给教育带来了一场深刻的革命。杜威教育研究是西方尤其是美国教育研究中的一个重要领域，也是一个既有恒久价值又有现实意义的重要课题。对于当今我国学校的教育教学和课程改革，杜威教育思想也具有重要的现实意义。"杜威教育研究大系"的出版，既可以展示我国改革开放以来杜威教育研究的成果，又可以推动杜威教育研究在我国的进一步深化，还有助于教育学者和学校教师更深入更理性地认识与理解杜威教育思想。这是"杜威教育研究大系"出版的目的之所在。

"杜威教育研究大系"由我国杜威教育研究知名学者、华东师范大学教育学系单中惠教授任总主编，由合肥师范学院教师教育研究中心朱镜人教授、沈阳师范大学教育学院关松林教授和河南大学教育学部杨捷教授任副总主编。"杜威教育研究大系"共11分册，具体包括：

《杜威与实用主义教育思想》（单中惠/著）

《杜威教育经典文选》（朱镜人/编译）

《杜威在华教育讲演集》（王凤玉、单中惠/编）

《杜威教育书信选》（徐来群/编译）

《杜威教育名著导读》（单中惠/著）

《杜威心理学思想研究》（杨捷/主编）

《杜威教育信条》（单中惠/选编）

《杜威教育在日本和中国》（关松林/主编）

《杜威教育在俄罗斯》（王森/著）

《杜威评传》（单中惠/编译）

《学校的公共性与民主主义——走向杜威的审美经验论》（［日］上野正道/著，赵卫国/主译）

在确定"杜威教育研究大系"的总体框架时，我们主要考虑了四个原则：一是综合性。不仅体现杜威在理论与实践结合的基础上对教育各个方面进行的综合性论述，而且阐述他把哲学、心理学和教育学结合起来，以及对世界各国教育产生的广泛影响。二是创新性。凸显杜威教育著述中的创新精神和教育智慧，以及杜威教育研究的新视角、新发现、新观点和新方法。三是多样性。既有西方学者的研究，也有我国学者的研究；既有总体的研究，又有专题的研究，还有比较的研究；既有理论研究，又有著作研究，还有资料研究。四是基础性。对于杜威教育研究这个主题来讲，整个研究无疑具有重要的学术价值，但有些研究在某种意义上还是基础性研究，冀望在研究视野及研究深度和广度上推进我国杜威教育研究。当然，这四个方面也是"杜威教育研究大系"力图呈现的四个特点。

杜威教育研究是一项具有重要意义的工作，又是一项十分艰辛的工作。就拿一手资料《杜威全集》（*Collected Works of John Dewey*）来说，南伊利诺伊大学卡本代尔分校杜威研究中心前主任博伊兹顿（Jo Ann Boydston）主编英文版《杜威全集》，从1969年出版早期著作第一卷到2012年出版补遗卷，这项38卷本的汇编工作前后共花费了43年时间；由复旦大学刘放桐教授主持翻译的中文版《杜威全集》启动于2004年，从2010年翻译出版早期著作起，至2017年最后翻译出版补遗卷，也历时13年。因此，就杜威教育研究而言，如果再算上难以计数的二手资料和三手资料以及大量的相关资料，那要在相关研究中取得丰硕的创新成果并非一件易事，这需要我国教育学者坚持不懈地潜心研究。在这个意义上，"杜威教育研究大系"的出版虽然是我国改革开放以来杜威教育研究的一个具有标志性的系列成果，但也只能说是初步的研究成果。

对当今我国教育改革和发展来说，杜威教育思想仍然具有重要的现实价值。那是因为，尽管杜威与我们生活在不同时代，但杜威所探讨的那些问题在现实的教育中并没有消失，后人完全可以在杜威教育思想探讨的基础上对那些教育问题进行更深入的思考和分析，并从杜威教育思想中汲取智慧。在杜威教育研究不断深化和提升的过程中，首先要有更理性的研究意识，其次要有更广阔的研究视野，还要有更科学的研究方法。当然，展望杜威教育研究的未来，我国教育学者应该努力把新视角、新发现、新观点、新方法作为关注的重点。

"杜威教育研究大系"是山东教育出版社承担的"十三五"国家重点图书出版规划项目，也是2022年度国家出版基金资助项目。"杜威教育研究大系"的出版，得到了山东教育出版社领导的高度重视和大力支持，社长杨大卫、原社长刘东杰特别对本项目给予了诸多关心，在此谨致以最诚挚的敬意。

这里，还要衷心感谢教育理论编辑室原主任蒋伟编审和现主任周红心编审的悉心指导，以及孙文飞等责任编辑的辛勤努力。"杜威教育研究大系"项目从启动到完成历时五年多，在此应该感谢整个团队各位同人的愉悦合作。

在西方教育史上，约翰·杜威无疑是一位具有新颖的教育理念和产生巨大影响力的伟大教育家，但他自己还是最喜爱"教师"这一称呼，并为自己做了一辈子教师而感到无比的自豪。在此，谨以"杜威教育研究大系"献给为教师职业奉献一生的约翰·杜威教授。

2022年8月

中文版序言

［日］上野正道

　　杜威与中国教育的关系非常深厚，在中国，已有大量与杜威思想研究有关的力作问世，引人注目。本书聚焦20世纪20年代至30年代美国有关杜威的学校公共性和民主主义思想的研究，尝试从他的审美经验论的视角对此问题予以解释和发展。我在书中着重论述了杜威的教育思想和实践的轨迹，即他是如何批判美国传统自由主义并发展到民主主义思想的。他把民主主义定义为"生活方式的问题"，探究了社区中多元人群共生的教育方式。

　　下面讲述的内容虽然在我的书中没有涉及，但非常重要。众所周知，杜威在1919年至1921年期间到访日本和中国。他于1919年2月抵达日本，并在此后的一个多月时间里，在东京帝国大学（现东京大学）以《当前哲学的位置——哲学改造的若干问题》为题进行了八次讲演。此后，1919年4月至1921年8月，杜威在中国停留，其思想给中国的教育和社会带来了巨大的影响。杜威两年多的中国之行，适逢中国社会迎来巨大变革的重要时期。1911年的辛亥革命推翻了长达两千余年的封建帝制，建立了试图采用民主共和制的中华民国。20世纪初的中国，经历了第一次世界大战的爆发、"二十一条"不平等条约的签订、"二次革命"与"三次革命"的风起云涌以及民族资本主义的"短暂的春天"，近代化脚步向前迈进。在五四运动和新文化运动前后，美国和欧洲的思想也渗透到了中国。杜威之所以到访中国，是因得知他访日的陶行知给在北京大学任教的胡适发了一封信，告诉胡适为了中国的新教育建设，想通过胡适邀请杜威访华。杜威在五四运动四天前的1919年4月30日到达中国。他刚到北京就目睹了学生们的示威游行，深受触动。

随着五四运动和新文化运动影响的扩大，杜威得到了广泛的支持。杜威是新知识分子的象征，在"民主与科学"的呼声中，作为体现"德先生"（民主）和"赛先生"（科学）的思想家被广泛接受。杜威在中国考察期间，考察访问了上海、北京、天津、辽宁、河北、山西、山东、江苏、江西、湖北、湖南、浙江、福建、广东等地，并在各地进行了演讲。杜威在北京大学的演讲题目是《社会哲学与政治哲学》《教育哲学》《伦理讲演纪略》《思想之派别》《现代的三位哲学家——威廉·詹姆斯、安利·伯克森、伯特兰·罗素》，这些演讲都收录于胡适翻译编辑的《杜威五大演讲》，该书于1973年由夏威夷大学出版后，英译本也得以出版。

1919年10月20日，得到北京教育团体的援助，北京各界为杜威举办了60岁生日宴会，蔡元培在晚餐会上进行了演讲。演讲的开头提到"（杜威）博士与孔子同一日生。这种时间的偶合，在科学上没有什么关系"，但"我们心理上不能不有特别的感想"。蔡元培说，杜威是"民主主义"的教育家，而孔子是"中国第一个平民教育家"，"孔子的理想和杜威博士的学说有许多共同之处"。在蔡元培看来，杜威的思想是探索"新教育"和"民主教育"的，可以与孔子的"平民教育"思想相比较。实际上，近年来也有学者将孔子的哲学表述为"孔子民主主义"，并展开了与杜威思想比较的研究。

此外，陶行知试图将杜威的教育理论在中国付诸实践，他主张"生活即教育""社会即学校"的理念，开始了教育改革。陶行知发起的以儿童的创造性、自发性和问题解决为主体的教育运动，具有与现代素质教育和核心素养教育相通的革新意义。目前，我们正在从偏重知识传授与记忆的传统授课和学习的模式，转向重视培养儿童的自主性、创造性，提高他们的实践能力和探究性思考能力的授课和学习的模式，侧重问题解决和课题学习、通用的学习能力、项目式学习、生活教育、体验式学习、批判性思维、逻辑思维、对话交流、研讨会式学习等能力的培养。这些全世界广泛实践的教育和学习模式，有不少人认为是发端于杜威的教育理论的。另外，随着全球化的发展和中国融入世界程度的加深，中国在PISA（国际学生评估项目）的比赛中也取得了显著的成绩。在教育发生巨大变化的情况下，杜威的教育理论引起了新的关注，越来越多的人认识到它的重要性。

杜威的民主主义教育思想，对于我们考虑当今全球化背景下的教育前景也具有重要的指导意义。特别是杜威的经验论美学，将哲学和实践结合，构建了连接教育和公共性的桥梁，这个观点富有深意。本书论述了杜威在费城的巴恩斯基金会中，通过艺术致力于重构民主主义和公共性的实践。在他看来，艺术使人们产生了共存的交流，扎根于社会公共性而形成。我希望本书的出版，能加深人们对杜威教育思想经验论美学的理解，为学校公共性的形成和发展作出贡献。

值此本书中文版出版之际，我谨向山东师范大学赵卫国副教授和其他译者表示衷心的感谢。从2015年至今，我一直担任山东师范大学心理学院客座教授，在研究和教育两方面都受益匪浅。在新冠肺炎疫情发生之前，我几乎每年都会去山东师范大学进行学术交流和实践交流。在此特别感谢山东师范大学党委副书记张文新教授。张教授是中国学生发展核心素养研究项目山东课题组的负责人，我与张教授和他的研究团队就中国和日本学生核心素养的实践、研究等进行过多次深入的学术交流，获益良多。同时衷心感谢山东师范大学心理学院的李寿欣教授、高峰强教授、纪林芹教授、赵景欣教授、王美萍教授、陈光辉教授，山东师范大学外国语学院日语系主任李光贞教授、崔颖副教授，感谢山东师范大学的学生们，在与各位老师和同学的学术交流中我学到很多。感谢山东师范大学附属小学、山东师范大学附属中学的学生们、老师们，从他们那里我得到了很多学习的机会。最后，我想向负责本书编辑发行的山东教育出版社的工作人员表示深深的感谢。

序　言

［日］佐藤学

　　本书详细探讨了20世纪20年代至30年代约翰·杜威对自由主义的再概念化和美学经验的省察，探究了支撑民主主义的公共哲学的形成和发展过程。20世纪80年代以后，以美国为中心，西方学术界出现了被称为"杜威复兴"的新形势和新潮流。上野正道博士在充分梳理这些最新研究成果后，通过细致、严谨的资料调查，将杜威公共哲学基础之一的艺术思想进行了概念化，聚焦至今为止被等闲视之的杜威公共哲学与美学之间的联系。因此，本书不仅是研究杜威实用主义教育哲学的最佳学术文献，也是探讨杜威公共哲学与美学二者密切联系的一部力作。

　　目前虽有大量杜威教育研究的论文和著作问世，但本书的学术成就更胜一筹。因为它一方面凸显了杜威基于联结主义理论（associationism）的教育政治学的骨架；另一方面，作者不辞劳苦，通过对大量史料的挖掘和分析，还原了杜威通过教育实现审美经验与公共性联结的奋斗足迹，这为我们克服新自由主义和重构公共教育的现代改革课题，提供了宝贵的学术和理论的启示。特别是本书后半部分，重点考察了杜威与巴恩斯基金会在艺术活动方面的积极合作过程，这是日本国内外任何杜威研究学者都没能取得的杰出贡献，对此，我深信上野博士的研究将会得到国际学术界同行的高度评价。

　　本书取之于上野博士的博士论文，他在付诸出版前潜心推敲，用心打磨。因而可以说，本书既属于"杜威复兴"的一个成果，又完成了一个伟大的挑战，因为上野博士的工作是把一直陷入封闭状态的教育学，勇敢地推向公共哲学、政治哲学、美学领域并进行研究。对其成就赞不绝口的同时，也更加期待他今后的学术进展。

　　是为序。

凡　例

1. 引用文献、使用原著内容处，均已标明原著的作者名、书名、出版社名、发行年份及页码。参照译文处，均已标明译作的作者名、书名、译者名、出版社名、发行年份及页码。

2. 原著及译作均已在参考文献中标明原著的作者名、书名、出版社名、发行年份，以及译作的作者名、书名、译者名、出版社名、发行年份。参考文献中列举的原著与译作中，译作原文与笔者所参考的原著的版次不尽相同；此种情况笔者会标记出所参考的版次。

3. 关于频繁引用和参考的文献资料，简记如下。

引用杜威著作集Dewey, John, *The Collected Works of John Dewey, 1882–1953*中的：

The Early Works of John Dewey, 1882–1898, 5 vols., Boydston, Jo Ann（ed.）, Carbondale: Southern Illinois University Press, 1967–1972.

The Middle Works of John Dewey, 1899–1924, 15 vols., Boydston, Jo Ann（ed.）, Carbondale: Southern Illinois University Press, 1976–1983.

The Later Works of John Dewey, 1925–1953, 17 vols., Boydston, Jo Ann（ed.）, Carbondale: Southern Illinois University Press, 1981–1991.

这些引用，分别标记为*The Early Works*, *The Middle Works*, *The Later Works*，并注明卷数及页码。

引用杜威书信集Dewey, John, *The Correspondence of John Dewey, 1871–1952*, 3 vols., Hickman, Larry A.（ed.），InteLex Corporation, 2005. 的内容，标记为*The Correspondence of John Dewey*并注明页码。

引用馆藏于宾夕法尼亚大学档案与记录中心的乔赛亚·H. 彭尼曼记录集Penniman, Josiah H., *Office of the Provost, Josiah H. Penniman（1868–1941）, 1921–1940, Records, 1887–1941*（UPA 6.2 P），Box 2, Folder 35, Philadelphia, Pa.: University Archives and Records Center, University of Pennsylvania. 的内容，标记为*Josiah H. Penniman Records*。

4. 引文中的……表示中略，（　）表示原作者的补充，[　]表示引用者附加的内容。

目 录

序章　走向学校公共性的观点

第 1 节　研究主题

1　教育改革与公共性的现状

围绕学校公共性的争论呈现出一派盛况。20世纪80年代以后，美国及日本在理论和实践上主导了以新自由主义（neo-liberalism）为基础的学校公共性改革系谱。这一思潮对20世纪30年代以后的福利社会的自由民主主义（liberal democracy）进行了批判，并继承了19世纪自由放任主义（laissez faire），即将政府对市场的介入控制在最低限度；把选择与竞争的市场原理导入学校教育的同时，也保持加强推动爱国心与共识教育的保守性格。另一方面，以2008年的金融危机为发端，世界性经济萧条不断扩大，这导致对罗斯福新政（The New Deal）进行重新评价的动向愈发活跃。众所周知，罗斯福新政曾在20世纪30年代经济危机下推动政府进行积极的经济干预，人们从中得到启示，批判市场原理主义，加速重构全新社会经济系统的步伐。

新自由主义在19世纪80年代席卷而来，20世纪30年代以后，福利国家在自由民主主义的影响下，财政赤字扩大，加速了走向均衡财政和福利，公共服务的削减与民营化并放宽限制的"小政府"政策。美国芝加哥大学的米尔顿·弗里德曼（Milton Friedman，1912—2006）在对新政与自由主义进行批判的同时，对19世纪自由放任主义与自由主义表示拥护，并提倡授课联票制度等学校选择与竞争的市场原理。[①]弗里德曼的理论是20世纪80年代里根经济

---

① Friedman, Milton & Rose, *Free to Choose*: *A Personal Statement*, New York: Harcourt Brace Jovanovich, 1980.

学（Reaganomics）的成立基础，同时为20世纪90年代威斯康星州的密尔沃基市（1990年）、俄亥俄州的克利夫兰市（1996年）、佛罗里达州（1999年）等地区导入教育券（Education Voucher）制度提供了理论支持。①

在这一潮流中，家长、地区居民与教师们在公共资金的援助下，设立了学校运营的特许学校（Charter School）。这种学校被称为"新型学校"，获得了民间团体的特别认可，是由教员及工作人员共同运营的公办民营学校。20世纪80年代在美国教师联盟（American Federation of Teachers）的全国代表大会上得到提案，1991年明尼苏达州颁布了特许学校法（*Charter School Law*），以此为开端，逐渐扩大到整个美国。②此外，从2002年起，美国出台了《不让一个孩子掉队法案》（*No Child Left Behind Act of 2001*），其中就学力测试、责任制及学校选择等，提出了基于市场原理的教育政策的改革方向。③

新自由主义政策也是20世纪80年代以后推动日本教育改革的原动力。从1984年到1987年，临时教育审议会作为当时中曾根康弘首相的咨询机构，为中曾根政府提出了各种教育改革方案，如教育的个性化与自由化，成为之后促进放宽市场竞争的先驱。实际上，20世纪90年代以后的改革促进了从国家层面到

① 教育券制度是指由政府给监护人支付可抵私立学校学费的现金交换券（voucher）的制度，减轻了就学于私立学校的家庭的负担。由此扩大了公立学校与私立学校的竞争和学校选择的幅度，在提高学校整体教育质量的方面推进了教育的市场原理导入。

② 据美国教育改革中心（The Center for Education Reform）的资料所示，2008—2009年度全美国的特许学校达到4578所，以加利福尼亚州（802所）、亚利桑那州（510所）、佛罗里达州（283所）等地为中心，学生规模达到140万名。（The Center for Education Reform网站，http://www.edreform.com/_upload/CER_charter_numbers.pdf，2009年7月1日阅览。）另外，关于1991年以明尼苏达州为首的早期特许学校的设立过程，参考了如下书籍。[美]纳桑·乔著，[日]大沼安史译：《特许学校——你也能创立的公立学校》，一光社1997年版。

③《不让一个孩子掉队法案》，作为2002年1月8日大总统签署的公法107—110，是对1965年《初等中等教育法》（*Elementary and Secondary Education Act of 1965*）进行修正而成的。正式名称为《为了不让一个孩子掉队，消除责任、灵活性、有选择的学力差的法律》（*An Act to Close the Achievement Gap with Accountability, Flexibility, and Choice, so that No Child Left Behind*）。（U.S. Department of Education主页，http://www.ed.gov/policy/elsec/leg/esea02/pg62.html，2008年2月1日阅览。）

民间的权限让渡。正如学校选择制的推动、精英式中高一体学校的设立、对学校的外部评价竞争原理的导入、围绕教育券制度的争论所示，教育改革向着扩大市场原理的方向发展。①另外，试图导入和创建日本特色特许学校的动向也推动了新自由主义政策。②以竞争及选择等市场统管为方针的新自由主义的核心，构成了现代教育改革的核心原理。另一方面，从全球性经济衰退后的2009年4月起，日本全国开始了以公立国民中小学校舍及体育馆的耐震化、经济化、ICT（国际竞争力强化计划）为目标的基础设施的整修，这些作为政府应对经济危机策略的一环，展示了学校的新政构想。③

新自由主义还是新政？在方向相反、性质迥异的政治系谱前行的分水岭中，对学校公共性的发问，形成了展望近期教育前路并为其确定方向的不可或缺的政策争论点。这些发问展示出对美国20世纪80年代以后一系列教育改革中凸显的问题进行重新发问的必要性。并且，对这一发问的回答，伴随着与历来的公共性和私人性相关的历史和概念范例的转换，对引导美国政治、社会和教育的自由主义与民主主义的关系进行了重建。雷蒙德·戈伊斯（Raymond Geuss）在探究与公共性和私人性相关的历史过程的著作《公与私的系谱学》（2001）中，对引导近代公共性概念的自由主义思想中的公私两分法尝试予以解体。戈伊斯对将近代自由主义、民主主义、权利、国家概念视为没有矛盾的、相互结合的观点进行了批判。对于在自由主义的传统中，将权利及市场概

---

① [日]藤田英典：《教育改革的前路——格差社会还是共生社会》，岩波书店2006年版。[日]佐贯浩、世取山洋介编：《新自由主义教育改革——其理论、实践与对抗轴》，大月书店2008年版。

② [日]金子郁容、铃木宽、涉谷恭子著：《学校共同体的设想——为了学校的改革》，岩波书店2000年版。[日]黑崎勋：《新式公立学校——社区学校的创建过程与选择所导致的学校改革》，同时代社2004年版。

③ 日本文部科学省主页，http://www.mext.go.jp/a_menu/shisetu/newdeal/index.htm，2009年6月25日阅览。

念长久置于预定调和关系中的观点，他的批判尤其具有启发性。①

本书的主题即从自由主义的重建和重新概念化的角度出发，对20世纪20年代至30年代约翰·杜威（John Dewey，1859—1952）所探究的学校公共性的形成予以分析，并对他以民主主义与公共性为原理而做出的学校改革的构想并付诸实践的过程进行考察。具体来讲，就是基于史料，对在20世纪20年代至30年代美国社会中自由放任主义与新政互相对立和竞争的背景下，杜威是如何规划和促成学校的公共性进行叙述。这一时期，他公开发表了《人性与行为》（1922）②、《公众及其问题》（1927）③、《自由主义与社会行为》（1935）④等大量的著作及论文。本书将从其著作及论文中抽出其论及的"公共产品"（the public）、"公共行为"（public action）、"公众关注"（public concern）、"公共目标与政策"（public aims and policies）、"公众"（the public）等概念，作为自由主义批判领域的"公共性"（publicness）理论的构成内容，由此深入探讨杜威是如何构筑与学校公共性有关的综合性概念并开展实践的。杜威从符合潮流的自由主义的桎梏中解放了民主主义，并通过基金会着手进行学校改革。而且，他还将民主主义定义为"共同生活的方式"（a way of living together），认为公共性的基础中存在"审美经验"（aesthetic experience）。杜威以此形式扩大了民主主义与公共性的构想，并在与自己紧密相关的巴恩斯基金会（The Barnes Foundation）的艺术教育实践中将其具体化。

在21世纪复杂且高度发展的全球化世界背景下，为何特意着眼于20世纪20年代至30年代学校改革及其公共性这一主题呢？在这种背景下，对涉及战后福利国家建设的自由民主主义成立前后杜威的政策展望与实践进行叙述，其必要性在于以此对今天的新自由主义和新政自由主义的二选一持有批判性、发展

① ［美］雷蒙德·戈伊斯著，［日］山冈龙一译：《公与私的系谱学》，岩波书店2004年版。

② Dewey, John, *Human Nature and Conduct*, *The Middle Works*, vol. 14, pp. 1–230.

③ Dewey, John, *The Public and Its Problems*, *The Later Works*, vol. 2, pp. 235–372.

④ Dewey, John, *Liberalism and Social Action*, *The Later Works*, vol. 11, pp. 1–65.

性的思辨，并为重建学校公共性开拓新的方略与视角。在教育改革推进、学校面临重编的现代状况中，对20世纪20年代以后杜威的学校公共性进行探究具有重要意义。

2 作为自由主义批判领域的公共性

概观《自由主义与社会行为》中杜威的主张，我们可以认为，美国的自由主义思想源流主要是受英国约翰·洛克（John Locke，1632—1704）"权利"概念影响而发展起来的。这种解释方法，在传统的美国史研究中也得到沿袭。例如，以20世纪20年代的卡尔·贝克尔（Carl Lotus Becker，1873—1945）的《论〈独立宣言〉：政治思想史研究》（1922）[1]及20世纪50年代路易斯·哈茨（Louis Hartz，1919—1986）的《美国的自由主义传统》（1955）为代表，历来的研究倾向于从美国革命所受的影响角度对洛克的《政府论》（1689）[2]进行考察。一方面，哈茨对托克维尔（Charles Alexis Henri Maurice Clérel de Tocqueville，1805—1859）的《论美国的民主》（1835）[3]加以关注。由此可见，美国"最大的优势"在于未曾经历"民主主义革命的痛苦"便到达了"民主主义的状态"。哈茨以托克维尔的研究作为依据，将"自由"及"平等"等构成洛克思想核心"自然状态"（state of nature）的"自然法"（natural law）和美国自由主义的思想起源相结合，从还原体现美国社会的角度进行了阐明。[4]

另一方面，在哈茨以后的美国史研究中，出现了大量强调美国革命与共

---

① Becker, Carl, L., *The Declaration of Independence*: *A Study in the History of Political Ideas*, New York: Alfred A. Knoph, 1942.

②［英］约翰·洛克著，［日］伊藤宏之译：《全译〈政府论〉》，柏书房1997年版。

③ Tocqueville, Charles Alexis Henri Maurice Clérel de., *Democracy in America*, New York: A. A. Knopf, 1987.

④ Hartz, Louis, *The Liberal Tradition in America*: *An Interpretation of American Political Thought Since the Revolution*, New York: Harcourt, Brace, 1955.

和主义蜜月关系的研究。然而在20世纪90年代以后，超越自由主义抑或是保守主义的思想对立，重新着眼于洛克与美国思想的关系，人们又对此展开了活跃的研究。此时，20世纪50年代哈茨的研究衰退，洛克以"权利""同意""契约"为中心进行论述的《政府论》第2编《论公民政府的真正起源、范围和目的》对18世纪60年代至80年代的美国革命产生的影响，则得到了细致的解读。①

引导19世纪自由放任经济政策的自由主义，作为影响美国自由主义产生、发展的另一个旗手，与洛克的思想同样受到关注，它起源于亚当·斯密（Adam Smith，1723—1790）的古典经济学（classical economics），经由赫伯特·斯宾塞（Herbert Spencer，1820—1903）的社会进化论的影响而形成。杜威认为，拥护市场为自律、自然发生且预定调和的空间的这个思想系谱，与"适者生存"（survival of the fittest）、"物竞天择"（natural selection）的社会进化论相互联结，推动政府取消对市场的限制，为自由放任的市场竞争的正当性提供了依据。②弗里德曼的经济学为20世纪80年代以后的选择与竞争的市场原理提供了方向，与讴歌自由放任主义的19世纪自由主义的发展系谱有关。实际上，弗里德曼对来源于斯密的市场理念表达了坚定的支持。③

20世纪80年代以后，新自由主义教育学应用弗里德曼的理论，对20世纪前半叶的福利国家的社会经济政策进行了批判。例如，率先发起择校论的布鲁金斯学会（Brookings Institution）的约翰·查布（John E. Chubb）与斯坦福大

---

① Appleby, Joyce, *Liberalism and Republicanism in the Historical Imagination*, Cambridge, Mass.: Harvard University Press, 1992. Cohen, Nancy, *The Reconstruction of American Liberalism*, 1865—1914, Chapel Hill, N. C.; London: The University of North Carolina Press, 2002. ［日］大森雄太郎：《美国革命与约翰·洛克》，庆应私塾大学出版会2005年版。

② ［美］理查德·霍夫施塔特著，［日］后藤昭次译：《美国的社会进化思想》，第42-43页，研究社1973年版。杜威出生的1859年，正值达尔文（Charles R. Darwin，1809—1882）的《物种起源》出版，杜威于19世纪后半时期社会进化论走向全盛的背景下度过了青年时代。斯宾塞的著作，从19世纪60年代至20世纪初在美国颇为畅销，销量高达36万册。

③ Friedman, Milton & Rose, *Free to Chose*: *A Personal Statement*, op. cit.

学的特里·莫（Terry M. Moe），在他们共同撰写的《政治、市场、美国的学校》（1990）中批判道，20世纪前半叶，进步主义时期的教育改革导致了学校的国家化、官僚组织化。查布和特里·莫将市场视作自由自然的空间并进行拥护，同时对学校的政治性、官僚性统管进行了批判。他们提倡，应将学校教育从人为统管的行政系统移交至自然空间的市场系统。而且，通过将上学区域弹性化和引入择校制度，家长和儿童可以根据多样的需求选择具有魅力的学校，从而推进这种公共教育的市场统一管理。[①]正如弗里德曼、查布和特里·莫的论争所代表的那样，现代的新自由主义视福利国家的自由民主主义为批判的对象，这包括从20世纪前半叶的进步主义到后来的罗斯福新政以及战后凯恩斯主义的主张。新自由主义以此成为它的另一种选择，展开了以19世纪自由主义为模范的争论。[②]在这层意义上，我们认为，传统的自由主义思想为预备构建学校公共性提供了方向。[③]

---

① Chubb, John E., Moe, Terry M., *Politics, Markets, and America's Schools*, Washington D. C.: The Brookings Institution, 1990.

② 关于这一点，苅谷刚彦着眼于19世纪后半时期到20世纪初期的社会学者莱斯特·沃德（Lester Frank Ward，1841—1913）与社会进化论学者威廉·萨姆纳（William G. Sumner，1840—1910）的对立，在对前者"执行平等主义"的人为构建为目标的思想进行拥护的同时，也认为"竞争的自由化是社会进化的原动力"，将后者对"政府等同于国家介入"限至最低限度的自由放任主义思想称作"现代新自由主义的元祖""100年前的'新自由主义'"并进行批判。（［日］苅谷刚彦：《教育的世纪——学习、教育思想》，弘文堂2004年版。）

③ 围绕自由主义意识形态发展的状况也符合战后日本的教育改革。佐藤学认为，主导二战后教育学潮流的是标榜"对于国家权力的专制和压抑'个人'自由"的"19世纪市民社会规范的自由主义意识形态"。这一思想提出"学校教育和政治权利的'自由'和'中立'"，主张课程的"选择自由"与"多样性"，要求扩大以"人权"为基础的"'公共领域'的参与集会"。但佐藤学指出，以19世纪自由主义为模范的这一教育学构想，在20世纪80年代以后市场原理主义的新自由主义的来袭面前变得无效。作为其具体的问题，佐藤学指出，战后教育学中的"教育的'中立性'的原则"发挥了"使学校脱离政治化、使教师在政治上无能化的作用"；而且，主张传统自由主义的"自由"与"个性"构想，虽然在对课程的"官僚行政"的"统一性"进行批判时发挥了一定的作用，但对于推动"选择自由""多样性""个性化"为基础的"自由市场"的现代教育改革来说，并不具备适当的批判力，这成为一个问题。（［日］佐藤学：《课程评价——走向公共性的重建》，第289-292页，世织书房1996年版。）

另一方面，20世纪20年代至30年代，杜威对洛克提出的自然权利思想、19世纪的自由放任主义及罗斯福新政进行了批判，并探究了以人与人之间信赖关系的网络为基础的新公共性形式。他从开拓公众参与讨论的社会性协同活动与联合体的观点出发，勾画了公共性概念的轮廓。根据杜威的理解，刻有个人主义自然观念的传统自由主义导致了协同的联合体与共同体的解体。对此，杜威通过公众多样的交流与活动形成社会的联系与网络，并以构建政治伦理的"作为生活方式的民主主义"（democracy as a way of living）为指向。其中心战略便是着手进行立足于民主主义与公共性的学校改革。杜威在《自由主义与社会行为》中论述道，作为"激进主义"的"新自由主义"（renascent liberalism）的"第一目标"在于"教育"。[1]杜威谋求创建结合民主主义与教育、通过多样的行为主体间协同与联系构成的"公共行为机构"（agencies of public action）的学校。这一构想在设立于费城郊外梅里奥的巴恩斯基金会的艺术教育中得到了实践。杜威与巴恩斯基金会的创立者阿尔伯特·巴恩斯（Albert C. Barnes，1872—1951）共同构建了基金会与大学、城市间协同的关系网络，并试图推动艺术教育的发展。在他看来，推动学校公共性的主体，正是多种机构间的协同运作与构成关系网络的公众行为与活动。

3　公共性概念的类型

在本节中我将对公共性概念的争论进行整理，并将其与杜威的教育理论进行比较和分析。于尔根·哈贝马斯（Jürgen Habermas，1929—　）与汉娜·阿伦特（Hannah Arendt，1906—1975）关于对公共性的争论，在日本教育学领域也受到瞩目。英语"公共"（public）一词的词源是拉丁语的"公共"（publicus），它表示由一般人构成的"公共产品"。与此相对，在日本，

---

① Dewey, John, *Liberalism and Social Action*, op. cit., pp. 44-45.

"公"的领域多次被视为令人联想起国家及行政所管辖的"政府"领域。"公务""公路""公团""公共资金"等冠以"公"字的概念，普遍会使人联想起包含"私"的高级概念。另一方面，通过与拥有多样社会文化背景的人们进行交流与合作而产生出的"公共性"思想与观念，尚未成熟。当时哈贝马斯和阿伦特思想的引入，也提供了与公共性相关的新的认识框架与展望。

哈贝马斯受到了西奥多·阿多诺（Theodor Adorno，1903—1969）及马克斯·霍克海默尔（Max Horkheimer，1895—1973）等法兰克福学派（Frankfurter Schule）第一代批判性社会研究的影响，他支持"生活世界"的"交流"，并探索立足于自由主义的"市民公共性"（die bürgerliche Gesellschaft）的方向性。哈贝马斯的《公共领域的结构转型》（1962）使"公共性"（die Öffentlichkeit）概念脍炙人口。在本书中，他将19世纪70年代以后资本主义社会中国家权力对"市民社会"（Zivilgesellschaft）的介入批判为"机制引起的生活世界的殖民地化"。在哈贝马斯看来，"市民的公共性"位于政治权力之外并对其进行监督，具备"对于公共权力的批判"功能。据他所述，18世纪至19世纪初得到发展的英国的咖啡屋、法国的沙龙、德国的读书俱乐部等都是"市民公共性"的理念形态，普通人可以在那里进行交流和争论。不过，"市民公共性"也展现出危机，即从19世纪后半叶起，大众传媒及文化产业的普及，导致了关于政治的"争论文化的公众"日益衰退，而"消费文化的公众"转变为以"私生活圈"为中心并不断扩大。我们可以说，从交流方式的变化对与"公共性"相关的历史构造转换进行阐明这一点上，哈贝马斯留下了不朽的功绩。

然而，哈贝马斯的"公共性"原型，是以中产阶级市民阶层达成共识为目标的言论空间，是以与国家相区别的"市民社会"为基础的19世纪自由主义。与此相对，在《公共领域的结构转型》（第2版）中，哈贝马斯强调了作为独立于"国家"与"市场"的空间"市民社会"，并将"公共性"的争论转向这里。其中，他以教堂、文化小组、学术团体、独立媒体、运动团体、娱乐团体、辩论俱乐部、市民论坛、市民运动、同行公会、政党、劳动公会等非主流的设施作为例证，对"基于自由意志的非国家、非经济的结合关系"下的"联合体"寄予了期待，这一点值得我们注意。[①]而且，近年来哈贝马斯主张"讨论伦理"的"规范"，并从构建"立宪民主主义法治国家"的角度出发，以期培养新的"公共圈"，这一点也不容忽视。[②]

　　美籍德裔犹太学者汉娜·阿伦特的思想源于其在第二次世界大战中受纳粹迫害流亡至美国这一历史背景，这一点极具启发性。阿伦特在《人的条件》（1958）中，将人类的"行为"分为"行动"（action）、"劳动"（labor）及"工作"（work）三类，并突出了与受人类生命需要所驱的"劳动"和与达成目的的手段及生产相关的"工作"相对的"行动"所具有的积极性意义。由此可见，比起回应人类是"谁"（who），"劳动"的空间更被视作遵从于"什么"（what）的"属性"及"社会地位"而行动的领域。阿伦特超越了这种"表征的空间"（the space of representation），在人与他人之间相互行为产生的关系之中创造出"表象的空间"（the space of appearance），在其中把握"公共性"。"行动"的领域在对他人本身的"唯一性"与"复数性"进行维持和保障的同时，也受到人们对共同生存的"共同世界"的关注和支撑。她发现其原型是古希腊的都市空间城邦（polis），并对近代社会中私人化行为所导致的"社会产物"的支配进行了批判。阿伦特的"公共性"，是人与人之"间"（in-between）并产生"人际关系的'网眼'"（the "web" of human

　　①［德］于尔根·哈贝马斯著，［日］细谷贞雄、山田正行译：《公共领域的结构转型》，未来社1994年版。

　　②［德］于尔根·哈贝马斯著，［日］河上伦逸、［德］曼弗雷德·休伯、［日］平井俊彦译：《交流行为的理论》，未来社1985—1987年版。［德］于尔根·哈贝马斯著，［日］河上伦逸、耳野健二译：《事实性与妥当性——对法与民主法治国家的争论伦理的研究》，未来社2002—2003年版。［德］于尔根·哈贝马斯著，［日］清水多吉、朝仓辉一译：《争论伦理》，法政大学出版局2005年版。

relationships）的空间，被视为拥有多元认识的"他者性"空间。①

从人类学的视角看待阿伦特的观点时，引起争论的要点是《艾希曼在耶路撒冷：一份关于平庸的恶的报告》（1963）中论及的"平庸之恶"（the banality of evil）。阿伦特于1961年旁听了对参与屠杀犹太人的纳粹亲卫队军官阿道夫·艾希曼（Karl Adolf Eichmann，1906—1962）的判决。基于自身经历，与试图证明艾希曼潜在的穷凶极恶之心的检察官和舆论的期待不同，阿伦特认为艾希曼当时仅仅是一名遵守纳粹德国法律的"普通"人。而且，正如艾希曼所陈述的那样，所谓人类的"恶"，与其说它存在于根源中，倒不如说它是由缺乏思考、无判断、盲目服从权威而犯下的罪恶。②"平庸之恶"来源于人们的"停止思考"，即对自己思想的消除，对命令的无条件服从，放弃个人判断权利的恶，与"公共世界的丧失"息息相关。③在《人的条件》中，阿伦特谋求创造以"行动"为主题的"公共空间"，在此基础上也提到了"思考"及"判断"的辅助作用，这成为解释杜威的公共性构想时的另一个参照轴。在以上内容的基础上，我们应该注意，在阿伦特看来，"公共性"并非包含"私人性"的高级概念，而是被提示为人与人之"间"的产物，它提倡维持基于政治行为与行动的"复数性"的"公共空间"改造。另一方面，在她看来，"公共产品"与"社会产品"的两分法的观点尚未消除，因此便呈现出一种局限，

---

① ［美］汉娜·阿伦特著，［日］志水速雄译：《人的条件》，筑摩书房1994年版。以阿伦特观点为依据对教育公共性进行论述的人物有小玉重夫。小玉重夫从自由主义批判的观点出发，对萨缪尔·鲍尔斯（Samuel Bowls）和赫伯特·金蒂斯（Herbert Gintis）的教育改革论进行解读，以将其与阿伦特的思想及激进民主主义的理论相联系，对扎根于"学习过程的民主化"的教育改革构想进行了提示。小玉重夫的研究，在超越20世纪50年代的福利国家构想与20世纪80年代的市场原理的两种语境中把握对教育改革与公共性的"重审"，这一点非常重要。（［日］小玉重夫：《教育改革与公共性——从鲍尔斯、金蒂斯到汉娜·阿伦特》，东京大学出版会1999年版。）

② ［美］汉娜·阿伦特著，［日］大久保和郎译：《艾希曼在耶路撒冷：一份关于平庸的恶的报告》，三铃书房1994年版。

③ ［日］山胁直司：《全球本土化公共哲学》，第13页，东京大学出版会2008年版。

即关于社会、经济意义上的公共政策与制度构建的组织化的论点尚不充分。①

　　另外，理查德·桑内特（Richard Sennett，1943— ）的《公共人的衰落》（1974）是将19世纪以私生活为中心的"亲密社会"（intimate society）的扩大作为"公共人"（public man）的衰落进行解读的杰作。师从戴维·雷斯曼（David Riesman，1909—2002）及埃里克·埃里克松（Erik Homburger Erikson，1902—1994）的桑内特认为，18世纪中期都市社会的扩大，使得广场、公园、剧场等人们交际的公共空间得到发展。伦敦及巴黎的咖啡店成为"信息的中心地"，为"谈话"增添了活力；公园及道路作为"阶级间的社交性"场所，也是"互不相识的人"能够自然进行对话的空间。据桑内特所述，这些都市的"社交性"迫使人们具有"如同演员般举止"，形成了"舞台与街道'如同字面意思般'混合的社会"。因此，在18世纪50年代的伦敦及巴黎的戏剧表演中，我们不仅可以看到"演员"，也能看到乘着兴致表现得爽朗快活的"观众"漫步舞台，及受到感动的观众"立即表现自己"的样子，还有在售价变动的市场中，卖家与买家之间上演的灵巧的价格交涉这一"都市中的日常剧场"的光景。

　　另一方面，桑内特在家庭及友爱关系等"亲密的专制"中，也看到了"公共文化的终结"。据他所述，"秘密的社会"由"自恋"与"被破坏的共同社会"这两个原理组成。也就是说，在18世纪"个性"被允许侵入"公共领域"，19世纪"公共领域"中"个性"的压抑逐渐加强。作为"观众"的"公众"，即使其"自恋"可能是陶醉于伟大的政治家及演奏家，也与表演

---

　　① 关于对阿伦特的思想的这种难以消除的批判，山胁直司考察如下。他认为，阿伦特的界限是对"'政治产品等同于公共领域'与'社会产品等同于非公共领域'的区分"方法，以及"伴随其社会政策乃至公共政策论的缺失"。据山胁直司所述，阿伦特是以古希腊的"公共性"为基础，考虑出这种"二分法"的。也就是说在古代希腊，"经济是属于家政这一'私人领域'"的，"与进行政治活动的城邦的'公共领域'"有着明确区别，这是事实。由此，山胁直司批判阿伦特的思想缺少"纠正公共世界的社会经济不平等的政策论"思想。（［日］山胁直司：《全球本土化公共哲学》，第12–14页，东京大学出版会2008年版。）

者有着明确的区别。结果，到19世纪50年代，表演和音乐会中"能够以沉默控制感情的观众"被视作"'正派'的观众"，"沉默"成为"区分中产阶级观众与劳动者阶级的方法"。19世纪70年代，在戏剧表演及演唱的中途、交响乐的乐章间隙不鼓掌喝彩成为"礼仪"，"剧场的照明变暗，更加沉默，将注意力集中于舞台"。桑内特还对1852年出现于巴黎的作为百货店先驱的新式小卖部进行了分析。在那里，卖家与买家的心思如同演剧一般交错复杂的讨价还价的仪式消失，买家通过贴有价格标签的"定价"购买商品的新形式得以确立。购物这一行为，从要求人们成为"作为演员的公共人"转变为个人的被动经验。在公共领域中的个性受到压抑的过程中，都市社会的演剧性要素消失。丧失自信的人们，为了追求家庭及共同体的温暖而逃避至私人领域，通过公共领域表现自我的行为衰退，这就是桑内特的结论。桑内特的这部巨著从亲密性的角度把握公共性主题，在将其与艺术进行重叠论述这一点上非常吸引人。但在他看来，"公共领域"与"私人领域"的两分法式的相对关系仍然得以延续。①

不过，日本历史上并非不存在相当于"公共性"的概念，这一点我们可以从日本学者沟口雄三的研究中得到佐证。沟口雄三从中国的"公"与"私"的词源出发，对"おおやけ"的"公"的概念进行了论述。他首先注意到，中国最古老的字典《说文解字》中定义道"公，平分也"。其中提到，"公"字中的"厶"即"私"，与此相对"八"则指"违背"，因此，"公"表示"违背私而平分即公平地分割""排除利己"。沟口雄三以《韩非子》《尚书》《诗经》为依据，将由此派生出的"公"的定义分为"由与首长有关的部分组成的公门、朝廷、政府、国家的含义"（第一类）、"由与共同体相关的部分组成的公田、公开、实践、社会、共同的含义"（第二类）、"从平分而来

---

① [美]理查德·桑内特著，[日]北山克彦、高阶悟译：《公共人的衰落》，晶文社1991年版。

的公平、公正的含义"（第三类）。在此基础上他又指出，日本的"'おお
やけ'＝'公'"中包含第一类和第二类的含义，但没有第三类"公平""公
正"的定义。他论述道，在中国，从与"平分"相关的"天之公"的观点中产
生了"民众为'公'""朝廷、国家为'私'"的概念，而与此相对，在欠缺
"公平""公正"含义的日本，"朝廷、政府、国家、世间、社会中，被视为
最大领域的国家或者说最高地位的天皇"便"占有作为'おおやけ'＝'公'
的地位"，并未被视作"'わたし'＝'私'"。①

　　另外，据日本法律史学者水林彪所述，7世纪至8世纪时期日本大规模吸
收中国文化并引入"公"的概念时，人们将其视为日语中存在的"オホヤケ"
（大家），并将其沿用于传统观念中。"オホヤケ"（大家）是指来源于当地
大豪族用地及建筑物的"大的ヤケ"（"大的家""豪宅"），是与小豪族的
"小ヤケ"的"ヲヤケ"相对的概念。然而，"オホヤケ-ヲヤケ"（大家—御
宅）的相对概念也被迫发生了变化。日本学者水林彪推测，日本在接触中国的
"公私"观念时，当时的人们未能看到"私"与"ヲヤケ"（御宅）的重叠，
便创造出"词源不详的'ワタクシ'"（私），可能由此产生了"公（オホヤ
ケ）—私（ワタクシ）"的相对概念。②

　　如果在关于公共性概念的研究动向的基础上对杜威的思想进行解释，
那么便可以指出以下的特征：杜威与哈贝马斯在以交流为中心把握公共性的
这一点上是相通的。但是，哈贝马斯与杜威的公共性概念，在以下的三点上
有着不同的立场。第一个不同是如何定义公共性与私人性，并理解其相互关
系。哈贝马斯将公共领域与私人领域的两极对立作为前提，对战后西方各
国出现的福利国家系统进行了批判；但杜威并没有关于公私的界限划分的这

---

①［日］沟口雄三：《中国思想史中的公与私》，见［日］佐佐木毅、［韩］金泰昌主编《公
共哲学　第1卷　公与私的思想史》，第35—58页，东京大学出版会2001年版。

②［日］水林彪：《日本的"公私"概念的原型与展开》，见［日］佐佐木毅、［韩］金泰昌
主编《公共哲学　第3卷　日本的公与私》，第1—19页，东京大学出版会2002年版。

一观点，他甚至着眼于公共性与私人性的连续性。第二个不同是对于民主主义的解释。哈贝马斯将民主主义的观念还原至价值中立的制度程序中，通过拥护基于"交流行为"与"讨论伦理"的规范，形成并发展了战后自由主义思想的雏形。与此相反，杜威则拒绝这么做。杜威的民主主义并非"程序"及"规范"，而是表现"社会、个人的一种生活方式"的存在，以及以"共同生活的方式"为指向的实践相结合。对于民主主义的公共性，我们不应从行政、制度系统的中立性和规范性的观点出发，而是应将其置于产生人际间信赖关系网络的政治与伦理的平面进行考虑。第三个不同是对"交流"的认识。哈贝马斯强调的是相互之间的主观发言，以相互行为为中心的言论空间。与此相对，杜威"交流"的基础则是交流行为同时创造出的有关联的社会协同活动。杜威的公共性构想包含言论空间与活动空间，以多样的人群共同生活的共同体和联合体为基础，这一点非常重要。

尽管如此，与哈贝马斯及阿伦特的理论相比，杜威的公共性概念并未受到相同程度的关注。这一现象在日本尤为显著。二战后日本在引入实用主义理论的时候，确实将杜威作为体现美国式个人主义及民主主义的思想家进行了关注。就读于哈佛大学时曾接触到实用主义哲学并力图将其引入日本的鹤见俊辅及他的姐姐鹤见和子就有探索实用主义的问题意识；活跃于20世纪60年代安保斗争、引领战后言论界的日本社会学家清水几太郎等人对实用主义的理解，也有着对公共事项的关注。[1]但是，随着20世纪80年代以后自由民主主义的重

---

①［日］鹤见俊辅：《实用主义》，河出书房1955年版。《实用主义的发展概述》，见《岩波讲座现代思想 第6卷 民众与自由》，第223-248页，岩波书店1957年版。《人类的知识遗产60 杜威》，讲谈社1984年版。《美国哲学》，讲谈社1986年版。《界限艺术论》，筑摩书房1999年版。［日］鹤见和子：《杜威——过去与视野》，未来社1963年版。［日］清水几太郎、久野收：《伦理学概论》，白日书院1947年版。［日］清水几太郎：《现代文明论》，见［日］胜田守一、久野收、清水几太郎、宫原诚一、宗像诚也编《岩波讲座教育 第1卷 世界与日本》，第1-40页，岩波书店1957年版。《实用主义的本质——以杜威作为中心》，第249-284页，见《岩波讲座现代思想 第6卷 民众与自由》，岩波书店1952年版。［美］杜威·约翰著，［日］清水几太郎、清水礼子译：《哲学的改造》，岩波书店1968年版。

组，杜威的政治思想在英美世界再次成为焦点。与此相比，在日本，杜威的公共性理论的代表性著作《公众及其问题》由阿部齐翻译，于1969年出版。[①]然而在这之后便脱销，再版时间未定，即使在政治学及教育学领域中也未受到广泛的传阅。现在，虽然哈贝马斯及阿伦特重新提起公共性的问题使杜威再次受到瞩目，但对于杜威后期的"公共产品"的问题设定，仍未在日本得到充分的关注。杜威的公共性构想促使人与人间协同行为与活动的产生，创造出扎根于相互信赖与关联伦理的联合体并进行展望。在这一点上，可以说它具备哈贝马斯、阿伦特、桑内特所缺乏的"激进主义"[②]。

第 2 节　问题与构成

1　问题与方法

本书的关注点在于，在自由主义的发展过程中对20世纪20年代至30年代

---

① ［美］杜威·约翰著，［日］阿部齐译：《公众及其问题》，三铃书房1969年版。

② 对于哈贝马斯和阿伦特"激进主义"的考察，阿克塞尔·霍耐特（Axel Honneth）的《正义的他人——实践哲学论集》（2000）为我们提供了参考。霍耐特从"自由主义批判"到"激进民主主义"的方式，与哈贝马斯的"程序主义民主观"和阿伦特的"政治的共和主义"大有不同。在此基础上，它作为取代它们的"第三条道路"，对杜威的"作为反省的协同活动的民主主义"给予了高度评价。据霍耐特所述，杜威为了将"扩张的民主主义的诸原理"作为基础，并没有从"相互主观的发话"所致的"交流协议"出发，而是对从"社会的协同活动领域"出发的"共同体的协同活动受到反省的形式"表达了拥护。霍耐特的"扩张的民主主义"观念与"交流协议模式"相对，在将"社会的协同活动模式"置于基础进行理解的这一点上极具启发性。（［德］阿克塞尔·霍耐特著，［日］加藤泰史、日暮雅夫等译：《正义的他人——实践哲学论集》，第309-335页，法政大学出版局2005年版。）

杜威探索的学校公共性进行阐释，并对他以民主主义与公共性为原理的学校改革进行探究。特别是对杜威将民主主义观念扩大至由多样的公众进行的协同性、对话性的行为与活动的共同体和联合体，并考察了学校的创新与发展是作为组织"社会行为"与"公共行为"的机构而产生的过程。此外，为了明晰作为自由主义批判领域的学校公共性是如何形成的，本书将分析巴恩斯基金会在艺术教育活动中的追求过程与实际情况。杜威的构想形成于从自由放任主义到新政时期多样自由主义的竞争和变化之中，试图以公共性的重构来探究自由主义真正的价值，换言之，杜威的思想是自由主义发展至重大歧路时的产物。在这一过程中，杜威超越了传统自由主义时期市民社会的构成原理，架起了公共性与审美经验间的桥梁，并进行了开创性的探索。

为考察这一点，本书设定了以下四个研究问题。

第一，从自由主义批判与重建的角度，对20世纪20年代至30年代杜威的公共性构想与实践进行考察。他的公共性概念在20世纪20年代成型，但30年代时并未受到重视和讨论。在20世纪30年代，围绕公共性的争论朝着自由主义与民主主义的主题发展。杜威在《公众及其问题》与《自由主义与社会行为》中，对自由主义的自然概念进行批判，形成了以共同体和联合体的活动为基础的公共性思想。洛克的"自然权利"思想及自由放任主义的"自然经济"理论中所见的自由主义的传统，倾向于立足个人主义的自然概念。与此相反，杜威自然概念的核心则在于共同体和联合体。他的公共性构想在工业民主主义联盟（League for Industrial Democracy）、人民院外游说团（People's Lobby）、独立政治行动联盟（The League for Independent Political Action）的政治活动中得以具体化。通过这些团体，杜威对于自由放任主义、罗斯福新政、斯大林主义、法西斯主义等国内外政治、经济、社会形势活跃发言，并亲自探索公共性概念的实践方案。

第二，探讨杜威将"自由主义改造"的中心课题设定为"教育"的学校构想的道路。学校改革和公共性与开拓"作为生活方式的民主主义"之路的实践息息相关。然而，20世纪20年代以后，杜威的学校论分散于《新共和》及《社会前沿》等许多杂志及在众多大学和教师工会举行的演讲之中，与《学校与社会》（1899）①、《儿童与课程》（1902）②、《民主主义与教育》（1916）③出版之初相比，并未形成体系。因此，20世纪20年代以后杜威的学校论大多停留在片段性介绍的程度。本书将记述在这些小论文和演讲论及的学校构想中，杜威是如何呈现和反映公共性概念的，并以此勾画出20世纪20年代以后他的学校改革轮廓，特别是对将教育与社会变化作为主题、提倡社会改造主义（Social Reconstructionism）的新前沿小组与杜威的关系进行详细论述。这里所说的新前沿是指威廉·克伯屈（William Heard Kilpatrick，1871—1965）、乔治·康茨（George Sylvester Counts，1889—1974）、杰西·纽伦（Jesse Homer Newlon，1882—1941）、约翰·蔡尔兹（John Lawrence Childs，1889—1985）等当时在哥伦比亚大学师范学院（Teachers College，Columbia University）执教，并筹备杂志《社会前沿》创刊的成员们。这些成员并非都持有相同的见解，甚至在与民主主义及学校相关的争论之中，他们有许多的对立和不同。在这里，笔者将在20世纪30年代的政治、社会状况中对杜威与新前沿小组的争论进行探讨。杜威在《教育新领域》（1933）中与蔡尔兹合著的部分，从"文化的传承和再构建的过程"出发对教育进行定义。④他支持组织"社会行为"和"公共性维度"的机构的活动，展示了在协同联合中的学校形象。

第三，对杜威的学校改革构想和实践的关系与影响进行考察。从思想史的研究角度来看，从某个人物的构想对现实社会产生的诸多影响及其关系中，

---

① Dewey, John, *The School and Society*, *The Middle Works*, vol. 1, pp. 1-109.

② Dewey, John, *The Child and the Curriculum*, *The Middle Works*, vol. 2, pp. 271-291.

③ Dewey, John, *Democracy and Education*, *The Middle Works*, vol. 9, pp. 1-375.

④ Kilpatrick, William Heard（ed.）, *The Educational Frontier*, New York: D. Appleton-Century Company, 1933, pp. 318-319.

整理出这一思想成果的形成过程并不容易。即使能够在实践中看出受某种思想影响的苗头，也很难证明事实与其思想范围的对等。因此，本书将举出杜威本人实际参与和记述的关于进步学校的内容，并对此进行探讨。具体来讲，就是对杜威在哥伦比亚大学教过的学生埃尔茜·克拉普（Elsie Ripley Clapp，1879—1965）的罗杰·巴拉德学校（Roger Clark Ballard Memorial School）和阿瑟代尔社区学校（Arthurdale Community School）的改革，及对引领进步学校实践的露西·米切尔（Lucy Sprague Mitchell，1878—1967）、卡罗琳·普拉特（Caroline Pratt，1867—1954）和玛格丽特·纳姆博格（Margaret Naumburg，1890—1983）等人与杜威的关系进行考察。20世纪20年代以后，杜威并非如在芝加哥大学实验学校（University of Chicago Laboratory School）时那样亲自设立学校并着手开发课程及教育方法。然而，克拉普记述其本人教育实践足迹的《社区学校的活动》[1]的"序言"是由杜威执笔的，读起来就好像他实际访问过克拉普的学校一样，我们可以看出这一时期杜威热心参与并推动了学校教育的革新。作为展示杜威实践的资料，由南伊利诺伊大学卡本代尔分校（Southern Illinois University Carbondale）的杜威研究中心（The Center for Dewey Studies）主任拉里·希克曼（Larry A. Hickman）编辑出版的《约翰·杜威书信集 1871—1952》（第3版）（2005）成为珍贵的参考资料。[2]由此，我们也能看到杜威对个别具体的学校改革的参与。本书将以这些资料作为分析对象，叙述杜威对进步学校实践性活动的参与。

第四，从巴恩斯基金会的教育活动出发，对杜威艺术在公共性基础之中的主张进行概述。他在《公众及其问题》及《经验与自然》（1925）[3]等著作中叙述道，"公共产品"及"交流"最终都会到达"艺术"的领域。而且，

---

① Clapp, Elsie Ripley, *Community Schools in Action*, New York: Arno Press, 1971.

② *The Correspondence of John Dewey*, 3 vols.

③ Dewey, John, *Experience and Nature*, *The Later Works*, vol. 1, pp. 1–326.

1934年发表的《作为经验的艺术》①从正面对"艺术"与"审美经验"进行了论述，简述其艺术与公共性的主题，并对谋求民主主义与艺术教育发展的实践活动进行探讨。1922年12月，阿尔伯特·巴恩斯在宾夕法尼亚州蒙哥马利县梅里奥设立了巴恩斯基金会，杜威就任美术教育部部长并参与实践，这一点值得瞩目。重要的是，这是获得宾夕法尼亚州认可的基金会，其设立的目的在于"教育的发展与艺术作品的鉴赏"②。杜威与巴恩斯交情深厚，两人对基于民主主义的艺术教育的意义有着共识。

关于巴恩斯基金会的活动，基金会发行的杂志《巴恩斯基金会研究》中也有记载。关于杜威与巴恩斯的联系，杜威的书信集也为两人的来往提供了新资料。另外，馆藏于宾夕法尼亚大学档案与记录中心（University Archives and Records Center，University of Pennsylvania）中的《乔赛亚·H. 彭尼曼记录集》③及馆藏于费城艺术博物馆档案室（Philadelphia Museum of Art Archives）中的《菲斯克·金博尔书信集》④和《菲斯克·金博尔记录集》⑤中，保存有基金会活动的书信等记录。通过这些资料，我们也能够对杜威和基金会展开的许多教育活动略作了解。但是，对这些资料进行的概括性研究目前还尚不充分。杜威在巴恩斯基金会的教育活动，在他的学校改革与公共性的主题中占有不可或缺的地位，但既往研究从这一角度进行的考察还并不充分。

本书将集中对巴恩斯基金会与宾夕法尼亚大学、哥伦比亚大学、费城的公立学校、费城艺术博物馆的"协同"的推进，及对以艺术教育为轴心、在费城展开的改革之路进行论述。杜威和巴恩斯在基金会的尝试，也展现了架起

---

① Dewey, John, *Art as Experience, The Later Works*, vol. 10, pp. 1-352.

② Barnes, Albert C., "The Barnes Foundation," *The New Republic*, vol. 34, no. 432, March 14, 1923, p. 65.

③ *Josiah H. Penniman Records*.

④ *Fiske Kimball Papers, 1874-1957*, Philadelphia Museum of Art Archives.

⑤ *Fiske Kimball Records, 1908-1955*, Philadelphia Museum of Art Archives.

审美经验与公共性桥梁的改革教育的难处。本书还将对基金会中与巴恩斯及杜威共同从事艺术教育实践、普林斯顿大学出身的洛朗斯·巴迈耶（Laurence Buermeyer，1889—1970）和杜威曾指导过的哥伦比亚大学学生托马斯·门罗（Thomas Munro，1896—1974）进行考察。由此勾勒出以巴恩斯基金会为舞台的杜威艺术教育的公共性实践样貌。

2 实用主义复兴与杜威

20世纪80年代以后，随着理查德·罗蒂（Richard Rorty）、希拉里·帕特南（Hilary Putnam）、理查德·J. 伯恩斯坦（Richard Bernstein）等人引领的实用主义复兴（pragmatism renaissance）的兴起，对杜威思想进行再评价的动向也高涨起来。[1]当今杜威研究的特征，是从他的政治学、社会学、哲学、心理学、美学、宗教学等多领域进行研究。其中，运用历史学的研究方法对杜威的民主主义思想及社会思想进行阐释的卓越研究，就有罗伯特·威斯特布鲁克（Robert B. Westbrook）的《约翰·杜威与美国的民主主义》（1991）和阿兰·赖安（Alan Ryan）的《约翰·杜威与美国自由主义的高涨》（1995）。

据威斯特布鲁克所述，20世纪80年代以后杜威思想的兴盛，其背景是现

---

① Rorty, Richard, *Philosophy and the Mirror of Nature*, Princeton:Princeton University Press, 1979. *Contingency, Irony, and Solidarity*, Cambridge; New York:Cambridge University Press, 1989. *Objectivity, Relativism, and Truth*, Cambridge; New York:Cambridge University Press, 1991. *Philosophy and Social Hope*, London:Penguin Books, 1999. Putnam, Hilary, *Reason, Truth and History*, Cambridge, Mass.: Cambridge University Press, 1981. *Realism and Reason*, Cambridge, Mass.: Cambridge University Press, 1983. *The Collapse of the Fact/Value Dichotomy and Other Essays*, Cambridge, Mass.; London:Harvard University Press, 2002. *Ethics without Ontology*, Cambridge, Mass.:Harvard University Press, 2004. Bernstein, Richard J., *The Restructuring of Social and Political Theory*, Philadelphia:University of Pennsylvania Press, 1978. *Beyond Objectivism and Relativism*: *Science, Hermeneutics, and Praxis*, Oxford:B. Blackwell, 1983. *The New Constellation*: *The Ethical-Political Horizons of Modernity / Postmodernity*, Cambridge, UK:Polity Press, 1991.

代"对自由民主主义的不满"。威斯特布鲁克将20世纪30年代杜威民主主义思想的特征称为"民主社会主义"（democratic socialism），在此基础上将其解释为"区分自由主义的好传统与坏传统"的思想。他指出，自由主义的"好传统"是"自由、个性以及研究、争论、表达的自由"这"三个价值"，与此相对的"坏传统"则是"自由主义与资本主义的正当化的偶然结合"。①对于杜威将自由放任主义的"保守资本主义"与罗斯福新政的"国家资本主义"批判为并未超越"资产阶级意识"的思想，威斯特布鲁克给予了高度评价。②他所说的杜威的"社会主义"，与斯大林的"国家社会主义"有明确不同。对于两者的不同，他指出，后者推动了"国家主义是按照自上而下的计划来运行社会"，与此相对，前者则通过公众的争论和讨论，以实现"成员参与决定"并"完成自身发展的计划中的社会"为目标。③威斯特布鲁克评价杜威是以杰出形式提出"参与民主主义"理念的人物。这里所说的"参与民主主义"，是指"所有人对参与共同体构建的伦理和理想的民主主义的信仰"，是"人们通过参加政治、社会、文化生活，最大限度得以实现自身能力的机会和资源"。威斯特布鲁克的研究从杜威"参与民主主义"的观点出发，揭示了"民主主义的社会主义"于今天的意义。④

赖安对杜威的阐释在于探究"自由主义"与"社群主义"的和解。赖安将其命名为"进步的自由主义"（advanced liberalism）。根据他的理解，杜威并非将政府视作"自由之敌"的"自由放任主义"，而是呼吁通过政府的健康

① Westbrook, Robert B., *John Dewey and American Democracy*, Ithaca: Cornell University Press, 1991, pp. 430-431.

② Westbrook, Robert B., *John Dewey and American Democracy*, Ithaca: Cornell University Press, 1991, pp. 439-443.

③ Westbrook, Robert B., *John Dewey and American Democracy*, Ithaca: Cornell University Press, 1991, pp. 452-458.

④ Westbrook, Robert B., *John Dewey and American Democracy*, Ithaca: Cornell University Press, 1991, p. Ⅹⅴ.

管理、保险制度及年金制度确立"福利国家"。赖安与威斯特布鲁克相同，着眼于杜威对市场统管的自由主义传统的批判。然而，他并非从"民主主义的社会主义"出发，而是在构建"福利国家的共同体"中谋求其解决方案。赖安在分析杜威支持设立第三政党（Third Party）、参与人民院外游说团等政治活动的同时，也勾勒出杜威作为"福利国家论者"[①]的形象。威斯特布鲁克对二战后福利国家的"自由民主主义"进行批判，以"参加民主主义"的"社会主义"的构建为指向；与此相对，赖安则在表明福利国家的"进步的自由主义"的意义上，展现出不同的关注点。两者的研究在研究方法上有所创新，将杜威的民主主义观念置于历史、思想史语境中研究，为杜威研究留下了宝贵的财富。然而，在威斯特布鲁克和赖安的研究中，未能看到把握杜威的"协同联合体"的概念的观点。

与此相对，佐藤学于2000年在《思想》中发表的《公共政治学——两次世界大战期间的杜威》至关重要。[②]佐藤学对第一次世界大战以后杜威的"公共政治学"进行思想史角度的探究，在"联合体"中理解其"激进主义"。据佐藤学所述，杜威是"对自由主义最激进的批判者，同时也是其最激进的拥护者"。杜威批判自由主义是因为"自由主义将个人解体至原子，破坏了以人们的经验为基础的共同体的羁绊，以及民主主义的伦理与公共圈"；另一方面，他拥护自由主义则是因为其"实现了自由表达个性的可能性，是多样的人群共同生活的民主主义的基础"。佐藤学的解释对杜威的"联合体"概念进行了积极的评价，这一点意义深刻。[③]然而，在威斯特布鲁克、赖安、佐藤学的研究中，20世纪20年代至30年代杜威的学校论只是少量涉及，对于

① Ryan, Alan, *John Dewey and the High Tide of American Liberalism*, New York: W. W. Norton & Company, 1995, pp. 284-295.

② [日]佐藤学：《公共政治学——两次世界大战期间的杜威》，载《思想》2000年1月号总第907号，第18-40页。（《思想》为岩波书店定期出版的月刊杂志——译者注）

③ [日]佐藤学：《公共政治学——两次世界大战期间的杜威》，载《思想》2000年1月号总第907号，第32页。

学校改革和公共性的关联、对学校教育的实践都没有进行充分的探讨。特别是几乎没有着眼于艺术与公共性的关联，也未对他在巴恩斯基金会的教育活动进行考察。①

　　其次，除思想史研究以外，从教育研究的视角引入20世纪30年代杜威的学校论并进行论述的学者，则有以亨利·吉鲁（Henry A. Giroux）为代表的批判教育学（critical pedagogy）主张者。吉鲁从"批判民主主义"（critical democracy）的观点出发，谋求民主主义与教育的结合。他表明，其思想基础在于杜威对"各年代形成和重新形成的生存方式的民主主义"的论述。吉鲁将杜威的民主主义论与哈贝马斯及批判理论的公共性概念相结合，以此形式引入教育学，对学校作为超越人种及民主等各种"境界""差异"的"公共领域"（public sphere）的产生进行了探索。②另外，沃尔特·帕克（Walter C. Parker）从实践"民主教学"（democratic teaching）的角度，对杜威进行了评价。帕克对超越以"从多样性到统一"的"自由民主主义"，"公共生活中的统一与多样性"之间的"紧张"与"相互依存性"加以强调，并主张"与民主主义相关的'先进的'考虑方法"，在突出"民主立宪"和公共机构、市民活

---

　　① 关于巴恩斯，有以下研究著作。Schack, William, Art and Argyrol: The Life and Career of Dr. Albert C. Barnes, New York: Yoseloff, 1960. Meyers, Mary Ann, Art, Education, and African-American Culture: Albert Barnes and the Science of Philanthropy, New Brunswick, N.J.: Transaction Publishers, 2004. ［美］霍华德·格林菲尔德著，［日］藤野邦夫译：《被称作恶魔的收藏家——一个创建了巴恩斯基金会的肖像》，小学馆1998年版。另外，从杜威的思想的角度对巴恩斯的艺术论进行考察的研究中，可以举出中村和世的研究。中村和世的研究对巴恩斯艺术论的思想、原理侧面进行了分析，也留下了关于美术教育实践的尝试及在费拉德尔菲亚开展的具体活动的课题，参考著作如下。［日］中村和世：《与约翰·杜威艺术教育论的形成相关的研究——以与阿尔伯特·C.巴恩斯的书信往来为中心》，第123-132页，载《广岛大学大学院教育学研究课纪要》2005年第54号。《关于教育的美术评论研究——杜威对阿尔伯特·巴恩斯的艺术论的影响》，第125-134页，载2006年《日本杜威学会纪要》第37号。

　　② Giroux, Henry A., Border Crossings, Cultural Workers and the Politics of Education, New York; London: Routledge, 1993, pp. 12—13.

动、实际政治等"参与理念"的同时，也代替了"溶解的差异"，包含"多元性与同化之间的斗争"的"社会文化差异"的观点。因此，帕克将有关公共问题、问题解决、共同体活动争论的实践引入教室。帕克的这种思想基础在于，杜威对作为"与他人共同生活的方式"的"存在方法"的"创造性民主主义"进行探索的"参与理念"。[1]然而，吉鲁和帕克虽然开展了杜威研究，但没有将其置于历史语境中进行论述，而是各自停留在评定杜威影响的阶段。

另外，对于杜威的教育理论在历史中产生的影响，教育史研究者埃伦·康德利夫·拉格曼（Ellen Condliffe Lagemann）具有冲击性《一门捉摸不定的科学——困扰不断的教育研究史》（2000）在讲述杜威"败北"史。拉格曼对斯坦利·霍尔（Granville Stanley Hall，1844—1924）、威廉·詹姆斯（William James，1842—1910）、杜威、爱德华·桑代克（Edward L. Thorndike，1874—1949）等人进行分析，发现19世纪末以后的教育研究呈现心理学化。她的这一具有冲击性的观点是，从历史角度来看，"桑代克的胜利与约翰·杜威的败北是构成20世纪初教育研究的重要事实"。也就是说，提倡"刺激"（S）和"反应"（R）的"行为主义"（behaviorism），被称为"教育测验之父"的桑代克的心理学，与杜威将行为视为"整体目的的存在"呈现出"对照关系"。据拉格曼所述，在桑代克推进"特殊专门化的知识"与"作为专门科学的教育研究"的同一时期，杜威强调的则并非"专门主义化"和"官僚主义化"，更重视教师、行政管理、监护人、专家、市民等各种各样的人之间的"伙伴关系"，并提倡开展"知识之间的综合""开放的交流"与"交叉职责的协同"的教育研究。但讽刺的是，随着大学和专科学校中"教育研究"制度化的普及，推崇"研究型大学的专门主义、官僚主义的构造"的潜在力量的环境中，桑代克的"统计""量化"心理学恰恰适应了这一形势，由此作为

---

① Parker, Walter C., *Teaching Democracy: Unity and Diversity in Public Life*, New York: Teachers College Press, 2003.

教育行政政策得以采用；与此"胜利"相对，不近"技术主义"而以"更重视学生整体状况"的观念为指向的杜威的思想被边缘化，被迫"败北"。这就是拉格曼的结论。①

琳达·达林–哈蒙德（Linda Darling-Hammond）也受到了拉格曼研究的启发，由此在"行为主义的学习理论"与"官僚制的组织论"占据主流的20世纪前半叶，对于从事"深思熟虑的应答式教育"所致的"教师的赋权"，"杜威的关注并未使决策者动摇或获得胜利"表达了感叹。据琳达·达林–哈蒙德所述，在将杜威及露西·米切尔这些教师视为"知识人""教育的创造者""课程的编制者"的教导者的同时，引领教育政策方向的则是将"他人设计并组合的课程"通过"自上而下的命令和记述"形式予以执行，这便是教师的任务。②拉格曼及琳达·达林–哈蒙德的研究，阐明了20世纪前半期的教育研究与心理学的结合及教师教育的转换，突出地聚焦于杜威教育理论在政策及制度构建的影响和参与中的"败北"。然而，两者的研究却几乎没有涉及把杜威的政治学与美学相结合的学校改革的论题。

不过，20世纪30年代杜威的思想就被传到日本。日本学者鹤见俊辅认为，以1931年的"九一八事变"为起点，直到全面侵华战争开始后的国家总动员、"大政翼赞会"体制确立的短暂期间，杜威的思想及实用主义哲学作为几乎同一时期的罗斯福新政的基础，受到了人们的关注。鹤见俊辅指出，这是一场日本马克思主义者们用来对抗"国家主义"而筑起"最后的堡垒"的运动。清水几太郎、三木清、新明正道、大道安次郎等人，就是这一运动的中心人物。③而且，即使放在教育的语境中，在以鹤见俊辅、鹤见和子等人为

① Lagemann, Ellen C., *An Elusive Science*: *The Troubling History of Education Research*, Chicago: The University of Chicago Press, 2000.

② Darling-Hammond, Linda, *Powerful Teacher Education*: *Lessons from Exemplary Programs*, San Francisco: Jossey-Bass, 2006, pp. 77–78.

③［日］鹤见俊辅：《实用主义的发展概述》，见《岩波讲座现代思想　第6卷 民众与自由》，第224页，岩波书店1957年版。

代表的二战后言论界，将教育与公共性相关联的观点不仅仅新鲜，而且在解决问题型学习及生活单元型学习的新教育实践中，也出现了关注20世纪30年代以后杜威思想的动向。实际上，从二战结束至20世纪70年代，杜威于30年代和40年代撰写的关于学校构想的著作也被大量地翻译和出版。例如，《经验与教育》（1938）①便是由原田实翻译、1950年由春秋社出版的。②在这之后，1974年，杜威的《今日之教育》（1940）③由杉浦宏和石田理翻译，明治图书出版④；1976年，《人的问题》（1946）⑤由杉浦宏和田浦武雄翻译并得以出版⑥。就这样，日本从二战后至20世纪70年代，通过翻译引入了杜威后期的学校论和教育论。这些著作现在都处于脱销状态，甚至绝版。2004年，市村尚久翻译了《经验与教育》并出版，使杜威思想重新受到关注。⑦

此外，当今美国及日本的学校里，形成了由新自由主义和新国家主义占据支配地位的意识形态，这对探索杜威的公共性理论所具有的新意义极具必要性。日本学者斋藤直子和今井康雄在探讨日本二战后教育学中的"公共性"与"私人性"的争论中，指出了来自杜威思想的影响，并陈述在"新自由主义"和"新国家主义"卷起飓风的当今情势中，提示"作为生活方式的民主主义"的"杜威的教育哲学所起的作用极为重要"。⑧斋藤直子还在《〈内部的光〉与教育——实用主义的再构建》（2009）中，将杜威"不断生长"的观念与斯

---

① Dewey, John, *Experience and Education, The Later Works*, vol.13, pp. 1–62.

② ［美］约翰·杜威著，［日］原田实译：《经验与教育》，春秋社1950年版。

③ Dewey, John, *Education Today*, New York: G. P. Putnam's Sons, 1940.

④ ［美］约翰·杜威著，［日］杉浦宏、石田理译：《今日之教育》，明治图书出版1974年版。

⑤ Dewey, John, *Problems of Men*, New York: Philosophical Library, 1946.

⑥ ［美］约翰·杜威著，［日］杉浦宏、田浦武雄编译：《人的问题》，明治图书出版1976年版。

⑦ ［美］约翰·杜威著，［日］市村尚久译：《经验与教育》，讲谈社2004年版。

⑧ Saito, Naoko, Imai, Yasuo, "In Search of the Public and the Private: Philosophy of Education in Post-war Japan, " *Comparative Education*, vol. 40, no. 4, 2004, pp. 583–594.

坦利·卡维尔（Stanley Cavell）所述的艾默生（Ralph Waldo Emerson，1803—1882）的"道德至善论（Emersonian Moral Perfectionism）——不具有极端完全性的完美主义"进行对话，揭示了"作为生活方式的民主主义"的意义。斋藤直子从"内部的光"的概念看到了"杜威与艾默生的结合点，或者说暂定的共同点"，她尝试"从黑格尔和达尔文之间向另一端"解放杜威的哲学，同时对覆盖"民主主义"内侧的"虚无主义的趋势"作出抵制，提倡"实践的哲学、日常性的哲学、作为教育的哲学的可能性"和在现代被唤醒的"完美主义的教育"。[①]这些见解也为本书构架起学校改革与公共性桥梁的观点提供了启发。

然而，即使在教育学研究中，20世纪20年代以后杜威的学校改革的构想和实践也始终是以片段的形式被介绍的，关于它的综合性研究尚不充分。这也是因为对杜威的学校论及教育实践的诸多研究都聚焦于论述19世纪90年代芝加哥大学实验学校的课程及其实践的《学校与社会》，或者是倾向于以1916年的《民主主义与教育》为研究对象。实际上，除1938年的《经验与教育》以外，杜威在20世纪20年代至30年代的学校论虽然得以出版和论述，但多分散于杂志刊载的论文、演讲和具体的活动中。因此，关于这一时期杜威探究的学校改革的综合性主题，比起在此之前他的学校论所受的关注更少。其中，从思想史角度对在学校公共性这一主题下公共性概念如何产生和呈现这一问题的研究，和从艺术的审美经验中解读学校公共性的形成方略的研究，管窥之下尚未见到。在这一点上，本书开拓一个崭新的研究方法：尝试系统分析这一时期分散于小论文、演讲及实践活动中的杜威的学校论与其实践，同时从公共性概念出发走近杜威的公共教育论。

----

①［日］斋藤直子：《〈内部的光〉与教育——实用主义的再构建》，法政大学出版局2009年版。

3 本书构成

本书将通过以下内容构成进行论述。

第一章将从自由主义批判的角度，对20世纪20年代杜威的公共性构想进行阐述。列举《人性与行为》和《公众及其问题》，明确表示他对洛克式"自然权利"概念与自由放任主义的"自然经济"的制约。杜威所依据的自然概念的基础，并非19世纪自由主义的个人主义，而是处在共同体和联合体之中。杜威拒绝将公共领域和私人领域的关系在先验领域中实体化，主张从行为机能角度对其连续性进行把握。公共性是开拓交流行为与活动的领域，以人际关系构成的联合体空间为基础。杜威试图将民主主义的观念从价值中立的制度和程序的保障角度，扩张至创造出多样的公众交流的政治和伦理层面。对于他的构想，瓦尔特·李普曼（Walter Lippmann，1889—1974）、斯蒂芬·佩珀（Stephen C. Pepper，1891—1972）、罗伯特·帕克（Robert E. Park，1864—1944）等人也展开了批判。从这些观点出发，本书在对20世纪20年代杜威的公共性概念进行考察的基础上，同时对他的学校改革和公共性的主题进行探讨。杜威对通过公众的争论和对话形成的"学校区域"（school district）的存在表示了支持。在他看来，学校的公共性主题与市场及国家共同体的交互不同。本书将聚焦于学校的社会性目的，论述杜威的政治活动与教育的关联。另外，对他展开的进步学校的具体构想与改革进行分析。杜威对教育科学的量化研究与教育测验运动投以怀疑的目光，提倡从质的角度把握教育研究并进行学校改造。

第二章将叙述20世纪30年代杜威将"教育"设定为"新自由主义"的"第一目标"这一思想的形成，并探究他以民主主义和公共行为为基础的学校改革。比起对公共性的争论，这一时期他的重心放在以自由主义和民主主义定位为中心的论题上，具体体现在《自由主义与社会行为》、《自由主义的未来》（1935）、《自由主义的意义》（1935）、《自由主义与平等》（1936）、《自由主

义与市民的自由》（1936）、《一个自由主义者谈自由主义》（1936）等标题中
包含自由主义的许多论文和演讲中。[1]杜威从民主主义的观点出发，对从洛克
到自由放任主义的自由主义传统重新发问，推动新的公共空间的创生。通过
李普曼、阿尔弗雷德·宾厄姆（Alfred M. Bingham，1905—1998）、约翰·张
伯伦（John Chamberlain，1903—1995）、赖因霍尔德·尼布尔（Reinhold
Niebuhr，1892—1971）、霍勒斯·卡伦（Horace Meyer Kallen，1882—1974）
等人的评论和交流对杜威的构想进行窥探，从独立政治行动联盟和人民院外游
说团的活动中了解杜威思想的实际情况。杜威对自由放任主义和罗斯福新政的
自由主义趋势进行批判，并展望民主主义与共同体，探索学校改革。使得学校
公共性形成回路的，正是各种公众参与与讨论的多元性、共同体和联合体的活
动，以及以活动共同体的学校创建为目标，力图对学习概念进行的再解释。这
一构想对克拉普的社区学校也产生了影响。这里将从中解读杜威对罗杰·巴拉
德学校和阿瑟代尔学校改革所产生的影响。

　　第三章将"教育"定位为"文化传承与重建的过程"，探讨杜威推动与
社会变化创新相关的"公共行为机构"活动的学校构想与实践。在1930年的
《旧个人主义与新个人主义》中，杜威强调作为"机构"的学校概念。[2]在
1935年《社会前沿》中发表的论文《教师和他的世界》中，提到了推动"公
共行为机构"活动的必要性。[3]杜威对民主主义与公共性的展望，在作为"机
构"的学校政策中得到表现，并在多样的"机构"协同的"联合体"中筹备和
把握学校改革。杜威认为，学校拥有与社会形成和文化创造相关的公共性作

---

① Dewey, John, "Future of Liberalism," *The Later Works*, vol. 11, pp. 258-260. "The Meaning
of Liberalism," *The Later Works*, vol.11, pp. 364-367. "Liberalism and Equality," *The Later Works*,
vol. 11, pp. 368-371. "Liberalism and Civil Liberties," *The Later Works*, vol. 11, pp. 372-375. "A
Liberal Speaks Out for Liberalism," *The Later Works*, vol. 11, pp. 282-288.

② Dewey, John, *Individualism, Old and New*, *The Later Works*, vol.5, pp. 41-123.

③ Dewey, John, "The Teacher and His World," *The Later Works*, vol. 11, pp. 339-341.

用，但这并不意味着学校是导致社会变化的直接原因。杜威通过不同于引领前沿的克伯屈和康茨的形式探究学校与社会变化的关系，不断考虑学校应该做什么、教师与社会应该如何面对变化的问题。以《旧个人主义与新个人主义》、《自由与文化》（1939）①以及许多其他论文和演讲为基础，杜威围绕教师的公共性责任、教育的自由、民主主义与学校教育的关系进行论述。

第四章将对20世纪20年代至30年代杜威的艺术论进行考察，揭示他从公共性形成的渊源中看到艺术的思想。在杜威看来，公共性的争论时常与审美经验和活动相关。人们通过《作为经验的艺术》了解到他的艺术论，但几乎还没有通过与公共性概念相关的方式对其主题进行解读。本章首先将从公共性基础中把握杜威艺术论的特征，通过置于同时期展开的艺术论思想史进行概述。接着，在20世纪20年代以后美国都市化、产业化、机械化，以及大众文化的发展变迁中，阐述杜威所言的艺术的意义与定位。这一时期正好出现了大众文化研究及媒体研究的萌芽，杜威也对此持有先驱性观点。他着眼于审美经验的交流和媒体的作用，从中看到了与社会生活活动相关联的艺术的可能性。由此勾勒出他对艺术与公共性的见解，即在国家主义、市场原理、产业主义等不同的立场中理解艺术。在此基础上，通过进步学校与其相关的脉络，突出杜威艺术论的教育实践性范畴。本章将明确以审美经验为中心的杜威的学校构想是如何全面潜藏于人们的日常社会实践与生活经验中，并开展以此为基础的艺术教育主题的。

第五章将对杜威的审美经验与公共性教育实践的桥梁进行探讨。首先，表明巴恩斯基金会与杜威的关联，以说明其艺术教育论的实际情况。巴恩斯基金会自设立之初，就强调其作为教育设施的功用。巴恩斯本人也献身于艺术教育的发展，他对杜威的民主主义及经验的理论深有同感，并开展了基于该概念的艺术教育的实践。杜威也与巴迈耶及门罗一同协力于巴恩斯基金会的教育活

---

① Dewey, John, *Freedom and Culture*, *The Later Works*: vol.13, pp. 63–188.

动，为民主主义与艺术教育竭尽全力。在费城开展美术教育，体现了巴恩斯力求形成美国先驱教育与研究据点的构想。为此，基金会推动了与宾夕法尼亚大学、哥伦比亚大学、费城艺术博物馆、费城的公立学校及许多美术学校的"协同"关系。然而，基金会的这项挑战绝非易事，陷入了各种各样的困境。

　　本书使用巴迈耶的《审美经验》（1924）[1]、巴恩斯的《绘画技法》（1925）[2]、杜威、巴恩斯和巴迈耶合著的《艺术与教育》（1929）[3]、《巴恩斯基金会研究》、杂志《约翰·杜威书信集 1871—1952》、《乔赛亚·H. 彭尼曼记录集》、《菲斯克·金博尔书信集》、《菲斯克·金博尔记录集》等资料，对巴恩斯基金会在费城开展的艺术教育进行考察。通过分析这些资料，构建学院风及权威组织间的协同关系，并突出表现巴恩斯基金会在全美率先进行美术教育实验构想的困难所在。

　　本书还将对基金会与费城的教育改革的关系进行论述。20世纪30年代，杜威与巴恩斯开创了艺术与教育之友（Friends of Art and Education）小组。这个团体以费城的艺术发展为目标，由杜威任名誉会长，对巴恩斯基金会推进的改革进行了积极的支持。本书聚焦于杜威与巴恩斯的一系列活动，对以审美经验与公共性为桥梁的教育活动的实际情况进行探讨；在此基础上，从自由主义批判和再概念化的角度出发，对杜威意图扩大民主主义观念与教育相结合的学校系统的创建进行论证。然后，通过对20世纪40年代的伯特兰·罗素案（Bertrand Russell Case）和对保守教育的监察统管与镇压事件的批判，考察杜威的思想和实践所达到的高度。

---

[1] Buermeyer, Laurence, *The Aesthetic Experience*, Merion, Pa.: The Barnes Foundation Press, 1929.

[2] Barnes, Albert C., *The Art in Painting*, Merion, Pa.: The Barnes Foundation Press, 2000.

[3] Dewey, John, Barnes, Albert C., Buermeyer, Laurence, Mullen, Mary, de Mazia, Violette, *Art and Education*, Merion, Pa.: The Barnes Foundation Press, 1954.

第1章 学校改革与公共性的构想

第 1 节　20 世纪 20 年代公共性概念的形成

20世纪20年代，杜威从公共的观点出发，把握教育，投入学校改革。他对传统的自由主义市民社会论进行批判，并探索以民主主义为基调的学校公共性的重建途径。两次世界大战期间的美国经历了进步主义运动与经济大萧条，产业化、都市化、科技化和大众社会化都得到了快速发展，这也使得人们的生活及价值观发生了改变。而且，处于大规模生产和消费扩大背景下的巨大的产业组织，导致了资本主义的空前发展，美国发展成为世界经济的中心。然而，巨大化的企业组织及制度覆盖了整个社会，也侵蚀了人们的生活世界。文明史学家刘易斯·芒福德（Lewis Mumford，1895—1990）在《机器的神话》（1967）中批判性地分析到，随着机械化导致的巨大的组织体诞生，人类本身成为"商品"，变成了"看不见的机器"。[1]由拥有个性的人进行面对面交流构筑而成的社会形态，被无个性的匿名关系构成的城市人际关系所取代，形成了注重生产与消费的效率性与社会适应性为主导的生活方式。杜威的公共性设想正是在这样的时代下应运而生的，他将这一现象称作"公众的销蚀"（eclipse of the public），在对其进行批判的基础上，他还提出唤醒"清晰的公众性"（articulate public）、重建"公共产品"的任务，并进行了学校改革。[2]

人们以往倾向于从自由主义的框架对杜威的公共教育论进行阐释，尤其是围绕着自然概念，大致从以下三个方向进行批判。第一种是来自新保守主

---

① Mumford, Lewis, *The Myth of the Machine*: *Technics and Human Development*, New York: Harcourt, 1967, p. 188.

② Dewey, John, *The Public and Its Problems*, op. cit., pp. 304–324.

义的批判。例如，在撰写了《教育筑国——重建美国教育论》（1987）的赫什
（E. D. Hirsch）看来，杜威以卢梭（Jean-Jacques Rousseau，1712—1778）追
求儿童"自然成长"的学习观为基础，因此未能充分认识到成年人向儿童传
授具体的"文化知识"的公共使命。①第二种是来自新自由主义的批判。查布
和特里·莫以进步教育批判的形式进行了代辩。他们批判进步教育构建了作为
人为干预机构的官僚主义学校制度，与此相对，还对作为自然干预机构的19世
纪自由主义市场进行了定位，并放大了学校间的竞争与选择的作用。②第三种
是来自20世纪70年代修正主义以后的马克思主义的批判。③根据威廉·帕林杰
（William A. Paringer）所述，杜威的开放教育思想基础中的自然主义，仅仅隐
藏了潜于现实的诸意识形态的对立并使其巧妙地融和，并未构成对现有的产业
结构本身的挑战。④第一种和第三种批判将杜威的自然主义作为批判对象，与
此立场相对，第二种批判的立场则将进步主义定位于自然的反面。这些批判在
论述近些年的学校改革的基础上，将杜威的公共教育论作为一个论点，突出了
他的自然概念的中心地位。

　　反映了20世纪80年代以后实用主义复兴的动向，从民主主义论及公共性
理论的观点出发，人们对杜威的思想进行了重新评价。瓦尔特·李普曼等人的
"现实主义"（realism）指出了公众的缺失并提出专家支配的"精英主义"，

---

　　①［美］E. D. 赫什著，［日］中村安男译：《教育筑国——重建美国教育论》，第9-14页，
TBS-BRITANNICA CO., Ltd. 1989年版。

　　② Chubb, John E., Moe, Terry M., *Politics, Markets, and America's Schools*, op. cit.

　　③ 关于对进步教育的修正主义批判，森田尚人《杜威教育思想的形成》（新曜社，1986年
版）的论述更为详细。

　　④ Paringer, William A., *The Paradox of Liberal Reform: A Critique of Deweyan Praxis*, Ann Arbor:
UMI, 1989. 毛利阳太郎在修正主义批判的基础上还提及，杜威的公共教育思想已经"嵌入"现代教
育体系之中。他认为，杜威的教育思想的特征在于以"产业主义的社会发展时机与儿童心理成长
的时机为两条轴心"，当今的公共教育矛盾并非"由于没有实现杜威在公共教育的理想"才凸显
出来，而是"因为这个理想已经完美实现才凸显了出来"。（［日］毛利阳太郎：《杜威与现代公共
教育——实际的杜威公共教育思想》，载《近代教育论坛》1996年第5号，第103-106页。）

与之相对，威斯特布鲁克则将杜威与"参加民主主义的理念"的斗争作为"民主主义的政治"进行了积极的维护。①赖安还以"福利社会"的形成意向对杜威"进步的自由主义"进行了考察。②然而在这些研究中，并没有出现将20世纪20年代杜威的政治及社会思想与其学校教育的实际论题相结合的视点。③而且，根据威斯特布鲁克和赖安的研究，杜威虽然开拓了有关"参与"概念及"国家"论的视野，但在上述的公共教育论中，并没有将他受到批判的自然概念尝试接受为与"公共产品"相关的课题。

本章节将抽取杜威于20世纪20年代展开的"公共的"与"公众"概念作为其公共性理论，探讨其关于学校公共性的论述。在日本，哈贝马斯对于公共性概念的论述广为人知。杜威也从交流的行为中对"公共产品"进行把握，在这一点上他与哈贝马斯不谋而合。然而，哈贝马斯从程序上保障了市民的"舆论"与"对话"，将"民主主义"限定于产生"讨论伦理"之"规范"的政治领域中；与此相对，杜威主张的并非被规范化的市民，而是人们共存的共同体，比起"舆论"的程序，他则对参与其中的政治与伦理进行了展望。④杜威

---

① Westbrook, Robert B., *John Dewey and American Democracy*, op, cit, pp. 275–318.

② Ryan, Alan, *John Dewey and the High Tide of American Liberalism*, op. cit.

③ 此课题已经在亨利·吉鲁及早川操等人从现代实践性课题出发、将学校重建为民主的公共空间的新进展中初露端倪。吉鲁评价说，杜威果敢地参与其根本的民主学校教育的重建，早川操也在吉鲁及唐纳德·舍恩（Donald Schön）的观点引导下，对杜威的"交流""反省式思考"及"协作式探究"具有的现代性意义进行了探究。（Giroux, Henry, *Border Crossings: Cultural Workers and the Politics of Education*, op. cit. ［日］早川操：《杜威的探究教育哲学》，名古屋大学出版会1994年版。《开拓交流性探究的杜威公共哲学的平面——构建公共知性与文化多样性的友爱经验的世界》，载《日本杜威学会》2007年第47号，第181–191页。）

④ ［德］于尔根·哈贝马斯著，［日］细谷贞雄、山田正行译：《公共领域的结构转型》，未来社1994年版。理查德·伯恩利也对哈贝马斯和杜威的民主主义概念进行了比较探究。他指出，哈贝马斯将与民主主义相关的审议及讨论限定为不伴随何种"内容与伦理"的"形式"和"程序"，并对杜威尊重参与共同体的"民主主义精神"表示了支持。（［美］理查德·J.伯恩斯坦著，［日］竹内真澄监译：《民主主义精神的回归》，见［美］马丁·杰伊编《哈贝马斯与美国——法兰克福学派》，第81–121页，青木书店1997年版。）

所谓的公共性不仅是领域概念，也是以关系为基础的空间及时间的概念，这一点非常重要，他关于学校的构想也是以此为基础展开的。

不过，迄今为止关于20世纪20年代杜威学校论的论述都较为零碎。其原因之一在于，这个时期他的学校论零散地分布于《新共和》《纽约时报》等杂志和报纸刊载的短文、新闻报道及演讲中。对此，本章节将对这些论文原稿进行细致的考察，以突出杜威对学校改革与公共性的构想。其中，笔者将通过对被看作传统自由主义的自然概念而受到批判、成为争议中心的地方进行考察，由此重新探讨杜威属于自由主义范围内、具有非政治的自然主义化倾向的教育思想。通常人们认为自由主义与民主主义的关系是可以被有计划、和谐地调解的，但在此笔者将其看作包含矛盾与对立的整体进行论述。

1　市场与公共性

（1）自然主义的伦理

《人性与行为》以杜威1918年春天在斯坦福大学连续举行的演讲为基础编写，出版于1922年。杜威在其"序论"中发问道"为何道德创造了脱离人道的规则"。他从具有超越性的起点出发，对关于统治人们的传统伦理学论述道"通过贬低人性抬高自身的道德原理，事实上就是一种自杀行为"[1]。出版之初，《人性与行为》被理解为不依存于超越论、从"自然主义的经验论"阐述道德的著作。[2]然而，因为杜威始终批判传统的自由主义定义，所以，他所论述的自然主义具有了自然概念的意义。

　　19世纪初被称为个人主义的，事实上大多是无关于个人本性的东

---

① Dewey, John, *Human Nature and Conduct*, op. cit., p. 4.

②［美］乔治·戴克威曾著，［日］三浦典郎、石田理译：《约翰·杜威的生平与精神》，第305页，清水弘文堂1977年版。

西。只要抛开对人的某种人为制约，那就后退成了主张通过人与自然的协调便可以实现的形而上学。……如果有人认为，所有人都必须拥有来自压抑的法律、政治处置的自由，那么他只要不是在单纯固执地坚持主张其个人特权，他就是个有着关于自由意志的形而上学的某种意识、并对自然调和抱有乐观的信赖态度的人。①

　　杜威拒绝设想政治社会之前的自然状态下的社会观。他将人的自然状态断定为个人，并重新构建了从非政治的自然观念出发，为个人的权利及自由提供基础的、洛克以来的自由主义。②杜威从中看到了道德与人类社会生活的分离。据他所述，将"道德的自由"理解为"主观的、个人主义的"人类的"内在"，导致了"政治与经济的伦理几乎完全隔绝""道德活动脱离了自然与人类的公共性生活"。③杜威将人类的自由置于"自然的自由"与"政治的自由"的关系之中进行把握。④"权利"及"自由"，还有支撑它们的"道德"，都是在人类进行相互行为和活动的社会关系中不断产生的。与之相关，我们可以考察到，格雷戈里·帕帕斯（Gregory F. Papas）从杜威日常经验的"变化、纠葛、偶然性"之中，重新解读了将"道德"作为"区别于日常经验

---

① Dewey, John, *Human Nature and Conduct*, op. cit., p. 210.

② 洛克在《政府论》（第2版）《关于公民政府的真正起源、范围和目的》中，设想了先于"政治社会"的"个人"的"自然状态"，并将其视为"完全自由的状态"及"平等的状态"。在洛克看来，"自然状态"已有"自然法"的存在，其中有"不稳定的状态"，潜藏着陷入"战争状态"的危险性。因此，必须转型为基于每个人"契约"的"政治社会"。洛克所说的"政治社会"中出现的并非新的"权利"及"自由"，而是为保护自然状态的私人利益而转让的东西。（［英］约翰·洛克著，［日］伊藤宏之译：《全译〈政府论〉》，柏书房1997年版。）同样，对于"政治社会"以前状态的设想，以围绕约翰·劳尔斯（John Rawls, 1921—2002）的"原初状态"（original position）的自由主义与共同体主义的学术争论为首，它作为现代政治理论的一个论点发展。（［美］约翰·罗尔斯著，［日］矢岛均次郎监译：《正义论》，纪伊国屋书店1979年版。）

③ Dewey, John, *Human Nature and Conduct*, op. cit., pp. 8–16.

④ Dewey, John, *Human Nature and Conduct*, op. cit., p. 211.

的特别的存在"或"独立于现象的变化，是普遍的、固定的、确实的、不变的存在"并以此为前提的伦理学传统。借用帕帕斯的话，"道德""被带回了地面上"。①特里·霍伊（Terry Hoy）也提到，杜威的自然主义是以社会性的各种"目的、责任、权利和义务的纠葛"为基础的。②

　　否定以协调的自然概念为基础、将道德带回"地面"的目的，不是拒绝拘泥于超越经验的绝对化的规范，而是要从生活世界中人们多样性的经验和多元性价值的角度，对伦理进行构建。提倡"脱离存在论的伦理"和"脱离形而上学的伦理"，取而代之主张"实用主义的多元主义"立场的希拉里·普特南，将杜威称为构建其理论的"'主人公'之一"，并高度评价了他的《人性与行为》。普特南如此解释的理由在于，杜威认为"伦理学"的"首要任务"既不是"到达'普遍的原则'"也不是"构筑'体系'"，而在于"解决实际生活中遇到的问题"。根据普特南所述，杜威并非将"伦理"还原为"一个关怀或目的"，而是将其理解为成立于"多种多样的关怀"基础之上，"各种存在的汇集"。③

　　如上所述，杜威并非通过自然主义把握"普遍的原则"或"体系"，而是对包含了源于生活经验的多元价值的存在进行创新，并以谋求解决的政治社会实践伦理学为意图。他对于将构建而成的政治的、社会的存在进行自然化并以之作为基础的传统进行了批判，并在它们的关联之中理解伦理。而且，他还尝试消除"道德的存在与产业的、政治的存在"的分离，以及"人的存

① Papas, Gregory F., "Dewey's Ethics: Morality as Experience," *Reading Dewey: Interpretations for a Postmodern Generation*, Hickman, Larry A., （ed.）, Bloomington: Indiana University Press, 1998, pp. 105-107.

② Hoy, Terry, *The Political Philosophy of John Dewey: Towards a Constructive Renewal*, Westport, Conn.: Praeger Publishers, 1998, p. 44.

③［美］希拉里·普特南著，［日］关口浩喜、渡边大地、岩泽宏和、入江五月译：《脱离存在论的伦理》，第4-25页，法政大学出版局2007年版。

在与自然的存在之间固定的区别"。由此，杜威引出了源于共享人的行为和经验的社会活动中的自然观念，来替代被置于其外部对立位置的协调的自然概念。[1]"权利""自由"和"道德"在作为自然的存在的同时，也作为政治的、社会的存在再次受到了概念化。杜威通过将"道德"引向"政治的、经济的、宗教的自由"和"思想、言论、集会、信条的自由"，提到"人们从内部意识受到拘束的封闭的氛围中解放出来，注意到身处于开阔的外部世界"。[2]《人性与行为》最后一章的标题即为"道德是社会性的"[3]。我们可以认为，这一点便是杜威自然主义概念的核心。

（2）市场的再定位

在《人性与行为》中，杜威意在克服以人与自然的关系超越政治社会的协调为基础的伦理学。正如洛克关于道德的主张，以假设自然状态作为起点，道德并非从现实社会的外侧出发而与统治人们相关，它是由包含共享与他人间行为的政治、经济活动的自然主义所构建的。经过产业化、都市化、机械化、大众社会化等发展，在社会的多样化与价值的多元化的过程中，杜威并非通过协调的自然，而是从与他人协同的行为意图的相互关系中，试图对自然概念进行重新解读。

20世纪20年代前半期出现的自然主义的问题，在20世纪20年代后半期被归结成为公共性的政治与伦理的主题理论。杜威在1927年出版了《公众及其问题》。该书是以他在拉威尔基金会（Larwill Foundation）的赞助下，于1926年1月在俄亥俄州凯尼恩学院举行的演讲为基础的著作。在该书中，杜威尝试对以超越非政治的人与自然的协调为前提的形而上学的自然概念展开了讨论。然而，该批判将这一前提作为扩大经济市场自由放任主义的19世纪自由主义，其

---

① Dewey, John, *Human Nature and Conduct*, op. cit., pp. 11-16.

② Dewey, John, *Human Nature and Conduct*, op. cit., p. 9.

③ Dewey, John, *Human Nature and Conduct*, op. cit., p. 216.

形式更加坚固。杜威的公共性构想也通过这个批判被引出。他首先对以洛克为代表的早期自由主义进行了批判。

> 尽管自由本身就是目的，但实际上它意味着从压抑与传统中得到解放。在知性方面，我们有必要认识到反抗运动的正当性；而且在制度生活方面已有权威，因此，对每一位反抗者内在的某种不容忍让的神圣的权威进行呼吁，就是非常自然的事情。因而，"个人主义"得以产生，除去人们为个人目的而深思熟虑的情况，这个理论为孤立于所有联合体的每一个人赋予了生来俱有的自然的权利。[1]

杜威将人类的自然状态置于个体中进行把握，并且对从自然主义的角度解释个人欲望及行为的立场进行了牵制。据他所述，早期的自由主义将权利及自由等来自某一政治状况与社会关系中的主题，作为"个人内部先天且非政治的"自然的存在以构成基础。杜威将早期的自由主义称为"赤裸裸的个人主义"（naked individual），并指出其"产生于个人的自发选择，除去保障各自的目的，扫除了与个人本性和权利性质不同的所有联合体"。[2]在此基础上，杜威将这一自然概念扩大至普通的市场经济运动中，将自由放任主义作为意识形态发挥作用的19世纪自由主义看作对洛克的延续，并叙述如下。

> 经济运动，并不在于个人及其内在的权利之名，而在于自然之名发挥作用，因此恐怕会拥有更大的影响力。经济的"法则"，即劳动产生于自然需求并引向创造财富的法则，眼下禁欲对储存更多的财富来讲是引向创造出有效的资本并以将来的享乐为目的的法则，以及需求与供给

---

① Dewey, John, *The Public and Its Problems*, op. cit., p. 289.

② Dewey, John, *The Public and Its Problems*, op. cit., p. 290.

的法则明确解释了竞争交换的自由的活动，都是"自然的"法则。这些都是人为制定而成的，它们被设定为与政治的法则相互对立。

自然法这一自古而来的形而上学概念，可以转换成经济的概念。也就是说，具有人性的自然法则限制了财富与服务的生产与交换。而且我们可以认为，当它从人为的，即政治干涉变为自由的时候，最大程度上可能归结于社会的繁荣与进步。……基于个人利益与社会利益的协调，对自然法则信仰较为温和的自由放任主义的经济理论，是容易与自然权利的教义相融合的。①

相对于早期的自由主义将自然置于超越社会的地位，19世纪的自由主义则将自然呈现为以经济存在为媒介、在实际社会中发挥作用的样态。在自由放任主义中，自然概念自然地假设了原本并非拥有超越性的社会地位、而是以市场为媒介的社会。市场被看作是独立于政治、通过人与人之间相互交流而自然产生的空间，社会则被看作以市场为媒介、谋求人与自然间协调的自主调整的地方。正如杜威指出的那样，与市场相关联的自然主义是"将'自然'看作某种富有魅力的存在的自然概念"。

自由放任主义的理论与政治相对，支持"'自然的'经济"——只要排除人为的政治，就能在市场中实现每个人的自然状态，这一点立足于个人主义。这是因为，政治阻止人们的自主活动，与此相对，市场则通过不受社会限制的个人间的自然关系得以成立。因此，我们可以认为，自由放任主义让经济活动归于自然的同时也解放了个人自由的空间，实现了个人主义的理念。在这层意义上，先于政治的自然主义与个人主义，形成了相互亲和的自由主义的两大主力。这样一来，由于倾斜于个人的自然性，自由主义思想牵制了自由放任主义，使得强大的产业资本主义社会变得正统化。

① Dewey, John, *The Public and Its Problems*, op. cit., p. 291.

　　然而，事态由此完全逆转。对于19世纪的自由主义，甚至在杜威所说的"占据中心地位的'个人'"理论被抬至很高地位时，它也处于完全消失的过程中。也就是说，19世纪的自由主义宣扬的个人主义导致了个人的"消失"。对于"独立于'生来就有的'联合体、拥有固有权利的独立的个人这一概念"及"人为的政治法则有害，与此相比，经济法则则是自然的这一概念"，杜威甚至将它们归结为民主统治的"脱离""倾向"和"歪曲"。①这一见解中包含了杜威对市场的深刻洞察。他从内部击溃了市场拥有的权力性，暴露出潜藏于个人自然性的假设中的虚构之处。据他所述，以经济理论为前提的对自然法则的思考，印证了经济上个人的虚构性。

　　　　我们偶然得到了另一种教义，即相对于由人创造的政治制度，经济中能力的作用有着原本便是"自然的"、遵从"自然法则"的某种存在。拥有成熟需求、遵从自身意志和谨慎考量等独立且自然的个人观念，是拥有先天的政治权利的个人教义在政治学中的虚构之处，与此相同它也是心理学中的虚构之处。②

　　杜威批判的是假设在非政治的自然状态下人们也具备经济方面的能力。据他所述，19世纪的自由主义假设的"需求"是"慎重而有意识地朝向已知的快乐的目标"，是"正大光明的"，其中"意识"是指"欲求、努力、目的受到实事求是的曝光、没有污点且透明的自我启发式媒体"。经济理论中，即使在还未出现政治行为的状态下，也要具备关于市场的知识及欲求的前提，但杜威看破了这个前提具有忽视个人的虚构性。尽管与所有的社会条件相隔绝，个人仍可以进行经济方面预测与合理的计算，这样的观点本身就是虚构的。经济

---

① Dewey, John, *The Public and Its Problems*, op. cit., pp. 291-294.

② Dewey, John, *The Public and Its Problems*, op. cit., p. 299.

学中关于自然状态下人们学习经济能力及市场规则的假说，杜威将其比喻为国际象棋游戏并进行了抨击。正如在国际象棋游戏开始之前便熟知基于游戏规则的棋子的动向，他认为这种经济人是实际上不可能存在的"透明"的个人，是虚构性的实体。

杜威主张，个人的行为是以共同体及联合体为基础的。人类在隔绝于社会关系的个人判断基础上进行合理计算，在他看来这是不可能的，个人的行为应依存于互相承认的协同活动及空间。"以'自然的'经济过程与法则为前提的欲求、目标、满足，其基准是本身便赋予了社会条件"的，是"反映了惯习与制度"的。在这一点上，推崇自然经济的产业体制是"以依存于众多途径下联合而成的行动的欲求、道具、素材、目的、技术、能力为前提的"①。19世纪的自由主义在表面上放纵了市场中的欲望、担保了个人的自然性，但与之相反，它也成为侵蚀个人、瓦解共同体的存在。这样一来也葬送了联合体。

然而，市场并非作为纯粹的自然系统发挥自我约束的作用。这遵从于共享了人的行为与经验的政治及社会的习惯与制度。而在制度及习惯的根基之中，存在有协同和支持它的共同体和联合体。我们应当注意的是，杜威并非否定了个人行为及思考能力。他认为，个人的行为与各种各样的社会关系及制度相关联，或者说个人行为是在与环境的相互作用下产生并完成的。公共性资源是人与人协同行为进行活动的社会空间的结果。作为改造共同体和联合体的思想战略，个人与市场与社会空间的矛盾关系也变得尖锐化。

2 公共性的政治与伦理

(1) 公共产品与私人产品

杜威认为，自由放任主义是出现于政治和社会关系以前的、自然状态下

---

① Dewey, John, *The Public and Its Problems*, op. cit., pp. 299–301.

合理的个人，这一经济学假说是虚构的，杜威对其进行了批判。市场并非自发组成，它基于人们的互相承认的制度及惯习和对其进行支持的共同体和联合体。杜威所谓的共同体已不是某一给定领域中实体化的存在。他认为，共同体产生于人们交流的相互行为，并受到重新构建。公共性的概念就以这样的共同体和联合体为基础。杜威将以市场为基础的19世纪的自由主义的市民社会，重新定位为民主主义政治与伦理。

对于"公共产品"与"私人产品"的关系，杜威主张这并非由于"有关完成的行为的假说"，而是应当"从行为出发考虑其结果"。据他所述，虽然人们从"政府机关及行为的承担者"或"行为背后的意志及目的"等根源对"国家"及"公共产品"进行说明，但这不过是"通过原因的形式对本应澄清的结果进行反复说明"。[①]对此，他归纳人类行为与作用的观点，对公私严加区别进行了定义。

> 认识到人的行动对他人造成的诸般结果，并通过该认识避开其他结果来确保某种结果，以此限制行动并引向接下来的努力，我们便是以这一客观事实为出发点。顺着这条思路，我们又能得到这样的见解，即出现了影响直接参与事务的人和超越受到直接影响的人而影响他人的两种结果。在其区别之中，我们可以看到私人产品与公共产品之间严格区别的萌芽。[②]

杜威具体假设了A和B两人的对话场景进行说明。A与B进行对话的时候，这个行动基于"事务"，并在两者共享的空间里相互关联。他认为，A与B的定位仅仅为"两者之间"，即使二人的关系之间出现了互相帮助或伤害，其

---

① Dewey, John, *The Public and Its Problems*, op. cit., pp. 242–247.

② Dewey, John, *The Public and Its Problems*, op. cit., pp. 243–244.

"利益及危害的结果也不会超越A与B进一步扩大"，他将这种情况称作"私人产品"。杜威认为，当A与B对话的结果"在直接超越交谈的双方而扩大并影响到许多他人的福利的情况下，该行为就具有了公共的力量"。"公共产品"与"私人产品"的严格区别就在于，人与人的相互行为是超越了双方直接关系的行为，还是仅仅与直接接触"事务"的人相关的行为，我们可以认为存在着这样的不同。在此，杜威从人类行为作用的角度，对"公共产品"与"私人产品"的界限进行了构想。杜威的定义意味着，他通过以下两点重新构建了自由主义对公共性与私人性的区分。

第一，避免先于经验地设定公共性与私人性的区别，以及在国家与市场这样的既定领域对它们进行实体化。公私的界限，并非作为确定的规范领域从人的行为及社会生活的外部构成基础，而是从人的行为与活动的层面进行多元的重新构成。据杜威所述，传统的自由主义思想先于经验地理解了公共性与私人性的关系，通过将前者解放至后者以确立个人主义。由此便引出了这样的结论：公私的界限先于人类的政治行为及活动而存在，并在某既定领域中被实体化。19世纪的自由主义也继承了这一立场。自由放任主义的经济理论中，公共性与私人性被国家与市场的关系所消除，还原到了先于人类的相互行为的规范领域。

对此，杜威从人的行为与其导致的结果这一观点出发，对"公共产品"与"私人产品"进行了考察。公私的界限划分始终是"应当批判性且实验性地被决定的事项"，它与"多元论的概念"相通。我们在产生了多元的行为与活动的空间轴中对公共性进行理解。公共性常常作为产生后即解体的存在，或具有构建性、创造性的同时也具有批判性的重建过程中的存在，我们在历史的时间轴中对其进行把握。公共性的主题并非其自身承担了规范价值的实体领域，我们更应强调促使其产生和确立的人类的相互行为的过程。具体来讲，某个人与其他人之间相互交流的行为，是仅与直接参与的人相关的，还是超越该"事务"对他人也造成了影响，这并非在行为发生之前就已确定。不管是国家官员还是官僚，这个事实都不会改变。即使是政治家的发言及行为，也很有可能是A与B之间的私人产品。公共性并非遵从国家及市场领域的人的地位及属性、先于经验受到限定的存在。杜威的公共性概念，是以没有封闭领域的开阔空间为基本条件的。

　　第二个特征是，"公共产品"与"私人产品"的关系并非对立概念，我们是从行为的层面对其进行连续性认识的。杜威通过"私人产品"同时也具有"公共性质"，将公私的两极对立引向了消除。公私的连续性主张，意味着与传统的自由主义的市民社会论的决裂。正如洛克的"自然法"概念所象征的那样，早期的自由主义以私人领域中性质不同的个人为前提，但也从公共领域对受到抽象化的同种性质进行了担保和组织化。自由放任主义在19世纪也沿袭了公私的两极对立这一前提。也就是说，自由放任主义的经济理论歌颂了从公权到私人的解放，在对独立于国家领域、具有调整性的市场进行拥护的这一点上，它将公共性与私人的对立格局视作理所应当之物。自由主义的传统将作为自然关系的私人性的社会领域进行了放大，与此同时也将被视为等同于公共领域的国家责任进行了缩小，以此形式促进了国家制度的构建。①

　　（2）公共性与交流

　　杜威的公共性概念批判了自由主义传统中的公私两极对立，在主张两者具有连续性的观点上具有划时代的意义。他的这个视点在将人作为行为主体、考察其个人观念的情况下也非常有趣。这是因为，这个主张并非通过个人的"消失"引起公共性扩大而导致对私人性的侵犯。丧失个人这个问题的原因，并非政府及国家的大小。公共性的成立原本就不与政府及国家的实体领域一致，其责任缩小抑或是扩大都不构成问题。杜威的主张是将个人的丧失归结于"公共产品"的丧失。这一论述还提出了如何认识潜藏于公共性与私人性之间的紧张关系，以及如何将其相互关联的问题。而且他还提及，"公共产品"与

---

① Dewey, John, *The Public and Its Problems*, op. cit., pp. 244-281.

"私人产品"的概念是与"个人产物"（individual）与"社会产物"（social）的相互区别的。杜威所述如下。

> 因此，不管个人产物与社会产物之间有多么明确的区别，私人产品与公共产品之间的严格区别也不会同个人产物与社会产物之间的严格区别一致。许多私人行为就是具有社会性的。也就是说，其结果对共同体的福利作出了贡献，对现状及将来造成了影响。从广泛意义上讲，两个人或更多人之间慎重经营的事务，在这层性质上就是具有社会性的。[1]

据杜威所述，公共性是产生"公共产品"、"公众"进行活动的共同体的空间。杜威具体列举了学校、公路、图书馆。各种各样的公众通过"面对面关系"（face-to-face relationship）组建了交流议论的共同体。学校、广场、公路、图书馆等场合创造和构建了人们进行相互行为和活动的空间，这被看作公共性形成的核心。[2]公共性与私人性的关系并非先于经验的对立概念。杜威打破二者的两极对立，尝试展开连续性说明。他所谓的公共性，在不断被实验性构建和创造的同时，也具有被解体和重建的实用性意义。也就是说，公共性不仅是空间概念也是时间概念，这一点尤为重要。因此，公共性在人们进行相互行为和活动的过程中处于中心地位。它将市场与产业资本创造出的匿名空间，置于以交流为基础的民主主义政治与伦理中进行重建。公共性并非自然产生和形成的空间。唤醒公共性的，正是使拥有固有名称的人进行面对面交流的、具有人称的共同体和联合体的存在。

---

① Dewey, John, *The Public and Its Problems*, op. cit., p. 244.

② Dewey, John, *The Public and Its Problems*, op. cit., pp. 238–258.

3　联合体的基础性

（1）杜威与李普曼

杜威的《公众及其问题》，是受李普曼的《幻影公众》（1925）启发而发表的作品。李普曼在1914年曾为自由派的杂志《新共和》的创刊奔走，在伍德罗·威尔逊（Thomas Woodrow Wilson，1856—1924）就任美国总统之际，他还作为美国代表团的随行成员参加了巴黎和会（Paris Peace Conference），在第一次世界大战结束时参与起草了《十四点和平原则》（*Fourteen Points*），是20世纪前半期极具代表性的著名记者。李普曼和赫伯特·克罗利（Herbert Croly，1869—1930）共同编纂的《新共和》杂志，历经一年发行数目已超过15000册，1916年至1918年间，平均拥有25000名定期购买的读者。而且，李普曼还在20世纪20年代接连发布了《自由与新闻》（1920）及《公众舆论》（1922）等著作，作为记者名声大振。[①]

李普曼的思想，受到了他就读于赫伯特大学期间为他授课的政治学者格雷厄姆·华莱士（Graham Wallace，1858—1932）的巨大影响。[②]华莱士在《政治中的人性》（1907）中，着眼于构成民主主义的人的思考的"非合理性"，论述选举及投票、表明意见这些各种各样的政治行为并非人们在"执行过程"中的产物，它们来自日常生活中随处可见的"环境"的"刺激"下导致形成的"习惯"及受"本能"所限制的东西。例如，一个政治现象被赋予了某个具有象征性的名称，它就成为"政治实在"并构成了现实；即使它最终丧失了性质和属性，只要其名称存续，就仍可以作为表达事态的用语，并在社会范

---

① 关于李普曼的专题性研究较多，代表性研究列举如下。[美]罗纳尔·斯蒂尔著，[日]浅野辅译：《现代史的目击者——李普曼与美国世纪》，TBS-BRITANNICA Co., Ltd. 1982年版。[美]约翰·拉斯金著，[日]铃木忠雄译：《瓦尔特·李普曼——为了正义与报道的自由》，人类科学社1996年版。

② 李普曼在《公众舆论》中指出了沃勒思对政治学的启发之大。（[美]瓦尔特·李普曼著，[日]挂川富子译：《公众舆论》（下），第279-280页，岩波书店1987年版。）

围内适用。华莱士指出，这是由人类"非理性的"思考方式所导致的结果。据他所述，"政治实在"并非产生于每个人的"理性过程"，而是受日常生活中通用和熟知的社会"习惯"及"本能"所决定的。①

李普曼将华莱士对人类"非合理性"的论证应用于"公众舆论"（public opinion）的相关理论，并对其进行了发展。构成"公众舆论"中心的"拟态环境"及"刻板偏见"，作为李普曼的代表性思想并受到了公众的瞩目。根据他的思考，"真实环境"对人来讲过于庞大复杂且不断变迁，因此我们可以通过简略的"印象"来观察世界，以取代直接认识外界。也就是说，我们在观察"环境"的时候，并非直接去了解实际存在的"环境"，而是去观察他人内心预先存在的事物，通过迄今为止对教育及经验培养的看法进行认识。李普曼将此称为人类在"拟态环境"中进行认识。接着他论述道，每个人对于公共事项的"种种印象"，即"脑海中对自己、他人、自身的需求、目的、关系进行描绘的印象"构成了"公众舆论"。他还将"由人的集团或活动于集团名下的个人脑海中描绘的印象"表达为"大写的'公众舆论'"，与"小写的'公众舆论'"进行了区别定义。

李普曼指出，人会遵循其文化形成的某种"刻板印象"观察外界。在此，他引入了杜威所举的例子进行论述，即在化学方面造诣颇深的非专家人士与专门的化学学者对金属进行定义的方法这一具体例证。这个例证提到了这样的代表性差异：外行人会从"光滑、坚硬、有光泽、闪耀"等美学的角度，或从"敲打拉伸也不会断裂般有力、受热会变软、低温下凝固"等性质角度出发进行定义，与此相对，化学学者则将其定义为"与氧气化合形成碱的所有的化学元素"。李普曼促使我们注意到，在大多数情况下，人们"并非在观察后进

① Wallace, Graham, *Human Nature in Politics*, New Brunswick, N. J.: Transaction Books, 1981.
沃勒斯以人的思考的"理性"为前提对政治行为进行了分析，他的批判与杜威对自由放任主义经济学设想下理性的个体存在的批判，在内容上有部分重叠之处。我们可以将这一点作为沃勒斯、李普曼及杜威三人主张的相通之处。

行定义，而是在定义之后开始观察"；从混沌而无从下手的外界之中"拾取自身文化、为了自身而进行定义"，这就是通过"刻板印象"的形式认识世界。"刻板印象"形成了人的思考和见闻的框架，自动地框定了持有关心的对象和看待它的角度，为人们提供了安全感和安定感。因此，符合民意的政治也受着"刻板印象"的限制，从那里出发便毫无自由可言。甚至连报纸和报道也顺应了"刻板印象"，并起到了对其进行强化的作用。在这些分析中，李普曼将批判的矛头指向了以民主主义为前提的理论框架，即在进行政治行为及活动之前便拥有相关知识和信心的"自我充足的个人"这一前提。他将其看作"民主主义理论的谬误"。李普曼批判的另一个观点是，构成民主主义的大众社会中，每位成员心中不会"自然而然"地进行判断、做出决定。①李普曼的批判正是瞄准了有关大众民主主义前提的本质性缺陷。②

《幻影公众》是继承了"公众舆论"的论述、并进一步对其进行发展的著作。其中对市民判断和参加政治问题一事本身进行了质疑。李普曼主张，"作为全能的最高统治者的市民"是"虚伪的理想""无法达成的理想"。据他所述，若非"个人对全部公共事项持有意见"，那么"他也不会了解决定公共事项方向的方法"。而且，个人对于"发生了什么、为什么发生、应当发生什么也一无所知"。因此，他认为公众进行的不是"表明意见"，而是"协力或反对提案"，民主主义"不得不放弃考虑人民统治"。这一见解并非毫无依据。他实际举出1923年芝加哥市长选举时的数据进行了证明。在那场选举中，140万人有投票权，其中实际登记的仅有90万人，最终投票的仅有72.3万人，弃权中的人有70%甚至对于自己不关心投票毫无自觉，约有25%的人则直

---

① [美] 瓦尔特·李普曼著，[日] 挂川富子译：《公众舆论》（上）（下），岩波书店1987年版。

② 杜威为李普曼的《公众舆论》撰写了书评。他对该书"具有对教训的总结且尖锐的综合性分析"进行了高度评价，同时也对其中论及的"批判性部分"指出，"如果具有建设性将会更为成功"。（Dewey, John, "Public Opinion," *The Middle Works*, vol. 13, p. 343.）

率地表示"完全没有兴趣"。而且，1896年至1920年间，有投票权的人数增加了3倍，但大总统选举中一般投票的比例却从80.75%大幅减少到52.36%。李普曼对这一点解释为"'所有人民'积极地希望参政"是"错误的"。^①据罗纳尔·斯蒂尔（Ronald Steel）所述，李普曼觉察到"民主主义本质中内在的缺陷"并非"许多改革论者宣扬的更大程度的民主主义，即通过扩大选举权及防止弃权而进行纠正"，而是"有权者甚至并不具备决定公共问题方向的'潜能'"。也就是说，李普曼提议"从公众的肩上取走沉重的负担"，这是"坦率地承认市民普遍没有管理社会的能力和意识"，应该将"公共问题"交付给直接参与其中的"内部人员"。^②由此开始，李普曼将"公众"视为"幻影公众"，并主张将"公共事项"交付给没有私心的专家进行统一管理。

（2）清晰的公众性的苏醒

杜威将为《幻影公众》写的书评投寄给了《新共和》杂志。他认为，李普曼的见解推进了民主主义，在此基础上将其视作具有"建设性的意见"^③。在《公众及其问题》中，他介绍了李普曼所批判的对于"'全能的'个人"的见解并表示了支持。也就是说，认为"全能的个人"拥有决定政策及合理判断其结果的"能力"和在任何状况下都悉知最佳的政治行动的"能力"，他认为这样的想法并不是"心理学的谬误"。^④

但是，杜威的主张与李普曼相反。李普曼指出了"幻影公众"，主张应将公共事务交付给政治家与专家进行判断和统一管理；与此相对，杜威则并不

---

① Lippmann, Walter, *The Phantom Public*, New Brunswick, N.J.: Transaction Publishers, 1993.

② ［美］罗纳尔·斯蒂尔著，［日］浅野辅译：《现代史的目击者——李普曼与美国世纪》，第286-287页，TBS-BRITANNICA CO., Ltd 1982年版。

③ Dewey, John, "Practical Democracy," *The Later Works*, vol.2, pp. 213-220.

④ Dewey, John, *The Public and Its Problems*, op. cit., p. 334.

接受这个解决对策。他并不赞成李普曼的精英主义式思考方法。[①]杜威与李普曼相同，他对将公众的缺失命名为"公众的消失"表示失望。但对这种状况，他并没有通过对社会经营进行统一管理的形式来谋求解决，而是通过"清晰的公众性"的苏醒进行超越。[②]杜威将市场与产业资本创造的匿名化社会空间重建为通过"面对面关系"进行对话交流的共同体。他认为，这是使"清晰的公众性"再生的关键，并将其作为由"大社会"（Great Society）到"大共同体"（Great Community）的转换尝试推进。

> 在大社会转换为大共同体之前，公众一直保持消失。只有交流能够创造出大共同体。[③]

杜威从华莱士的著作《大社会》（1914）[④]中抽取了"大社会"一词。华莱士在对"政治与人性"进行论述的基础上，以"大社会"中对人的思考及行动产生影响的企业及组织的存在作为分析对象进行了论述。杜威参考了华莱士

---

① 关于引自杜威和李普曼讨论的"精英主义"概念，克里斯托弗·拉希（Christopher Lasch）与阿兰·赖安的看法形成了重要的对比。根据拉希在《精英的反叛》（1995）中所述，现代的"民主主义病"并不是李普曼批判的"大众"造成的，而是由于伪装"国际化"及"全球观"的知识分子、专家及社会精英的"腐败"与"反叛"。另一方面赖安认为，与当时的"民主主义精英主义"（democratic elitism）代表性论者约瑟夫·熊彼特（Joseph Schumpeter, 1883—1950）相比，李普曼并未强烈主张精英主义。在此基础上，赖安认为杜威"接受了李普曼的大部分意见"，"除了这些几乎就没做什么了"。在赖安看来，杜威实际上并没有说"美国的民主主义状态良好"，他只是抱有希望地预测将来"状态会变好"。（Lasch, Christopher, *The Revolt of the Elites and the Betrayal of Democracy*, New York: W. W. Norton & Company, 1995. Ryan, Alan, *John Dewey and the High Tide of American Liberalism*, op. cit., pp. 216-217.）

② Dewey, John, *The Public and Its Problems*, op. cit., pp. 304-350.

③ Dewey, John, *The Public and Its Problems*, op. cit., p. 324.

④ Wallace, Graham, *The Great Society*, New York: Macmillan, 1914. 杜威还在1926年6月的《新共和》杂志上，对沃勒斯的《思考的技法》（1926）发表了书评。（Dewey, John, "The Art of Thought," *The Later Works*, vol. 2, pp. 231-234.）

的这部著作，对于通过人们之间并非"与其他个人的关系"而是对"非人格的大企业及组织"的关系得以成立的当时的社会变化，进行了批判性的说明。①也就是说，"大社会"是巨大组织和产业资本产出的社会空间，我们将其理解为每个人作为看不到脸的匿名者与他人相遇的无名化空间。这是从非人称的关系中形成的产物。杜威认为，这种空间的扩大化使得共同体解体，并导致了交流的衰退。

另一方面，"大社会"是由共同体中的"面对面交流"创造而成的。共同体以拥有人称的关系为基础。杜威认为，被共同体和联合体阻断的"友爱""自由""平等"不过是"令人绝望的抽象物"，将两者分割开进行考虑便会陷入"软弱的感伤主义"，或导致"过度狂妄信从的暴行"，最终会"背叛共同体生活目标其本身"。杜威所说的"自由""平等"及"友爱"，并非脱离于人与人的协同活动及行为的抽象物，它们也不是只能通过与企业、组织、制度的关系来进行把握和发展的存在。杜威避免将民主主义观念消除为背离了共同体的"个人主义"、理解"自由"及"平等"的东西。据他所述，"友爱"是"对公众福利进行有意识评价的别名，该福利是为来参加其所有成员的行为提供指南的联合体"，"自由"确保了"与他人间丰富多样的协作中产生的个人潜能的解放与实现"，"平等"则使得"共同体的每个成员进行协同行为的结果进行顺利无阻的分配"。也就是说，这些理念是在联合体中具体的生活及人与人的关系中产生并构建而成的。由此，围绕构建传统自由主义的关键概念——"自由""平等""友爱"的议论，以立足于联合体观念的形式得以重新定位。杜威所说的"清晰的公众性"的苏醒，开拓了使多样的公众通过"面对面关系"进行交流和协同活动的共同体和联合体。

在这里，杜威还对联合体和共同体进行了区分。他论述道，"协同的活动"或"共同的活动"是"创造共同体"的条件。在此基础上，联合体是"物

---

① Dewey, John, *The Public and Its Problems*, op. cit., p. 295.

理的、有机的存在"，与此相对，共同体则受到了"伦理的""感情的、知性的、意识的"支撑。①我们可以对共同体进行伦理性的把握，这一点非常重要。杜威在形成共同体的协同活动和交流的伦理中，看到了民主主义的可能性。在他看来，民主主义的公共性并非自然产生的。公共性直面丧失交流的危机的空间，以积极促成其产生的政治行为与活动为基础。另外，联合体则被置于这些共同体的基础之中。②杜威的公共性概念，并不仅限于哈贝马斯的论述及舆论中，以及就民主主义的手续而受到扩大的规范言论领域中。民主主义的构成是讨论及审议的形式、规则、规范，在此基础上可以参与对其创造并开拓了共同体协同活动的政治与伦理。③

---

① Dewey, John, *The Public and Its Problems*, op. cit., pp. 329-330.

② 杜威的具体主张是，即使在"民众投票和多数通过"的情况下，不仅要有对这些形式性规则的保障，也必须有"暴露出社会需求及困难的协商与讨论"。"满足优先的讨论和少数派的见解的意见修正，使他们也有机会认为自己下一次可能成功，由此便能够得到相对的满足"，他认为这样互相听取见解的共同体的伦理性态度是重要的。(Dewey, John, *The Public and Its Problems*, op. cit., pp. 364-365.)

③ 普特南在《事实与价值两分法的崩溃》（2002）中，从立足于杜威哲学的"道德现实主义"(moral realism)，对哈贝马斯主张的"交流行为"展开了批判。普特南批判道，哈贝马斯所谓的"'讨论伦理'的规范"陷入了与"合理的思想"及"交流"相结合的"规范"、和与作为"生活世界"的偶然性产物而受到"自然主义式对待"的"价值"的"规范与价值的两分法"。与"规范"对立的"价值"和"实证主义者"相同，都是"不可认知"的。而且，"拘束性的普遍规范"只存在"交流行为的规范"（其中包含"城市的规范""说真话的规范""仅主张保证合理的事物"等"个别的要素"）。([美] 希拉里·普特南著，[日] 藤田晋吾、中村正利译:《事实与价值两分法的崩溃》，第141-169页，法政大学出版局2006年版。)

第 2 节　学校改造的政治空间

1　对话性共同体的构建

（1）市民大会的理念

　　面对关于学校公共性的提问，杜威是如何展开其公共性构想的呢？杜威指出，传统共同体的"市民大会"发挥了公共作用。他在公众为构筑"道路及学校、共同体的和平"而举行讨论的交流空间中看到了线索。在人们为维持和存续生命与文化而展开讨论进行选举、形成"居民区"的共同体中，他看到了民主主义和公共性的成立基础，位居其中心的便是公立学校的存在。杜威以新英格兰为例，指出"在各种制度成立的地域条件方面，表面看似缺乏系统的公共教育系统则成为典型的表现"。美国的学校，虽然从行政组织到课程设置、教育方法都依存于各州或各个地区的政治单位，但根据公众交流意见的反馈，人们会与学校进行交涉，设立委员会、对教师授予资格后进行雇佣，并构筑让孩子们上学的"学校区域"。而且，公众还会对学校进行考量和彻底的调查，形成进一步发展而"自主统治的共同体"。因此，杜威强调，公共教育的主体并非"联邦国家"，"仍具有维持和统一管理地域的力量"的"共同体虽然形式变得复杂，但并非受到了破坏"。[1]

　　杜威将改善"讨论、争论、说服的方法与条件"作为"公众的课题"来把握，并参与了以共同体与联合体为基础的公立学校的改革。[2]他认为，"通

----

[1] Dewey, John, *The Public and Its Problems*, op. cit., pp. 305-307.

[2] Dewey, John, *The Public and Its Problems*, op. cit., p. 365.

过教育，即不断被指导和学习联合体中的明确现象，年轻人才被引入为共同体赋予特征的传统、世界观及利害关系之中"。接着，他论述道："通过人在学习交流中的付出和索取，共同体中独立的个人成员的成就感得到提高。"①杜威还对与"付出和索取"的"交流"相关的考察进行了深入挖掘。其关键在于他提出的"独白"（soliloquy）与"对话"（dialogue）的严格差别。杜威批判"伦理在其发展中回归到了伦理一词原始意义的对话中"，"不会在交流和共享的表达中重生的思想"则不过是"独白"。"独白"仅仅是"有破绽的不完全的思考"。而超越"独白"构建"对话"的，便是人类通过"耳朵"和"眼睛"的活动。②

> 耳朵与生命的外向思考及情绪之间的关联，比眼睛与生命的关联更加紧密且富有多样性。视觉是旁观者，听觉则是当事者。出版是局部的，作为其结果而产生的，在出版物提供的含义被口耳相传之前，不过是局部地被了解与被形成的。个人有限的才智素质，在地域共同体的交流中通过人们的话语流传时，便成为发源于社会的理智，其自由的扩大和确立是不受限制的。这是只为舆论赋予的现实性。③

杜威对"舆论"的分析，是通过与李普曼明显不同的方向寻求解决的。有趣的是，杜威强调了通过"耳朵"的"听觉"。他指出，将阅读出版物报道并进行分析的"视觉"阶段的东西，仍然停留在"旁观者"的位置。必要的是应将交流并非作为"独白"而是作为通过倾听他人的"对话"进行开拓。"独白"与"对话"的决定性差别在于，"对话"产生了公众之间相互交流的关系

---

① Dewey, John, *The Public and Its Problems*, op. cit., pp. 331-332.

② Dewey, John, *The Public and Its Problems*, op. cit., p. 371.

③ Dewey, John, *The Public and Its Problems*, op. cit., pp. 371-372.

中形成的"理性的"活动。另一方面,"独白"则是在割裂这种对话关系中他人的存在,以及产生于现实世界人类活动相互作用的、与对象世界之间的关系的情况下成立的。他的协作观念,潜藏于这样的社会协同的"对话"之中。因此,公众并非"旁观者",而是只有作为"当事者"参与其中学校的改造才得以展开。杜威的公共性构想的核心便包含这种对话性的共同体和联合会。

1928年4月,杜威在哥伦比亚大学进行了题为"教育的方向"的演讲。其中他提到了公共教育的苏醒。在学校的年数、教师的资格、建筑物的特色,以及教学科目方面,美国缺乏国家性"官僚的指导及限制",但存在"代替官僚或国家的指导性的唯一存在",即"自发且个人的指导、内部兴奋及其影响"。他主张,公共教育比"国家行政"对"教育过程"方向决定的影响更大。"通过对口头及定期刊物、书目、其他教师的努力与结果的观察,人们交流了各种各样的见解"。在"制定法律和制度化"基础上,学校是以"促使参加共同体"为前提的。[①]杜威还认为,在学校改革中,公众将不可避免地作为"当事者""参与"其中,并被要求与共同体在社会及政治方面紧密相连。

(2)进步主义的政治

在这个时期,杜威热心地参与了政治活动。1923年第29任美国总统沃伦·加梅利尔·哈定(Warren Gamaliel Harding,1865—1923)离世后,在1924年举行的大总统选举中,共和党的卡尔文·柯立芝(John Calvin Coolidge Jr.,1872—1933)与民主党的约翰·戴维斯(John W. Davis,1873—1955)成为候选人,杜威则强烈支持进步党的罗伯特·拉福莱特(Robert M. La Follette,1855—1925)。拉福莱特作为威斯康星州的州长,不仅对劳动者的补偿及最低薪金问题表示关怀,而且强调推动上院议员的直接选举及女性的参政权,是一位着手于实现政府开放性的人物。这些进步主义改革中的实绩,都为杜威的支持提供了充足的证明。

---

① Dewey, John, "The Direction of Education," *The Later Works*, vol. 3, pp. 250-253.

杜威还在纽约出席了支持拉福莱特的集会，高声对他声援。对于拉福莱特追及"公共问题"的"状况的真相"、收集"所有的事实"，并将它们综合起来力求解决的态度，杜威给予了很高的评价。拉福莱特还"要求修正"1919年签署的《凡尔赛条约》，对他关于国际政治的见解，杜威认为其控诉了"战争的非合法性"，在批判"从经济视角追究国际问题"这一点上，拥护其为"健全而现实的做法"。[1]拉福莱特与进步党以农民及劳动者运动家、社会主义者等团体为支持基础，呼吁水道及电气等公益事业的公营化，还要求支持农民、缓和对劳动运动的限制与对企业的限制等。然而选举结果是，拉福莱特在普通民众投票中仅获得19%的得票而败北，柯立芝于1923年8月3日就任美国第30任总统。[2]

其后在1928年，谋求以自由市场为轴心减免税务及缩减国债规模、迎来经济发展盛况的柯立芝政权告终。下一届大总统选举中，共和党的赫伯特·胡佛（Herbert Hoover，1874—1964）、民主党的阿尔·史密斯（Al Smith，1873—1944）、社会党的诺曼·托马斯（Norman Thomas，1884—1968）等人成为候选人。杜威关注到柯立芝政权时代的繁华背后有着失业及再分配不均、低收入阶层生活水准低下等问题，他认为要从根本上解决这些问题，托马斯与社会党的主张是最合适的。既是社会主义者也是和平主义者的托马斯继承了尤金·德布斯（Eugene Debs，1855—1926）的社会党，参与了总统选举。他于1922年就任了产业民主主义联盟的理事。[3]该产业民主主义联盟以1905年设置的大学社会主义者联合协会为原型，以大学及教育机构为中心，批判自由放任

---

[1] Dewey, John, "Dewey Aids La Follette," *The Middle Works*, vol. 15, p. 317.

[2]［美］玛丽贝斯·诺顿等著，［日］本田创造监制，上杉忍、大辻千惠子、中条献、户田彻子译：《美国社会与第一次世界大战》，第272页，三省堂1996年版。

[3] 托马斯还曾作为社会党人士成为1924年纽约的州长候选人、1925年与1929年纽约的市长候选人，但最终纷纷落选。然而，托马斯的社会主义被他本人参与创建的全美市民自由局（National Civil Liberties Bureau）所继承。（Johnpoll, Bernard K., *Pacifist's Progress*: *Norman Thomas and the Decline of American Socialism*, Chicago: Quadrangle Books, 1970.）

主义，促进确立社会主义。杜威也不惜与联盟协力。实际上，杜威在20世纪20年代曾就任该联盟的副会长，在30年代就任会长，直到晚年都在支持联盟。[①]他在1928年的大总统选举中对托马斯表示赞同，我们可以认为其中有着共享联盟活动的影响存在。

但最终，杜威决定支持史密斯而非托马斯。他坦率地承认，考虑到自己寻求解决的政治、经济和社会的问题，应该支持社会党的托马斯而非民主党；但在此基础上他察觉到，这场选举的政局在胡佛与史密斯之间周旋，为了阻止胡佛政府的成立，就得为史密斯投票。杜威对禁酒令的实施及对宗教和人种的"心胸狭窄"与"不友好"在整个社会范围蔓延的氛围表示了忧虑。他认为，在"不诚实的伪善"扩大的社会环境中，就任纽约州长的史密斯"充满人文关怀"。[②]然而选举的结果是，胡佛以58.20%的得票率当选总统，史密斯以40.77%的得票率、托马斯以0.72%的得票率落选。胡佛在翌年，即1929年就任第31任总统，并选出查尔斯·柯蒂斯（Charles Curtis、1860—1936）作为副总统。[③]这个政府直到1933年都大权在握。胡佛政府也继续沿用了抑制政府介入的自由放任主义政策。[④]

---

① Dewey, John, "Address of Welcome to the League for Industrial Democracy, " *The Later Works*, vol. 14, pp. 262–265.

② Dewey, John, "Why I am for Smith, " *The Later Works*, vol. 3, pp. 184–185.

③ 杜威在《旧个人主义与新个人主义》中指出，20世纪20年代的美国总统选举中共和党胜利的主要原因之一，就是人们可能存在"恐惧心理"。他表示，大总统选举的结果基本是"受恐惧心理所决定的"。地方选举和中间选举时选择中立或支持民主党的大多数市民，会在四年一次的大总统选举中转而为共和党投票。据杜威所述，"他们这样做是因为抱有一种不确切但具有影响力的恐惧，认为若非如此经济机构及金融机构可能会受到阻碍"，这种"恐惧心理"使得"目前的执政党有可能维持其政权"。鉴于美国的产业结构的复杂性，比起招致进一步的产业混乱，远不如"忍耐目前蒙受的恶劣影响"；这样的意识在人们之间扩大，杜威论述道，这成了1928年选举中的"决定性要素"并发挥了作用。（Dewey, John, *Individualism, Old and New*, op. cit., pp. 91–92.）

④ ［日］斋藤真：《美国政治外交史》，第185–195页，东京大学出版会1975年版。

2 学校的社会性目的

（1）教育的异种混杂性

20世纪20年代，美国以汽车产业、钢铁业、铁道产业、石油产业等为中心，经历了城市化及消费社会的扩大，实现了经济与物质的繁荣。企业合并越发激烈，垄断企业的垄断支配力更加显著。然而与这些繁荣的景象相反，社会也越发受到保守化价值观的渗透。以中南部为活动据点、主张白人基督教徒的优越性并排斥非裔美国人及移民的"三K党"（Ku Klux Klan）的活动，限制来自南欧及东欧的新移民、禁止日裔移民的《紧急配额法》（*Emergency Quota Act, Johnson Quota Act*）（1921）的制定与《移民法》（*Immigration Act*）（1924）的制定；在宗教原教旨主义渗透的背景下，相继发生了许多围绕人种、移民，及宗教的问题，以及对思想、信条、言论不宽松的事件。例如，高中生物老师约翰·托马斯·斯科普斯（John Thomas Scopes，1900—1970）因在公立学校教授进化论而触犯田纳西州的法律、受到有罪判决的斯科普斯审判（1925），以及尼古拉·萨科（Nicola Sacco，1891—1927）与巴托洛梅奥·范塞蒂（Bartolomeo Vanzetti，1888—1927）的案件（1927），等等。[①]

杜威对社会问题做出了敏锐的反应，并多次发表批判。在1923年4月于华盛顿召开的全美社会工作研讨会（National Conference of Social Work）的演讲中，他强调，构成公共教育的公众的"多种多样的要素"不能受到以"三K党"为代表的"美利坚化"（Americanization）运动及市场经济与产业导致的"阶级分离及斗争""社会的分裂与不宽容"的引导。[②]"三K党"虽然在20世

---

① ［美］玛丽贝斯·诺顿等著，［日］本田创造监制，上杉忍、大辻千惠子、中条献、户田彻子译：《美国社会与第一次世界大战》，第263-310页，三省堂1996年版。

② Dewey, John, "The School as a Means of Developing a Social Consciousness and Social Ideals in Children," *The Middle Works*, vol. 15, pp. 150-157.

纪20年代初期仅是个不到5000人的团体，但在那之后的数年间人数飞速增长，到20年代为人数最多的时期，已扩张至受到数百万人的支持。①对杜威来说，由于人种、宗教、传统、语言的差异而产生的非正义是不能容忍的。尤其是在学校，移民的儿童受到歧视，这是绝不能出现的、有失公正的现象。

《移民法》制定前后，不仅对于新的移民，也逐渐给国内的移民施加了更大的压力。教育史研究者戴维·泰亚克（David·B. Tyack）对其背景指出，"移民的限制已经解决不了如何处理当地人的问题"。尤其是"剷除共产主义与排外主义者的组织"，已变成"偏执狂的"组织。而且，"举国一致狂热"的现象也以具体的公共教育政策被制定出来。据泰亚克所述，退役军人协会、美国法律协会、美国革命妇女会为使规定教授美国史与宪法的法律得以通过而施压，国家安全保障联盟禁止教授德语，并展开了一系列推进"爱国主义教育"的活动。由此，39个州的教师被命令必须通过宪法考试以取得执业资格，35个州制定法律将英语作为公立学校的唯一的授课语言。泰亚克还解释道，如果"'同化'是针对移民的政策"，那么"'歧视'就是针对有色人种教育的基本主题"，非裔、日裔、华裔作为"低劣'人种'的成员"被另类化。另外泰亚克也提到，"对'美国人'进行狭隘和保守的定义，加强统治移民间的思考与行为的运动"激怒了"许多族裔的领导者、出版社，及出生于美国的一部分自由主义者"②。

其中，杜威高声呼吁公立学校应当拥护儿童背景的多样性。他对"拥有不同宗教、不同传统的不同人种、不同语言的儿童聚集起来"，展开"共同游玩、学习及劳动"的情形表达了尊重。因此，学校的主要作用是成为"社会构造中的黏合剂"（cement），"若非如此便是穿起各处散开的缝线、以整体形式

① ［美］威廉·洛伊希滕堡著，［日］古川弘之、矢岛升译：《美国 1914—1932：繁荣与凋落的考证》，第254页，音羽书房鹤见书店2004年版。
② ［美］戴维·B. 泰亚克著，［日］黑崎勋、清田夏代译：《寻求共通的基础——多元化社会的公共教育》，第86—94页，同时代社2005年版。

将其编织成形的梭子"，它"综合了人们极度多样的复杂元素"。为此，他呼吁公众对互相调查、考量和争论问题负责，并明确参加学校共同体的必要性。[1]学校要进行改革，成为多人种多族裔人们协同行动开展学习的对话式共同体。

1922年9月，杜威在马萨诸塞州布里奇沃特为教师们进行了演讲。这次演讲，在次年以《教育的社会目的》为名收录于《大众科学季刊》第7期。杜威陈述道："学生通过与共同体内的其他成员结成羁绊，认识到构建共同体生活的义务，并为参与其中做好准备。"接着，他举出了三点公立学校的具体课题。第一个课题是，教师与儿童共同成为"好公民"（good citizens）。杜威没有使"公民"一词脱离人"与政府的关系"及"与地方自治体的关系"的定义进行使用。"公民"并非受到国家级自治体领域中相关的政治概念所限定，它超越了那些狭隘的国家主义和忠诚主义。杜威提到，"公民""包含了个人在共同体中与他人维系的所有关系"。第二个课题是产业及经济方面自立、形成与他人协同的共同体。这就是如何在与多样的他人之间的社会关系中创造协同的活动。在这里，共同体和联合体的交流与合作成为议题。第三个课题是享受艺术、科学、历史、文学的"余暇时间"。他强调指出，"市民"不仅要承担投票的政治义务，同时也应具有"更有理想的、智慧的、艺术的关怀"，这一点非常重要。[2]

杜威在1923年3月18日的《纽约时报》中，发表了新闻报道《学校为什么目的而存在》。他主张，"学校的社会性目的"是"为全体共同体的目的作出贡献"，"在最有包括性的意义上发展好公民"。为此他表示，学校在教授"被视为必要的课程"的同时，还应教授"在发展良好的公民责任感

---

[1] Dewey, John, "The School as a Means of Developing a Social Consciousness and Social Ideals in Children," op. cit., pp. 150-157.

[2] Dewey, John, "Social Purpose in Education," *The Middle Works*, vol. 15, pp. 150-169.

（citizenship）方面极为有用的课程"，这是非常重要的。杜威认为，学校的课程开发不应以"仅仅照本宣科和依照惯例，使用课程内容所限定的授课方法"为基础进行，有必要从包含"个人能力和力量、弱点及学校外的环境"这些内容的广阔的视角进行准备。这就是在为"共同体的目的"作出贡献、发展"良好的公民责任感"。[①]

在《教育中的个性》的演讲中，杜威将发展儿童"个性"作为学校应当重视的一个课题提了出来。这里所说的"个性"并非使儿童互相孤立，而是使其各自"以自己的方法尽其所能作出贡献的共同体计划"。我们可以认为，通过"经历参加某种的社会性付出与索取"，"个性的发展"也变得有可能。[②]《公众及其问题》中展开的作为"付出与索取"的"交流"的想法，也作为"教育中的个性"问题受到提示。杜威解释道，就连丹尼尔·笛福（Daniel Defoe，1660—1731）所写的鲁滨逊·克鲁兹拿（Robinson Crusoe）也未曾放弃"社会性个人"。这是因为，无论鲁滨逊·克鲁兹拿如何在无人岛上自力更生，他也曾拥有以前生活过的联合体的记忆、期待及经验的。也就是说，"个性"并非物理的、从外部定义的东西。学校培育"个性"，是为了保障儿童对相互协作活动的"参加"和"社会性付出与索取"的把握，并使其从共同体和联合体的关联中把握"个人"。[③]

（2）教育与政治

杜威在1922年10月4日的《新共和》中发表了《作为政治的教育》。这篇文章以英国诗人、文明评论家马修·阿诺德（Matthew Arnold，1822—1888）对法国作家的言论产生共鸣而说的"教育主要的好处就在于保证人不受骗"这句话作为出发点。也就是说，教育的一项作用是培养"辨别能力"和"看穿潜

① Dewey, John, "What Is School For？," *The Middle Works*, vol. 15, pp. 190-192.
② Dewey, John, "Individuality in Education," *The Middle Works*, vol. 15, pp. 170-179.
③ Dewey, John, "Individuality in Education," *The Middle Works*, vol. 15, pp. 170-179.

藏于深层事态的能力"。杜威对培养"不顾后果囫囵吞枣的精神气质"及"对批判性精神的回避"的教育表示了拒绝。即使它们对于形成"忠诚的爱国者"的精神涵养有效，也不利于培养"好公民"。

这个观点对报纸、印刷品、通信、新闻等媒体的存在对社会的影响表示了担忧。这是因为20世纪20年代正是这些媒体显著发展的时期。杜威关注了媒体在"宣传"方面发挥的作用。也就是说，媒体唤起了"批判的精神"还是培育了"囫囵吞枣的精神气质"，这一点将成为社会的分水岭。杜威引出李普曼的观点作为例证，指出"舆论"中的"事实"与"真相"相违背，并探讨了报道的界限与随意性，评价李普曼的主张"未获得赞成的政治，即实质上也没有保证应该形成和对应现实情况的事物"，这一评价正中问题核心。就连"未获得赞成的政治"，也并非确保能被实现。[1]杜威所述如下。

> 改革者平日里宣扬的诸恶的真实原因，与个人有意识的努力或自发的计划相比还要潜藏得更深。结果就是，比起力量，诸恶与现象更为紧密相关。李普曼巧妙地将其称作刻板偏见的现象，与有意识地受到设计歪曲的新闻有关，更应对公共精神中的混乱与勘误负责。与导致公众盲目、将其误导的题材设定在传达社会动向过程中关系最大的是他们自己，其中大部分人都相信提供给他们的要旨。他们共享自己进行宣传的理性混乱与无知。当其目的立足于将手段正当化的信念时，便很容易向大众传达他们认为即是根本的真实事物，并对其添油加醋夸大其词，进行暗示。[2]

在社会进一步保守化、论争层出的情况下，人们被要求掌握准确的"判

---

[1] Dewey, John, "Education as Politics," *The Middle Works*, vol. 13, pp. 329-334.

[2] Dewey, John, "Education as Politics," *The Middle Works*, vol. 13, p. 331.

断力”及“洞察力”。不仅是报纸、印刷物及新闻报道的可信度，大众社会中的世间普遍的接受方法也存在问题。如果去留意当时围绕宗教、人种、政治和社会信条的“宣传”性报道及人们对它的接受方法，那这些困难便一目了然。在这样的环境下，杜威呼吁学校教育承担起更大的责任。他强调教育并非为了使人盲信媒体“宣传”，也不是为了让人对世间普遍通用的意见及事项不加区分地进行吸收并表示赞同。他强调“公共精神”与“批判精神”，“看穿潜藏于深层事态的能力”也正因如此才得以实现。杜威提出了教师与儿童以活动为媒介的探究的教育方法。教师必须培养“适可而止的习惯”“怀疑主义的习惯”“寻求证明的习惯”“比起感受更重观察的习惯”，“比起偏见更重讨论”，“比起墨守成规的理想化更重探究”。学习并非为了对现存正统化的社会系统逆来顺受，而应是教师与儿童协同探究、讨论的过程，学习本身作为社会和政治实践被重新定义。从这里开始，杜威提出“将教育与政治合为一体”[1]。

杜威在20世纪20年代屡次提及的紧密相关的事件中，就有萨科和万泽蒂的事件。在这一事件中，马萨诸塞州一家名叫索斯·布雷茵特里的鞋厂出纳及保安被杀害，16000美元遭受抢劫，尽管物证不足，在工厂里工作的生于意大利的萨科和万泽蒂却还是受到了有罪判决，并于1927年被判刑。他们受到责问的理由，只可能是两个人都生于国外，都是无政府主义者，这引起了法官和陪审团的厌恶，并由此产生了偏见。[2]对此，以杜威和李普曼为代表的著名知识分子展开了抗议活动。该活动还扩散到了巴黎、日内瓦、柏林、汉堡等多个城市，并出现暴动。

杜威认识到了这一事件的重要性。他对于威胁思想与信条自由的风潮逐渐覆盖美国社会的情况表示了担忧，并在《新共和》第53期中发表了名为《心

---

[1] Dewey, John, "Education as Politics," *The Middle Works*, vol. 13, pp. 329-334.

[2] ［美］玛丽贝斯·诺顿等著，［日］本田创造监制，上杉忍、大辻千惠子、中条献、户田彻子译：《美国社会与第一次世界大战》，第297页，三省堂1996年版。

理学与正义》（1927）的论文。其中，杜威对国家主义的环境进行了论述，并提及萨科和万泽蒂的事件。他说，从历史学角度看，"国家主义"代替"个人独裁政治"及"王朝统治"，起到了呼吁"忠于国家"的作用，但这成了滋生"恶之力量"的温床。他提到，卡尔顿·海斯（Carlton Hayes，1882—1964）将"国家主义"看作"民众宗教"（the religion of multitudes），认为"现代最具影响力的也许是宗教"，并指出覆盖"全部生活"的"不容置疑的绝对忠诚"与"崇高性"所具有的威胁。他认为"爱国心"已倒退为"对充满仇恨的本质优越性的确信"，萨科和万泽蒂的事件"证明了爱国心腐败得有多深刻"。[①]在政治、社会及宗教方面持有非主流信念的人们和从国外初来乍到的移民未能合理地行使正义，杜威对此感到失望。横在"爱国心"面前的难题就是，人们的疑心和愤怒逐渐郁积不断扩大，整个社会蔓延着对种族的偏见和歧视。[②]

在萨科和万泽蒂的事件发生之际，杜威和李普曼协力展开了活动。参与编辑《新共和》的李普曼对于杜威就此事件的投稿表达了谢意。1927年11月18日，李普曼给杜威寄去了信。信中写道，杜威的论文是"只有您才能做出的分析"，具有"重要的价值"，"我个人深表感谢"。[③]收到此信，杜威也于11月21日给李普曼回信，并称"今天早上拜读了您亲切的来信，我感到由衷的喜悦"[④]。杜威坚持批判作为"民众宗教"的国家主义。国家主义形成了坚不可摧的界限，并将自己与外部阻隔开来。萨科和万泽蒂的事件将有"爱国心"的人们的生活样式融为一体，将他们的批判性思考和判断力引向了模糊的停滞状态。在杜威看来，保证正义及公正、为实现它而培养"批判性精神"及"判断力""洞察力"，这些都是公共性问题。

---

① Dewey, John, "The Fruits of Nationalism," *The Later Works*, vol. 3, pp. 152-154.

② Dewey, John, "Psychology and Justice," *The Later Works*, vol. 3, pp. 186-195.

③ Walter Lippmann to John Dewey, November 18, 1927, *The Correspondence of John Dewey*, vol. 2.

④ John Dewey to Walter Lippmann, November 21, 1927, *The Correspondence of John Dewey*, vol. 2.

　　20世纪20年代，杜威对工会的发展也极为热心。他呼吁学校教职员工参加到工会中。1927年至1928年，他被邀请到纽约市教师工会（Teachers Union of the City of New York）的集会上进行演讲。纽约市教师工会是创设于1916年的组织，它由亨利·林维尔（Henry Richardson Linville，1866—1941）及亚伯拉罕·莱夫科维茨（Abraham Lefkowitz，1884—1956）等教师组织，通过与美国教师联盟（American Federation of Teachers）合作的形式运作。20世纪20年代社会环境并不宽松，从"红色恐慌"中便可见一斑。在这段时期内，纽约作为美国布尔什维主义（Bolshevism）的中心据点备受瞩目。纽约市的议会与行政机关对布尔什维主义者及社会主义者的活动进行排除，并肃清他们的教育活动。纽约市教师工会就成了具有代表性的典型目标。1920年制定了《拉斯克法》（Lusk Law），默许剥夺被视为不合格教师的资格后，纽约市教育委员会又着手对工会进行了彻底的镇压。[1]对此，纽约市教师工会表达了强烈抗议和反对。杜威也责备该法令仿佛向公立学校的教师们投去"质疑"的目光一般，对此改革陈述道"我个人感到很愤怒"。[2]工会还呼吁社会提高教师薪金，提高生活水平，缩小教师规模，改善年金制度等。[3]

　　1927年11月，杜威成为被邀请到纽约教师工会集会的三位演讲者之一。在那里他谈及"成为教师工会会员的理由"，首先从"不成为工会会员的理由何在"这样的反问开始演讲。接着他陈述，教师有必要抱有公共的态度，表达关于劳动条件及经济利益的看法。他认为，通过举行教师之间及教师与其他劳

[1] 索尔·科恩（Sol Cohen）对于纽约市教育委员会要求"非正统"的社会主义者及布尔什维主义者教师具备"严格的正统性"并驱散他们活动的行为进行了批判性分析，并举例纽约教员组合为受到典型攻击的对象。（Cohen, Sol, *Progressives and Urban School Reform*: *The Public Education Association of New York City 1895—1954*, New York: Bureau of Publications, 1964, pp. 103-104.）

[2] Dewey, John, "The School as a Means of Developing a Social Consciousness and Social Ideals in Children, " op. cit., p. 153.

[3] Cohen, Sol, *Progressives and Urban School Reform*: *The Public Education Association of New York City 1895—1954*, op. cit., pp. 103-104.

动者之间的讨论和交流，劳动者的权利才得以具体实现。他对于仅因不想与其他劳动者共处就对参加工会犹豫不决的教师的想法表示了不满。然后陈述道，我们明确需要"组织化与协同的原理、所有劳动者对共同利益的认识"，这样的时代已经到来。①根据经济学者保罗·克鲁格曼（Paul Krugman）的观点，我们可以认为20世纪20年代是一个能够看到经济"极端的差距"的时代。对于这个时代人们的所得与财富的"差距几乎未受控制"的理由，克鲁格曼举出"劳动者交涉能力的弱小"这一点。1924年劳动工会组织已超过17%，但到20世纪20年代后半期却下降至11%，"大规模雇主并不畏惧劳动者结成联盟举起反旗，他们能够决定薪金和劳动条件"②。在这样的情况下，杜威呼吁教师与其他劳动者保持联系，互相协同并组成工会。

　　1928年1月12日，林维尔给杜威写了信。信中林维尔提到，他经由格特鲁德·哈特曼（Gertrude Hartman，1876—1955）得知，杜威打算与其协同进行公立学校的重建。参与编辑《进步教育》杂志并担任了宾夕法尼亚州梅里恩县日间学校（Merion Country Day School）校长的哈特曼，也成了杜威的支持者。他在《儿童与学校》（1922）中分析了进步学校的资料，介绍并论述了来自杜威著作的许多资料。③从哈特曼口中得知杜威想法的林维尔在信中写道，进步主义运动弃工会运动于不顾，这将导致"重大错误"；作为教师工会，如果能够着手与杜威协同进行学校改革，那实为可喜可贺之事。④由此，杜威于1928年11月再度被邀请到纽约市教师工会的集会上进行演讲。在那里，他批判

---

① Dewey, John, "Why I Am a Member of the Teachers Union," *The Later Works*, vol. 3, pp. 269-275.

②［美］保罗·克鲁格曼著，［日］三上义一译：《出现差距——保守派持续统治美国的惊人战略》，第24-25页，早川书房2008年版。

③ Hartman, Gertrude, *The Child and His World*: *An Interpretation of Elementary Education as a Social Process*, New York: E. P. Dutton & Company, 1922.

④ Henry R. Linville to John Dewey, January 12, 1928, *The Correspondence of John Dewey*, vol. 2.

了美国劳工联合会（American Federation of Labor）的保守动向①。杜威不能忍受将抱有非主流的社会思想及主张的人和团体排除在共同体之外。他尤为强烈地抗议了对教师的偏见。杜威支持教师工会，就是因为他对默许剥夺教师资格的《拉斯克法》等的统一管理与排除异端的趋势抱有危机感。

1927年11月17日，杜威在纽约医学会（New York Academy of Medicine）成立81周年纪念集会上进行了演讲。在大约700名内外科医生听众面前，他就"身与心"这一主题发表了讲话。演讲情况登载于第二天的《纽约先驱论坛报》，题为《杜威对"陈旧古板"的教育方法的抨击》。杜威提议，内外科医生听众们应该抱有对"身体""心灵"及"围绕它的社会环境"的问题意识。他还谈到了教育，指出"在从偏见与愚行中被解放出来之前都不算是受过教育"，"共同体的教育"是通向"正确教育"的前提。在此基础上他还表示，"对于从支离破碎的教育中产生的恶，没有人比医生更了解的"②。

杜威从公共的观点上界定学校。公共性概念并非全部回归于国家官僚制机构及市场的领域。在狭隘的国家主义及爱国心、忠诚覆盖整个社会的环境下，杜威倾力与它们进行斗争，确立学校的公共性。在对于人种及宗教的不友好蔓延，非统治阶层处境中人的自由不受重视，以及思想、信条、言论自由被置于威胁的情况下，杜威并没有屈从于它们，而是反复控诉其狭隘之处。他强调了丧失批判性意识及精神对社会价值观及主流生活方式唯唯诺诺地做出反应的危险性，指出教育的社会性目的并非培养国家主义及爱国心，我们也不应该不加批判地顺应舆论及世间普遍的意见。杜威对于引导出这种简单结论的"民众宗教"陷阱进行了彻底的批判。而且，他还在无法还原为普遍原则的公式及等质的价值构成的各种关怀与目的的基础上，意图构建公共性的政治与伦理。

---

① Dewey, John, "Labor Politics and Labor Education," *The Later Works*, vol. 5, pp. 338–345.

② "Dewey Hits 'Lock-Step' Method of Education," *New York Herald Tribune*, November 18, 1927, p. 8.

这意味着没有封闭区域的开阔的公共空间的形成。杜威支持由市民协同创造出的共同体和联合体。

　　学校的公共性，依存于拥有多样的文化、传统、宗教、语言的人们协同的行为和活动的交流，通过教师与儿童互相探究和议论的对话性交流得到发展。学校教育中的讨论及探究，通过交流学习促成了对这种"教育过程"的重视。他主张从学校内部进行改革，首先就要改革学习方法。杜威将共同体和联合体置于学校的中心。共同体在维持成人和儿童的关系并保持存续相关的同时，也成了不同性质的人交流的节点。学校成为成人和儿童关系交叉的空间，学习被看作支撑这一空间的活动。对于萨科和万泽蒂的事件及斯科普斯裁判、《拉斯克法》的制定，在受到搁置、无人问津的情况下，人们忘却对话与讨论，问题向后方倒退，杜威对于这些具有危险性的事项，探索出创造交流的政治与舆论的存在方式。即公共性不是自然产生的空间，公共性在交流受阻、存在感降低时，通过积极开拓促成其产生的行动与活动，其地位得以巩固。杜威就是这样围绕学校的存在来探究学校与民主主义和公共性的思想是紧密相关这一问题的。

3　进步学校与教育的质的研究

（1）进步学校的实践

　　在1928年召开于纽约卡莫德尔宾馆（Hotel Commodore）的进步教育协会（Progressive Education Association）第8次年会上，杜威发表了题为《进步教育与教育科学》的演讲。[1]从进步教育协会促使当时从"儿童中心主义"到"社会改造主义"的重新编成这一点上来看，杜威在这次大会上的发言具有重

---

[1] Dewey, John, "Progressive Education and the Science of Education," *The Later Works*, vol. 3, pp. 257-268.

要的意义。^①那么，这次演讲中讲到的进步教育指的是什么呢？关于这一点，杜威与女儿伊夫琳·杜威（Evelyn Dewey，1889—1965）于1915年合著的《明日之学校》便为我们提供了珍贵的资料。该书叙述了20世纪初进步学校的几次卓有成效的实践。^②

通过做游戏能锻炼儿童的体能，也能培养他们的阅读、写作和算术能力。（Dewey, John, *Schools of To-Morrow, The Middle Works*, vol. 8, p. 238.）

在学校里解决的问题是孩子们在校外也必定会遭遇到的问题。（芝加哥弗朗西斯·帕克中学。vol. 8, p. 310.）

《明日之学校》中受到高度评价的一所学校是玛丽埃塔·约翰逊（Marietta Johnson，1864—1938）的实验学校——有机教育学校（School of Organic Education）。约翰逊也参与筹备了1919年进步教育协会。她的学校建于亚拉巴马州费尔霍普，这里没有考试、没有成绩单、没有是否合格，孩子们遵从自身本性的需求展开活动。在学校过得成功与否，并不在于通过考试收获的知识的量，而在于学习内容的质量及学习过程中的喜悦、兴奋程度。学校不是通过考试及成绩来筛选儿童的机械装置，而是尊重儿童自然生活方式的地

---

① 佐藤学认为，这次演讲中杜威"对于'儿童中心主义'的批判"是对于"无视教材的儿童片面化、测试主义的科学研究和教材的系统性欠缺的批判，和教育研究中科学性及艺术性的平衡问题"，这一评价具有重要的意义。然而，在佐藤学看来，将"儿童中心主义"看作"自由放任主义"还是"个性解放的起点"，换句话讲，就是采取"'社会改造'的理念"还是"'个性解放'的理念"，这构成了影响20世纪20年代以后的进步教育实践方向的分歧点。佐藤学认为，杜威的这次演讲"强化个人主义批判"。

② Dewey, John, *Schools of To-Morrow, The Middle Works*, vol. 8, pp. 205-404.

方。[1]杜威和伊夫琳关注的是，约翰逊认为传统的教育与其说是促进了"全面成长"不如说仅仅是做了表面功夫，她批判其并未培养"进行持续抵抗及具有创造性活动的个人"、促进他们"在各自的学年中度过充实的生活"。在杜威和伊夫琳看来，约翰逊的想法发展了卢梭的自然主义教育思想，更确切地说，是"儿童作为儿童在儿童时代自主发展的意义，就在于儿童成长为成人后可以好好地作为成人而生活"，"儿童在儿童时代拥有享受的权利"。杜威和伊夫琳对约翰逊基于"活动"促进"儿童的生活及成长"，将儿童自主发展的基础置于"身体的运动"和"精神的觉醒"的"相互依存"关系中的教育实践改革表示了支持。[2]

杜威和伊夫琳还提到了1914年卡罗琳·普拉特在纽约格林威治开设的游戏学校（Play School）。这所学校后来改名为城乡学校（City and Country School），由前卫艺术家与教师组织"游玩活动"课程，推进了进步主义的教育实践。年幼儿童的教室中建有"小小的工作场所"，放有实物大小的道具、木板，各种各样的材料、玩具、积木、黏土、布块及针线。在这里，自由使用各自的剪刀、纸、画具、铅笔等进行作业的儿童会受到奖励。据报道，算数的初步课程结合"构造"进行教授，文字及记号的学习也会保持与其他课程的关联。这所学校的课程重点在于"演剧化"（dramatization）的实践。在第一学年的教室中，这类课程被用来辅助历史、英语、读本及算数的教学。例如，通过各个儿童担任角色演绎故事中登场的动物及人物，促进其兴趣和理解。另外对年长的儿童来说，"演剧化"的实践以更真实的形式使他们学习了英语及历史。就这样，《明日之学校》中引入并讲述了普拉特"游玩活动"这一

---

① Johnson, Marietta, *Youth in a World of Men*: *The Child, the Parent and the Teacher*, New York: John Day Company, 1929.

② Dewey, John, *Schools of To-Morrow*, op. cit., pp. 211–223. 赫什认为，杜威的主张是卢梭的"自然发展"思想的延续，其最大理由来自《明日之学校》中的该内容。（E. D. 赫什著，［日］中村安男译：《教育筑国——重建美国教育论》，第9–14页，TBS-BRITANNICA Co., Ltd. 1989年版。）

尝试。①

杜威和伊夫琳介绍了朱尼厄斯·梅里亚姆（Junius L. Meriam，1872—1960）在密苏里大学附属中学（Elementary School of the University Missouri）做的实验。梅里亚姆的学校被介绍如下：在这里，孩子们虽然没有去记"怎样学习说话"，但是"记住了在学校学习读写有多么辛苦"。因为孩子们产生了"说话的需要"时，所以会"通过说话来学习说话"。例如，在需要喝什么的时候会学着说"妈妈，请给我饮料"，而不是通过每天9点反复练习这句话而学会。梅里亚姆以"如果没有学校孩子们原本会做什么"这个问题为基础编排了课程。据报道，密苏里大学附属中学引入了"游戏""故事""观察"与"手工"四个单元为基础的模式，随着这些单元学习的推进，儿童的注意力转向"更远的事物"及"事物背后的过程及理由"，于是开始学习"历史""地理""理科"。②

据杜威和伊夫琳所述，印第安纳波利斯的第45公立学校（Public School 45，Indianapolis），为避免学校作业仅成为教科书中事实的堆积和仅为了考试而设置的训练，进行了各种各样的挑战。例如，5年级学生的学习活动是在儿童建造的木制平房建筑物周围进行的。儿童自己绘制设计图，在算数课上计算木材的数量及价格，处理关于地板面积、墙壁面积、房间空间的测量问题。在第45公立学校，英语课堂也围绕着儿童建造的这些建筑物进行。也就是说，通过选择在设计与建造时用到的词进行拼写练习，通过描写从建筑的设计，建筑家及造家具到生活于其中这一过程来达到写作的熟练。接着，在班级里公开发表、得到评价，引导儿童的修辞练习。由于语法是在儿童对文脉的学习基础上展开的，因此语法的学习也充分引起他们学习兴趣和动机。③

① Dewey, John, *Schools of To-Morrow*, op. cit., pp. 283-287.
② Dewey, John, *Schools of To-Morrow*, op. cit., pp. 236-248.
③ Dewey, John, *Schools of To-Morrow*, op. cit., pp. 256-258.

《明日之学校》中也提到了印第安纳州的葛雷学校（Gary School）改革。根据其中的叙述我们得知，葛雷学校最大的成绩在于，将学校与"社会和共同体的观念"相结合进行教育实践。在这里，以形成"最好的学校"为目标，通过手工制作经验的活动展开教学。例如，公民课程不使用教科书。在公民课程中，学生们自发起草对学校建筑的维持管理及行动、运动场的使用规则，为了学生会选举形成党派并组织预备选举、临时投票等模拟选举活动，亲手制作家具，举行健康运动及城市社会机关的"应用课程"等。在这里，学生们通过亲自观察事物，获得机会接触"好公民"，并深入到有关"市民权"的学习。

杜威与伊夫琳就葛雷学校的重要性这样叙述：这里将学习置于共同体的协同组织之中。据报道，授课时并非按照从年长到年幼将儿童分割为各个学年，而是尽可能地让他们共同学习。一方面，年幼儿童在使用实验室和工作室时，并不止步于理解科学及手工相关的初步课程，而是作为年长儿童工作的辅助者加入其中进行观察，这样会受到奖励。4年级与5年级学生作为7年级、8年级及9年级学生的助手参与工作，这对于年长儿童来说，也是个培养他们对年少儿童的责任心与协作意识的机会，另一方面对于年幼的孩子们来说，通过观察提出问题，不仅让自己得到充实，也能够学习许多事项。年长儿童在设计图纸课程中制作地图及海航图，这种能力还被灵活用于年幼儿童的自然研究及地理学习中。

葛雷学校推进改革的原因与城市的社会背景也有关。这是因为，葛雷这座城市的大部分居民都是钢铁厂的工人，其中60%都出生于国外。"协同合作"便成为葛雷学校的中心目标。据说，所有学生每天会在学校的讲义室度过1个小时。在讲义室合唱，倾听高年级学生谈论物理学实验的情况，倾听医生讲解学校在地域健康问题中发挥的作用，倾听牧师及政治家、其他市民谈话，学校由此不断向着共同体开放。在这里，学校以儿童的协同学习活动为轴心，发挥了"社会信息中心"的作用。①

因此，教师并非要在课堂中宣读教科书中的事实并让学生背诵，我们必须改变这样的方法。那些事实本身已无数次出现在所有人面前，其中有用的不是事实名称，而是认识和理解其相互关系并进行应用的能力。因此，教师的职能也必须从引路人和命令者转向观察者和援助者。从最大限度促进每个学生思考能力和推论能力的发展角度出发，教师对他们进行观察，而且，以阅读、书写、计算作为训练孩子的判断能力和行动能力的手段，儿童的角色必然又将发生变化。儿童从被动变为主动，成为发问者、实验者。②

杜威与伊夫琳还参与创造了基于经验的社会性学习。他们批判地认为，学校的学习是在"将人们结合起来的社会活动网"中展开的，"脱离社会关系的信息则是无意义且无益的"。对此，重要的并不是"积蓄更多的信息"，而是形成"正确的态度和广泛的兴趣"与"对待事物的方法"，倡导学生获得信息并将其培育为"与生活相结合的习惯"，才能理解"与活生生的社会活动间的关系"。具体来讲，比起使学生精通所有关于数量在生活中的使用，更应该让学生将丰富学习数量步骤本身与"人类的需要与活动的情况"相结合，使其理解"所学知识的关系与应用"，后者非常重要。③

（2）教育测定活动与杜威

让我们回到1928年的演讲《进步教育与教育科学》，杜威谈到了20世纪初进步学校的意义。但是，这次演讲究竟是否否定了进步学校的实践呢？这是

---

① Dewey, John, *Schools of To-Morrow*, op. cit., pp. 320–338.

② Dewey, John, *Schools of To-Morrow*, op. cit., p. 318.

③ Dewey, John, *Schools of To-Morrow*, op. cit., pp. 362–363.

杜威对自己推动的教育实践的看法进行了变更与修正吗？在1915年出版《明日之学校》之后过了十几年，1928年时，杜威是否在谋求进步教育的根本性转变？在这次演讲中，他确实对将进步学校轻视为"系统化教材的发展"进行了批判，并强烈主张"教材的系统组织化"与"学习的良好条件"，强调了以积极的形式而非消极的自由创造"教育科学的发展"的必要性。在这层意义上，我们可以看到就任进步教育协会名誉会长的杜威对于进步教育本身进行批判和重建的意图。

　　然而与此同时，杜威尝试对进步教育与教育科学之间的关系进行发问。他陈述道："让我们限于一个论点提问，即进步教育与教育科学之间有什么特别的关系。"在这里，作为"教育科学"得以主题化的"科学"并非"唯一且普遍的真理体系"，也并非"固定且封闭的正统性"或"标准化的信念体系"。它是"为在学校发挥实践性作用而提供理智指导的、受到证实的事实与受到验证的原理"。也就是说，"教育科学"并不是作为固定化的绝对真理的教育，其实践与目的也不是为追求"死气沉沉而单调的统一性"，而是展示现实教育中得到验证和证明并发挥作用的"事实"与"原理"的存在，在这个定义中，杜威对进步教育是否恰当提出了质疑。[①]

　　沿着这条线索前进，杜威还对成为众矢之的的进步教育进行了论述。19世纪90年代至20世纪20年代席卷"教育研究"的"量化心理学"对进步教育进行了批判。据智力测试所述，这段时期大学及专科学校的"教育研究"，以"行动主义心理学"与"量化测定技术与意识形态"为中心，作为"经验性的专门科学"得到了扩大。以通过刺激人及动物的"行动"的"反应"进行把握、以带动教育测定运动的桑代克为首，撰写《心理学——从行动主义者的观点出发》（1919）[②]并将"行为主义"的概念广传于世的约翰·布罗德

---

① Dewey, John, "Progressive Education and the Science of Education," op. cit., pp. 257-259.

② Watson, John B., *Psychology: From the Standpoint of a Behaviorist*, Philadelphia: Lippincott, 1919.

斯·华生（John Broadus Watson，1878—1958）、以及后来对其进行发展的伯勒斯·斯金纳（Burrhus Frederic Skinner，1904—1990）等都属于行为主义心理学的范畴。基于他们所说的实验性、统计性、测定性方法的"量化研究"，"为心理学提供了哲学中所欠缺的'客观的科学'的修饰"，广泛渗透到了大学及专科学校的"教育研究"制度化进程中。①

此外，我们需要留意的是，与桑代克的教育测定运动同一时期的刘易斯·推孟（Lewis Madison Terman，1877—1956）的智力测试（IQ test）的开发与普及。特曼学习了法国的阿尔弗雷德·比奈（Alfred Binet，1857—1911）的智力测验法，考虑到美国学校对于移民及流入都市感到苦恼，为了促进基于对学生智力的高效测定的课程分化，推孟于1915年推出了斯坦福比奈智商测验（Stanford Binet IQ test）。其特征是，通过"心理年龄"与"实际年龄"的"比例"来推算"智力指数"。由于"智力指数"概念是通过"数值"展示的，人们便将其接受为"科学的""客观的"数值。1917年，推孟受到美国心理学会（American Psychological Association）会长罗伯特·耶基斯（Robert Mearns Yerkes，1876—1956）的委托，着手在军队顾问团进行智力测试的开发。从门罗主义（Monroe Doctrine）至第一次世界大战转向参战后的这段时期，美国为了征收新兵，对约200万人实施了这项智力测试，测试在学校也受到了广泛的支持和欢迎。智力测试的一系列渗透，反映了量化评价教育"对于测定和科学的信赖"②扩大。在智力测验看来，在"教育研究的专门主义化"进展中，"杜威的研究"并未配合"专门主义"及"官僚主义"，"被追至边缘"。

虽说如此，这件事并不意味着杜威的教育研究走向了"消失"。拉格曼

---

① Lagemann, Ellen C. *An Elusive Science*: *The Troubling History of Education Research*, op. cit.

②［日］洼田知子：《智力测验的历史展开——探寻发展检查的途径》，见［日］田中耕治编《解读新学力测验》，第229-233页，日本标准出版社2008年版。

主张的要点在于，"桑代克的胜利并非完全之物"，"杜威并非完全消失"。也就是说，杜威虽然陷入了历史性的"败北"，但仍被刻画为"每有时机又会重现身姿"的存在[1]。"进步教育与教育科学"的演讲就确切表现了这种状况下他的主张。杜威并不认同"科学通过量化的结果而形成"的想法，强调"进步教育家不必抱有过度的恐惧"。他之所以会这样说，与将"教育科学"置于"质性"角度进行思考还是定位为"量化"研究有关。也就是说，基于"量化结果"的"教育研究"所反映的是以"智力指数与学业成绩的测定"为基础的课程实践，是偏重测验、评分、成绩评价、分班、升级的学校行政。此处设定了标准化的固定"基准"（norm），目的是根据测验对其进行"量化"测定。然而与此相反，杜威评价进步学校尊重"自由""个性""活动""协同的社会媒介"，重视无法通过标准测验的"平均化分类化的意图"中表现的能力，即音乐、戏曲、会话、机械技术等意味着通过"在集体协作经验中获得活动的重要的源泉"。他认为，对于教师来说，"活动与结果的质"是比"任何量的要素"更为重要的，"质的过程与结果"不会影响"科学"的发展。

而且，教育测定的量化研究与进步主义的教育研究之间的不同，与如何看待人类和社会这一主题也有关。进步教育将人的"成长"理解为"不断变迁的过程"，并将"现存的能力与经验"理解为"变化的事物"。人的"个性"并非"已经存在"，而应将其理解为"可能性"。进步教育也并非满足"现存的社会的目的与过程"，安于"现有的秩序的永续化"，而是意在维护"不同于当前本质及方向性的社会秩序"。当对人与社会的理解固化为不变的事物时，人们就会教授仅仅使社会永续的"标准化的信念体系"。杜威将这种现象批判为"传统的教育"[2]。日本学者田中耕治参考《进步教育与教育科学》等论文，对杜威与教育测量运动的关系进行了归纳。据田中耕治所述，杜威认为

① Lagemann, Ellen C. *An Elusive Science: The Troubling History of Education Research*, op. cit.

② Dewey, John, "Progressive Education and the Science of Education, " op. cit., pp. 259-268.

"量化规准""并非绝对的","存在→量→测定的教育测量运动的形式"轻视了"质的方面",并批判其归结到了肯定"存在的事物（孩子目前的状态及先行的教育课程及教科书）"的"保守的理论"。在此基础上田中耕治还指出，杜威的"教育"以"存在的事实"为基础，是"变革的本分的行为"，其中以"关注儿童"为目标。①

结合这几个要素进行考虑，"进步教育与教育科学"的论点可以说完全是对教育研究的理论与实践的关系进行的发问。与此同时，它也是对教育研究中社会观点的探求。关于这次演讲的内容，不仅在1928年3月9日的《纽约时报》中登载了原文，5月的《初等学校杂志》在第28号第9卷《教育新闻与编辑论说》的专栏中对其进行了介绍。《初等学校杂志》中题为《杜威对于教育的根本警告》一文指出，"恐怕没有哪位教育指导者受到约翰·杜威那样过度狂热的信者所误解和引用吧"，并将他的演讲解释为"对其信仰者的非常完整的警告"。接着对于杜威的演讲记述，进步学校超越了对"传统的统一性"进行否定的"发展早期的消极阶段"，突出了"着手构建更具建设性的组织机能的时刻已经到来"。②"进步教育与教育科学"的主题，便包含这种实践的转换。③

当然，杜威倾向于从教育活动及世界、科学、社会方面把握进步学校的方法，并非没有受到批判，而且这些批判也来自进步教育运动的内部。例

①［日］田中耕治：《测定和评价论美国教育测定运动的特征——以推孟的足迹为中心》，见［日］长尾十三二编《新教育运动的历史考察》，第128-129页，明治图书出版1988年版。

② "Dewey's Warnings to Radicals in Education," *The Elementary School Journal*, vol. 28, no. 9, May, 1928, pp. 642-643.

③ 杜威在"进步教育与教育科学"的演讲尾声，做出了引人注目的发言。也就是说，如果认为进步主义在以充分的形式发展，那么我们也是时候对"所有人文艺术中最难也最重要的教育艺术"（art of education）作出贡献、进行考察了。在谈到"教育科学"的存在方式的演讲尾声，强调将"教育"理解为"艺术"这一点至关重要。关于"教育"与"艺术"的主题，第4章和第5章将以之为中心展开论述。（Dewey, John, "Progressive Education and the Science of Education," op. cit., p. 268.）

如，创设了20世纪初纽约的沃尔登学校（Walden School）并进行改革的玛格丽特·农伯格，在1928年9月的《调查》杂志第60期上，发表了名为《对约翰·杜威的挑战》的论文。[1]这篇论文以现代化学校校长与学生间的假想对话形式呈现，收录于她的著作《儿童与世界》（1928）中。[2]农伯格立足于西格蒙德·弗洛伊德（Sigmund Freud，1856—1939）的精神分析学理论，指出杜威强调"教育中社会发展的侧面"，论及"对个人来讲的集体经验"，却几乎没有提及"个人内部的成长"。根据她的批判，杜威的"教育的社会性研究"超越了"以3R（reading，writing，arithmetic，即阅读、书写、计算）为中心的旧式学校项目与过去对历史与地理课程的组织方式"，促进了"从古老的教育学的转换"，但没有与推动"儿童本身的自立的发展及活动"相结合。而且，芝加哥大学实验学校的"作业"与"活动"是"常常从属于社会计划"的，并没有与"每个孩子的能力及志趣"相结合。例如，不论是搅拌机、织布机还是会话，实验学校的实践都仅仅是"集体内的所有儿童对相同项目的重复"的记录。[3]据农伯格所述，杜威在对"美国的集体意识理想"的形成作出贡献的同时，他对与"自由放任主义经济"相结合的"个人主义"的批判中提出了"个人与集体的价值平衡下的教育难题"。[4]

关于在"进步教育与教育科学"演讲中成为主题的教育实践与科学的关联，杜威在演讲翌年发表的《教育科学的资源》（1929）中对其进行了深入挖掘。他得出了关于两者间关联的两点结论。第一，教育科学本身并非"独立的

---

[1] Naumburg, Margaret, "A Challenge to John Dewey, " *The Survey*, vol. 60, no. 12, September 15, 1928, pp. 598-600.

[2] Naumburg, Margaret, *The Child and the World: Dialogues in Modern Education*, New York: Harcourt, Brace and Company, 1928.

[3] Naumburg, Margaret, "A Challenge to John Dewey, " op. cit., pp. 598-600.

[4] Naumburg, Margaret, "The Crux of Progressive Education, " *The New Republic*, vol. 63, no.832, June 25, 1930, pp. 145-146.

存在"。杜威提到，与"教育实践为设定教育科学的诸问题提供了素材"相比，"某种程度上已渐成熟的主要科学则是为了理性地看待这些问题而引出素材的源泉"。第二，对作为"扶手椅"的"科学"这种看法的批判。其目的并非否定坐在"扶手椅"上进行"思考"。实际上杜威认识到，在脑海中进行平静而彻底的思考时，最适合的场所就是"扶手椅"。问题在于"与理性供给的本源相隔绝"的情况下形成的"科学"。也就是说，他将缺乏"调查工作的实践"与"研究活动"的"鲜活的结合"的"疏离性"批判为"扶手椅"。杜威所说的"科学"概念，并非在独立和疏离于人的主观、与客观对象的一致中成立，而是在围绕"假说"和"验证"的探究过程中产生的。①

拉格曼指出，尽管杜威的《教育科学的资源》是"抓住了问题核心的启发性著作"，但历来的研究"未曾给予与其价值对等的重视"。据她所述，杜威认为"教育研究""过于疏离实践"，主张有必要"将理论与实践相互统一"。拉格曼论述道，杜威担忧的是"无视哲学、过于注重具有测定可能性的对象"将导致"对教育的更大的意义的迷失"②。达林−哈蒙德也解释道，"官僚制的组织论"与"行为主义的学习理论"意在"课程制定""教育的标准化""单纯化""统一化"，与此相对，杜威的目标则是尊重教师的"更具理性的、柔韧性和适应性的决定"，支持"关于学习、学习者与难解而复杂的知识"③。杜威在《教育科学的资源》的最后一部分提到，"教育"形成了"本质上没有终结的循环或者螺旋"，"活动本身便包含科学"。④

（3）学校的公共性形成的回路

20世纪20年代，杜威批判了传统的自由主义，并探究以民主主义与公共

---

① Dewey, John, *The Sources of a Science of Education, The Later Works*, vol.5, pp. 1-40.

② Lagemann, Ellen C. *An Elusive Science: The Troubling History of Education Research*, op. cit, pp. 231-232.

③ Darling-Hammond, Linda, *Powerful Teacher Education: Lessons from Exemplary Programs*, op. cit., pp. 77-78.

④ Dewey, John, *The Sources of a Science of Education*, op. cit, p. 40.

性的确立为意图的学校改造。从洛克到自由放任主义的自由主义的发展，构筑了调和设想自然状态的市民社会论。其具有特征性的地方在于，使政治事物自然化并从个人的立场把握自然。这个前提被公共教育论者所继承。赫什和帕林格将杜威的教育思想作为卢梭自然主义的延续并进行解读和批判，并批判引领19世纪自由主义发展的新自由主义，将进步主义政治定位为市场自然的对立面，这都是受到自然概念引导的理论化产物。杜威对自由主义的这项前提进行了重构。《公众及其问题》中展开的"公共产品"与"公众"的主题，对早期基于自然概念的权利与自由的思想变为19世纪的经济学概念的这一自由主义历史演变过程进行了批判。杜威尖锐地揭露出，关于个人权利及自由的自由主义，与市场经济理论并非构成相互对抗的模式，而是保持伦理的亲和性。在他看来，这便意味着人们进行协同行为和活动的共同体的解体。

杜威还探究了人与人以"面对面关系"形成交际的共同体的现象。他采用使公共领域与私人领域的对立无效化的战略思想，从行为作用的观点出发，强调了两者的连续性。而且，公共性概念的基础中拥有人称关系的共同体和联合体。人的权利及自由，与其说是依据非政治的自然概念，不如说是依存于人们协同生活时与他人间具体的交流的关系与语境。关于"交流"的概念，杜威认为其与"独白"相对，交流的质在于希求"对话"。在他看来，"独白"是欠缺"在交流和共享的表达中重生"的"有破绽的不完全的思考"，与之相对，"对话"则是以相互听取的关系为基础而形成的。"面对面关系"的构建是"旁观者"对"独白"的否定，以促使作为"当事者"的"公众"参加其中。"公众"在这里苏醒，产生了"公共产品"的政治与伦理的课题。公共性是"公众"活动的领域，也是以交流关系为基础的空间概念。因此，我们也可以将杜威的学校论作为与公共性主题密切相关的理论进行把握。

对于《公众及其问题》来说，其初版至今已有越来越多的杂志刊载了书评。在1927年11月27日《纽约先驱论坛报》的书评中，评论者哲学家斯特灵·兰普雷克特（Sterling P. Lamprecht，1890—1973）评价杜威比起其他任何一位论者都更怀有"将哲学与世界的实际事项相结合"的使命。特别是《公众及其问题》，它为产生于现实中经常被"模糊"地谈论的"几个概念"提供了"哲学的地位"。根据书评所述，杜威厌恶"疏离于社会的分析"，他为了"使公众概念适用于现代的美国生活"而不断探索。在这一点上，杜威的意图并非宣言"预言者"和提示"重新发现理想的公众的充分条件"，而是明确解释"公众有效认识自己的存在与作用"所必要的"几个条件"。①

在1928年《美国社会学研究》第34期中撰写书评的芝加哥大学的罗伯特·帕克认为，《公众及其问题》的主题与其说是"关于公共产品与舆论的论述"，不如说其特征在于"对国家问题拐弯抹角的攻击"。据帕克所述，杜威的"国家"概念并非"具有法律性规范用语意味的哲学抽象概念"，而是"作为现实中正在执行功能的国家"，它在部分上属于"理念"，同时在其他方面也被看作"自然的一部分"。②另外，加利福尼亚大学的斯蒂芬·佩珀，在《国际伦理学研究》第38期中也对杜威的著作发表了批判性书评。佩珀指出，《公众及其问题》的论述最初是"理论"，接着是"请求"，但该书在思想上"救助民主主义的请求"确实是先于"理论"。佩珀还提出了这样的问题，即杜威回避了"对'国家'正确适当的定义"，他从"结果"的角度进行考察，定义本身的思想基础也更侧重于"原因"而非"结果"。而且，"杜威的国家理论"并非"我们生活的国家"，而是"我们希望生活于理念中的民主主义国家"，这个"理论"不是"记述的理论"而是"规范的理论"。③

---

① Lamprecht, Sterling P., "Philosophy Put in Touch With Affairs," *New York Herald Tribune Books*, November 27, 1927, p. 4.

② Park, Robert E., "Book Reviews: *The Public and Its Problems*," *The American Journal of Sociology*, vol. 34, 1928, pp. 1192–1194.

③ Pepper, Stephen, "Book Reviews: *The Public and Its Problems*," *The International Journal of Ethics: A Quarterly Devoted to the Advancement of Ethical Knowledge and Practice*, vol. 38, 1927—1928, pp. 478–480.

登载于1928年《意识》第37期中的塞林科特（O. de Selincourt）的书评，也与佩珀一样，对杜威"国家"理论的"原因"和"结果"加以批判。该书评指出，杜威"主张应当从并非概念及原因、而是结果的观点来说明事物"，但"没有说明结果和原因的效用究竟有何区别"。塞林科特批判性地认为，杜威探究的"大共同体"中的"公共产品"是"世界规模的"，"小规模的地域性共同体"则使它们成为"可能被发现的公共产品"。而关于"国家及公共产品的适当的组织化"，杜威"几乎没有论及"。①

总之，同时代对于《公共性及其问题》的书评始终都是基于国家论角度的分析，而且其内容也并非完全表示了支持和赞成。同时也出现了着眼于该书中联合体观念的书评。例如，1927年《新共和》第52期的罗伯特·洛维特的书评就是其一。洛维特认为，《公众及其问题》给予了"国家"以"神秘且超自然的承认"，并对夸大"权威"发出"警告"。他将该书的观点归纳为以下六点：即"社会探究的自由及其结论的分配自由""对于为实现善而统合人们的交流之力的信念""对作为拥有影响结果之力的人的实验要素的理性的信仰""对从压抑中解放人的艺术之力的信念""对作为形成协作活动习惯的手段的初等教育，和对作为提高讨论和说服方法的成人教育的信念""地域共同生活回归"。在洛维特看来，杜威"对民主主义的信仰"存在于"人们自然组合、在共同行为内生活的事实之中"。②

20世纪20年代，杜威从传统自由主义政治理论中的重建自然主义的视角出发，提出对以联合体和共同体为基础的公共性概念。在这样的语境下，杜威的政治理论及政治哲学受到了重新评价，这已经是以威斯特布鲁克及赖安等人的研究为代表的20世纪80年代的实用主义复兴之后的事了。但是，他们的研究

---

① de Selincourt, O., "New Books: *The Public and Its Problems*," *Mind: A Quarterly Review of Psychology and Philosophy*, vol. 37, 1928, pp. 368-370.

② Lovett, Robert Morss, "A Real Public," *The New Republic*, vol. 52, no. 664, August 24, 1927, pp. 22-23.

也并未积极地论及杜威构建的自由主义的自然主义概念。既往研究在提及杜威的自然主义时，都仅限于对以《经验与自然》为中心的哲学和心理学的考察，而并未明确论及杜威本人深刻洞察到的市场与自然的经济学关联及其政治意义。因此，对于民主主义及公共产品的理解也并不算充分。

然而，对于杜威的公共教育论的批判也提醒我们，有必要从自然概念出发，对他的政治思想及社会思想进行重新探讨。这里便要求我们从公共性的角度把握和重新解释他的学校论。杜威批判传统的自由主义，拥护民主主义，参与学校改造。自由主义与民主主义原本并非预定调和的关系，他看出两者的关系不时产生分歧并陷入紧张状态。杜威把以学习为基础改造学校公共性理解为教育方法的一个问题领域。在基于"面对面关系"的共同体和联合体中，他发现了无法还原至官僚制的专门主义行政政策与市场的个人主义的公共性领域。接着，他将学校改革定位为推动协作的途径，以此形式进行了推动和拓展。

这样的民主主义和共同体教育意味着从学校内部掀起改革。杜威支持教师与儿童协同地探讨学习，着手于学校改革。儿童的学习既不是赫什的批判中所说的那样被自然化，也不是查布与特里·莫所讲的那样被市场的伦理所消除，更不是被教育测量运动所促成的标准化。如果把赫什所说的"文化常识"及市场也看作从政治中抽取的理论，那么就有必要使其本身作为社会和政治的实践，对教育进行重新定义。学校的公共性，在教师、父母与儿童本人探讨中所形成的共同体的经验世界中被构建而成。在杜威看来，学校不仅是确切地传达知识和进行再生产的场所，而且更应将其理解为人类、社会与文化交流并谋求创造与再创造的空间。其中，民主主义促进多样的人加入共同体，并成为深化教师与儿童间相互学习的关键概念。20世纪20年代杜威的公共教育论，便有着以上所述的诸种意义。

第2章 民主主义与共同体的学校改革

第1节　20世纪30年代的自由主义批判与民主主义的展望

　　学校的公共性正在动摇。席卷20世纪80年代的新自由主义，一方面，批判了30年代开始的福利国家性质的自由主义，促进了教育的私有化和自由化，通过放松管制扩大了选择和竞争的市场机制。另一方面，因为2008年金融危机而导致的全球范围的经济不景气暴露了新自由主义的极限，引发了大众对于政府积极介入市场并且作为后援的新政的关心，促进了相关政策的推进。在探求传统自由主义革新的同时，人们也在致力于描绘学校改革和公共性的新蓝图。

　　20世纪80年代后的社会形势是与传统自由主义划清界限，在再次追问政治公共性的争论中，社会也急速趋向于关注哈贝马斯和阿伦特。一边，哈贝马斯的志向是确保公众关于合理的决策享有发表舆论和进行商议的"民主主义程序"，希望通过"生活世界"的"交流行为"树立市民的公共性。他所说的公共性，是从战后对于福利国家的批判中，作为19世纪自由主义的市民社会的范本而形成的。另一边阿伦特展现了共和主义的色彩。她把古希腊的城邦国家看作公共性原型，这一主张重点是从治家和经济的"私人领域"中分离出施政的古希腊城邦的"公共领域"，由对"政治性事物=公共领域"和"社会性事物=非公共领域"的区分而构成。①哈贝马斯和阿伦特的议论代表了以确立传统自由主义以后的公共性概念为目标的现代方向性。

　　然而，与哈贝马斯和阿伦特相比较，杜威的公共性构想并没有受到相同

---

①［日］山胁直司：《全球本土化公共哲学》，第12—14页，东京大学出版会2008年版。

程度的关注，特别是他关于学校公共性的展望与实践，并没有受到充分的瞩
目。但是，在如今特别是新自由主义和新政混合交融的情况下，再次表明比照
杜威的构想进行考察研究的重要性。杜威民主主义论形成于不干涉主义向新政
的过渡时期，其中值得关注的是他提出了与前两者不同的第三种公共性模型。
这个尝试是为对20世纪20年代的学校改革和公共性的质问而准备的。正如上章
所提到的，20年代的杜威通过分析得出了公共性的概念，并致力于学校改革，
而30年代的他，并没有将公共性带到大众面前展开讨论。虽然能看出公共性的
主题似乎在退向幕后，但是作为关于自由主义和民主主义哲学层面的基本论点
在迅速发展着。

　　20世纪30年代的杜威，批判了不干涉主义和新政这类自由主义的趋势，
探究了基本学校空间的创发。在《自由主义与社会行动》一书中，杜威提出了
"作为激进主义的再生，自由主义的第一目标是教育"之后，主张教育性课题
接近于事物现象的现实性运动，在建立"精神与性格的习惯"和"理智、道德
的礼法"的同时，也能引导做出"引发制度方面的现实性变化的行为"。[①]立
足于民主主义的学校改革作为与"再生自由主义"的中心目标相关的事物而被
广知。杜威和哈贝马斯、阿伦特不同，他探索了与协作相关的行为和活动所开
启的共同体和组织团体之中的学校。本章将通过论述从自由主义批判向民主主
义创造转变的过程中，杜威以共同体的协作性学习活动为中心的学校公共性改
革的轨迹。

---

　　① Dewey, John, *Liberalism and Social Action*, op. cit., pp. 44-45.《自由主义与社会行动》是受
弗吉尼亚大学的佩奇-巴伯基金会（The Page-Barbour Foundation）所托而进行的演讲为基础而写
成。杜威用这本书致敬了简·亚当斯（Jane Addams，1860—1935）。之所以这样是因为这本书出
版前的1935年5月她去世了，杜威在表达这份痛苦的同时也表达了对她所肩负社会改革的极大敬
意。实际上，杜威1889年在芝加哥设立赫尔会所（Hull House），并一直持续支持构筑社会福利
贫民救济工作基础的亚当斯的活动，他们是亲密交流的关系。

1 自由主义改造的脉络

（1）从洛克到不干涉主义

20世纪30年代的杜威批判了传统自由主义，探索重构民主主义的途径。他这样指出：

> 总的来说，当下自由主义必须要激进。这里所说的激进是指要认识到制度结构的彻底变化和进行与之相对应的使制度结构发生彻底改变活动的必要性。[1]

杜威认为，美国的形势是"改变实际情况的可能性"与"现实"之间存在巨大的差距，仅仅依靠部分政策的推行是无法解决的。缺少社会前瞻性的展望和计划，局部的"改革"（reform）与从本质出发将事物的制度构成进行"重构"是不同的，"改革"应该是"崭新的、产生变化的过程"。杜威为了揭示自由主义的"现状"，不断地在摸索能引导社会"彻底变化"和"活动"的事物。然而，他所谓的"现状"为何物，又因何而必须"重构"呢？

杜威看到因为19世纪的自由主义的扩大，民主主义和共同体受到侵蚀，加剧了公共性的衰退。他首先把握了从洛克到不干涉主义再到新政的自由主义发展的历史，解释了在洛克呈现的初期观念中，已为后来不干涉主义的正统化奠定了基础。洛克的自由主义把政府的作用限定在保护个人权利先于社会关系的政治构成上，"一个世纪后，追求生存、自由和幸福的权利，成为美国独立宣言的要点"。杜威认为，以"自然权为核心的洛克政治哲学给美国的独立和民主主义的发展带来了很大的影响。而且，他突出强调了在"自然权"概念下的"所有权"（property），并且解释它是"个人通过劳动与不属于任何人的对象因为有所关联的事实而产生的事物"[2]。在初期的自由主义中，政府认为保

---

[1] Dewey, John, *Liberalism and Social Action*, op. cit., p. 45.

[2] Dewey, John, *Liberalism and Social Action*, op. cit., pp. 6-45.

护个人与生俱来的这种作为"自然权"的"所有权"是职责本分。

> 这个哲学的总体基调就是与组织化的社会行为相对立而存在的个人主义，它强调主张这不仅是在时间范畴里，即使是在道德权威中，个人主义也优于国家。①

这里引发我们关注的是有人指出根据自由主义的传统，将会产生"个人主义"和"社会行为"二者对立的问题。据此杜威认为，这个思想源于人类行为和正当要求中，"存在'第一的政治社会领域'和'第二的个人领域'两个不同的领域"，并且"为了后者的利益应该最大限度地缩小前者"。这就是说，个人主义是优先于政治概念的经济概念。而且杜威觉察到在初期自由主义中有道德的个人主义是受到推崇的。

初期的自由主义认为"'自然法'是理性的对应物，是'因人类被赋予的自然之光而显露出的'"。这是将"理性"看作"人类内在的一种天赋"，是将道德的个人主义作为前提而言的。关于这个问题，杜威主张，虽然"理性"表现在"人类相互的道德关系"中，但也被认为"是因为这些关系而维持、发展不了"的事物。结果，"个人自由的最大敌人"是侵害了"个人与生俱来的自由"的"政府"。杜威认为，在初期的自由主义中形成了个人与社会的二元世界观。②

---

① Dewey, John, *Liberalism and Social Action*, op. cit., p. 7.

② Dewey, John, *Liberalism and Social Action*, op. cit., pp. 7-8. 主张以"关系主义的'自己—他人—公共世界'"的形成目标展望"全球公共哲学"的构筑的山胁直司也批判道，把洛克的思想作为"近代公私二元论的原型"定位，这种"过于原子化的个人主义""通过和他人的沟通交流而创造和保持公共世界这一观点"是不足的。山胁直司指出洛克的"公私二元论"形成了现代的"支配的规范形式"。也就是说，"对于政治或司法来说，被审议通过的制度，以及由国家财政供养的组织、政治家和公务员等及其从事的职务内容被视为'公共领域'，除此之外，例如个人追求幸福的权利或家庭自不必说，经济与案教等被视为'私人领域'"。（［日］山胁直司：《全球本土化公共哲学》，第66-90页，东京大学出版会2008年版。）

初期的自由主义倾向因18世纪后半时期至19世纪古典经济学的抬头而有所发展。以亚当·斯密、大卫·李嘉图（David Ricardo，1772—1823）、托马斯·罗伯特·马尔萨斯（Thomas Robert Malthus，1766—1834）、约翰·斯图尔特·穆勒（John Stuart Mill，1806—1873）为代表的经济学家，批判了当时的重商主义政策（mercantilism），发展了以劳动价值论为基础的在自发的市场领域中尊重个人经济劳动自由的经济学。杜威主张，虽然"个人的解放"是在去除"干涉了人们自由的政府的行为"中而产生的，但这又是一种"自由放任自由主义的定式化"。[1]关于初期的自由主义中的"所有权"概念给后来的不干涉主义带来的影响，杜威将之归结于"经济的定式化"，又如下所述阐释了两者的差异。

> 但是，洛克对已拥有的财产感兴趣。一个世纪以后，因为英国产业和商业的充分发展，与其说保护财产的所有权倒不如说关注都集中到了生产之上。作为财产权的源泉，劳动的概念并不是为了保护财产防止被支配者征收（实际上这个权利在英国被保护），而是为了资本的运作和投资的自由、进而促进权利向新的雇佣形态转变和正当化。这些要求，根据从准封建的状态开始承袭而来的普通法（common law）来看是被否定的事物。可以说初期的经济观念是静止的，因为它关心的是财产和土地。与之相对的，新的经济观念是动态的。它从有法律效力的烦琐的制约复合体中，关注生产力的解放和交换。[2]

杜威在这里指出，初期的自由主义主要关心的是"财富的所有权"，而不干涉主义关注的中心是"财富的生产"，而且领会了容许放纵对市场需求的

---

[1] Dewey, John, *Liberalism and Social Action*, op. cit., p. 11.

[2] Dewey, John, *Liberalism and Social Action*, op. cit., pp. 8-9.

新理论。他认为，虽然古典经济学中仍保有对洛克自由主义的"自由""个人"的关注，但是却给"自由"赋予了全然不同的"实际的意义"。更具体来说，就是放任自由主义丧失了初期自由主义所提出的"自然法"的道德理想，而与"生产和交易的法律"联系起来。

作为开启了自由市场意识形态的代表，亚当·斯密被杜威列为首位。虽然撰著了《国富论》的亚当·斯密被杜威贴上了"并不是不干涉主义的无条件信奉者"的标签，但是他从"政治的制约"中解放出来，"个人的活动是社会福利的主要源泉，是社会进步的最终动力"的观点受到了杜威的关注。杜威这样认为，亚当·斯密认为在个人的经济活动中"为满足自己自然需求的努力（劳动）"会得到回报，他主张人类会根据"劳动"的情况而产生想要使自己的财产状况变得更好的"自然的"或者可以说是天生的倾向。因此，社会的进步被认为是"因许多个人的努力而聚集、积累的，既不是有意图的，也不是有计划的事物的结果"，是"因自由处理社会的商品和服务的增多"产生出"新的需求"从而将"生产力的新的形式"变为可能的结果。

在亚当·斯密的关键概念中，杜威关注的是"交换的自由"这一观点。因为一直以来人们设想的是个人在想要满足需求时，不是提供"劳动"而是通过"叫作交换的方法"，而且因为"交换"这一过程促进了人与人之间的"相互依存"。亚当·斯密认为，"交换的自由"是利益的调和"自然而然"带来的事物。根据杜威的研究，亚当·斯密的"'看不见的手'（an invisible hand）的指引"的观念促使了"为获得个人的私人进步和私人利益而付出的努力产生了社会的利益，并且创造出了不断紧密相连，利益相互依存"这样一种自由主义新趋势的到来。[①]把杜威的生平和思想写成传记出版的乔治·戴克威曾指出，19世纪的自由主义认为"如果最大限度地承认个人的自由，然后将事业经

---

① Dewey, John, *Liberalism and Social Action*, op. cit., pp. 9–11.

营方面政府的控制降到最低程度，就可以最好地维持个人的自主性"①。他认为，在不干涉主义中，如果以市场为媒介将自律的个人努力和自发性最大化，那结果会使每个人的能力自动地为社会作出贡献。市场与政府的对立，被认为是扎根于自然的每个人的自发活动所产生的自然和谐的领域。杜威提出不干涉主义的目的是"让政治活动从属于经济活动"，表现了相对于政治概念更侧重经济概念加强版的强调的不干涉主义的演变。②

（2）社会行为的组织化

实际上，从20世纪20年代开始至30年代前半期，哈定、柯立芝到胡佛的共和党政府都依据古典经济学的理论推行了不干涉主义政策。柯立芝在担任总统时期，以空前的经济增长作为支撑，经济波动全凭自然发展的自由市场，不干涉主义政策正统性得到了强化。日本学者林俊彦的研究中提到，柯立芝作为"自由放任主义的贵公子"，他"崇拜商业"，为了服务实业他计划实现"小政府"。这一时期内，大型企业接二连三登场，控股公司不断成长，实现了产业的发展。国民的生活水平也显著提高，据有关数据显示，1921年至1929年间国民生产总值（GNP）上升了45.6%。之后，柯立芝对于产业界的发展给予更大的支持。他在《美国人的本职工作就是商业》这篇演说中宣称，要把"工厂"看作"寺庙"，把"工作"看作"礼拜"，把"事业"看作"几乎接近一种新兴的宗教"。③

柯立芝还热心于减税工作，他坚决实行了个人所得税、法人所得税、营业税的减免。囊括这些税收的国内总税收从1920年的54亿美元锐减到1925年的26亿美元，截止到1928年美国国内税收总收入还止步于28亿美元。同时因为巨大的贸易顺差和资本输出导致关税收入的增长，使得联邦预算保持每年7—10

① ［美］乔治·戴克威曾著，［日］三浦典郎、石田理译：《约翰·杜威的生平与精神》，第382页，清水弘文堂1977年版。

② Dewey, John, *Liberalism and Social Action*, op. cit., p. 9.

③ ［日］林俊彦：《经济危机的美国》，第35-40页，岩波书店1988年版。

亿美元的盈余。在柯立芝政府的执政下，以古典经济学为基础的不干涉主义被推进，到达了构筑被称作"咆哮的二十年代"的繁荣时代。[1]这样依靠自由市场的经济政策到了胡佛政府时期仍然被沿用，并且有所推进。教育史学家弗雷曼·巴茨（R. Freeman Butts）和劳伦斯·克雷明（Lawrence A. Cremin）的研究报告中写道，20世纪20年代哈定、柯立芝、胡佛的共和党政府时代的特征是"'平常'状态的支配和不干涉主义"[2]。市场空间里欲望的放纵在势头一片大好的喜悦感中作为讴歌社会发展的先导手段被正当化了。

在整个社会都弥漫着如发烧般的高涨情绪中，对市场中心的不干涉主义抱有疑问的人未必有很多。但是，20世纪20年代又是经济上不平等和差距急剧扩大的时代。克鲁格曼解释道，1900年前后的美国是"贫富差距极大的社会"，即使到了20世纪20年代，"贫富差距仍在不断扩大，社会掌控在富裕的、少数的精英手中"。实际上，在除了这个时期里的资本收益的总收入中，最高所有者的占有率是10%，这些最高所有者占有了美国全民总收入的43.6%，1%的人占有了其中的17.3%。但是即使在"收入分配暴露了巨大的差距，底薪劳动者泛滥，精英阶层只缴纳最低程度的税金的政治体系下"，向没有享受到经济福利的人们进行"公共支援"的要求也没有引起重视。据克鲁格曼所言，并非20世纪20年代没有福利国家予以考虑，也并不是其他国家没有实施，在法国、德国、英国都已经实施了比美国"大好几倍规模的公共支援"。关于经济显著增长的这个年代里没有施行"纠正收入和富裕的差距"的理由，杜威指出，因为工会组织效率的低下导致存在诸如"劳动者的交涉能力较弱"等问题，尽管存在"各式各样的集体共有的经济利害"，但是农民和城市劳动者、本土美国人和外来移民、贫穷的白人和非裔等，"因为文化、人种的分

① ［日］林俊彦：《经济危机的美国》，第37-42页，岩波书店1988年版。

② Butts, R. Freeman, Cremin, Lawrence A., *A History of Education in American Culture*, New York: Holt, Rinehart and Winston, 1953, pp. 468-470.

裂，并不能从政治方面来挑战解决贫富悬殊的问题"。①

杜威批判的焦点是在自由主义的"现状"下自由放任的市场社会的意识形态。"社会组织和一体化课题"中存在"无力"这样一种情况。②也就是说，经济发展势头一片大好的社会背后，针对正在加剧的不平等和社会分层，缺乏承担起政治伦理性行动的公众组织，这正是问题的所在。据杜威所述，与其说自由主义是自己主动提出实现"为了所有人的自由"，倒不如说引领了"少数人独占自由的时代"，使得培养组织人们协作行为和活动——公共性的可能性减小了。③

> 100多年以前的自由，虽然在当时那个年代作为破坏性的激进主义而不被接受，但是随着新经济秩序的确立，人们不是成为现状的辩护者就是因为社会的大杂烩而变得满足现状。倘若激进主义定义为认识激进变革的必要性，那么今天不论是激进主义还是自由主义都大概会因不切实际而逐渐消亡。④

杜威认为，"自由主义的脆弱性"表现在企图实现从公众行为和活动中构建协作相关领域"社会行为的组织化"。杜威提倡对因为缺乏沟通而关注"现状的辩护者""社会的大杂烩"的自由主义进行"激进的变革"，将扎根于人们协作行为和活动的新型对话空间放在民主主义的核心位置上。对于放置在自由放任的市场自由主义中却又被忘得一干二净而逐渐退于幕后这一问题，这意味着通过创建公众沟通交流的相互关系和组织社会活动的方法就能促进此问题

---

① ［美］保罗·克鲁格曼著，［日］三上义一译：《出现差距——保守派持续统治美国的惊人战略》，第24—31页，早川书房2008年版。

② Dewey, John, *Liberalism and Social Action*, op. cit., p. 23.

③ Dewey, John, *Liberalism and Social Action*, op. cit., p. 20.

④ Dewey, John, *Liberalism and Social Action*, op. cit., p. 45.

的解决。这一点上，杜威的认识与克鲁格曼的观点相近。克鲁格曼主张经济的不平等与差距的主要原因，是文化、人种的分隔和针对于此发起政治性挑战的必要性。公共性不是自然产生和成立的空间。要想促进社会的平等和公正，就要确保存在通过公众行为活动而组成的公共空间。克鲁格曼主张，这里的"组织化"还处于不成熟的阶段，"民主主义的理想"因为"是空洞的事物还存在终结的危险"。①

2　走向协同性、创造性的民主主义扩张

（1）作为生活方式的民主主义

20世纪30年代，杜威探索的是从对传统自由主义的批判中，提出重新构建民主主义和公共性的策略。正如威斯特布鲁克指出的，自由主义的危机变成了"资本家的意识形态"，"对多数人的生活和思想给予少数人权力的运动"发挥了作用。另一方面，依据威斯特布鲁克对杜威的解释，如果除去历史性"偶然要素"，自由主义的中心价值"自由、个性、探究、议论、表达自由"被认为是具有"永久性价值"的事物。因此，威斯特布鲁克初期拥护自由主义的理念，批判了不干涉主义的发展过程。②但杜威并没有把这些价值从立足于个人主义的自然概念出发而寻求根据。

威斯特布鲁克虽然继承了初期自由主义的自然主义的概念，但正如前一章所写，他并没有全部和杜威共有这个理论框架。杜威的批判并不是单单指向19世纪的自由主义，因为他还否决了以从社团分离开来的个人自然性为前提，把个人和社会两项对立起来认识的框架结构。换言之，"自由""个性""探究、议论、表达自由"是产生于以人们的社会行为和活动作为媒介生成的共同

---

① Dewey, John, *Liberalism and Social Action*, op. cit., p. 64.

② Westbrook, Robert B., *John Dewey and American Democracy*, op. cit., p. 432.

体和社团之中。但是，在威斯特布鲁克和莱昂的研究中，基本没有提及关于社团的概念。杜威在1937年的《常识》第6期发表的论文《民主主义是激进的》中如下表述。

> 民主主义的目的是激进的。因为没有哪一个国家哪一个时代尚能适当地实现它。想要给经济、法律、文化方面既存的社会制度带来大变化，关键点就是激进。①

自由主义中被称为"彻底变化"的主张，更准确地说是着眼于民主主义战略中"自由""个性""探究、议论、表达自由"的主张，它描绘出了杜威对公共性构想框架的展望，但是这并不是说要立志实现传统意义上的自由主义与民主主义的直接结合，反倒是意图斩断与这种先行预想吻合的前提的联系。杜威使用了"社会化的协作性的民主主义"②和"创造性的民主主义"③这类的表述，而且他在以1931年10月25日的广播讲座为基础的底稿《高等教育与研究的政治影响》（1931）、《民主主义与社会行为》和对卡尔·曼海姆（Karl Manheim，1893—1947）的《变革期中的人类与社会》（1940）④书评中提到了"民主主义的共同体"这一概念。⑤杜威想要将自由主义的传统中所继承的民主主义概念重新构建成立足于社团和共同体的概念。这也开拓了民主主义通过多样性公民参与和商议的方式进行实践的方法。在《教育与社会变化》

---

① Dewey, John, "Democracy Is Radical," *The Later Works*, vol. 11, pp. 297-299.

② Dewey, John, "Toward a National System of Education," *The Later Works*, vol. 11, p. 357.

③ Dewey, John, "Creative Democracy: The Task Before Us," *The Later Works*, vol. 14, p. 224.

④ Mannheim, Karl, *Man and Society in an Age of Reconstruction*, New York: Harcourt, Brace and Co., 1940.

⑤ Dewey, John, "Political Influence in Higher Education and Research," *The Later Works*, vol. 6, p. 121. *Liberalism and Social Action*, op. cit., p. 56. "The Techniques of Reconstruction," *The Later Works*, vol. 14, p. 294.

（1937）中，他这样表述道：

> 民主主义意味着以与他人自由联合和沟通交流的结果——理性为基础进行自发性选择。它表示的不是力量，而是在相互协商的规则中的一个共生法则。而且希望能取代残忍的竞争，将协作作为生活方式的法则。①

这里对"民主主义"观念的解释是因"自由的联合"和"沟通交流"开启的理性而"自发的选择"，是揭示"相互协商的规则"的"共生礼法"，是将"协作"作为"生活法则"的事物，也体现了"协作性的""创造性的"的概念。全国教育协会（National Education Association）的官方报告中发表了杜威的著作《民主和教育管理》（1937）。其中进一步表述，民主主义并不是展现"为了通过一般投票和选举选拔出的官员制定法律、落实政治行政的一个方法"的"特定政治形态"，而是"范围广泛的事物"。然后，说明了"民主主义的政治、行政性侧面"是为了实现"宽广的人际关系领域和人类个性的成长中存在的目的"的"手段"。也就是说，政治的中立性或形式上的手续不是民主主义的"目的"，而被认为是展现"社会的进而个人的一种生活方式"的"手段"。②

> 民主是一种生活方式，在我看来，这个主旨可以表达每一个成熟的人都必须参与那些支配着人类共同生活的价值的形成——不论从总体社会福利的立场看，还是从人作为个体的全面发展的立场看，这都是必要的。③

---

① Dewey, John, "Education and Social Change," *The Later Works*, vol. 11, p. 417.

② Dewey, John, "Democracy and Educational Administration," *The Later Works*, vol. 11, p. 217.

③ Dewey, John, "Democracy and Educational Administration," *The Later Works*, vol. 11, pp. 217-218.

　　阿克塞尔·霍耐特不仅使哈贝马斯的"程序主义"和阿伦特"共和主义"成为从"自由主义批判"探索"民主主义公共性"的现代潮流的代表，他还拥护了与前两者截然不同的"第三条道路"——杜威的"作为反省性协作活动的民主主义"观念。据霍耐特所述，杜威并不是以通过"相互之间主观的言语表达"而形成的"沟通交流型协议模式"，而是以想象"共同体协作活动的反省形式"的"社会协作活动模式"作为依据。霍耐特将之称为"扩张的民主主义"①。伯恩斯坦也评价道杜威憧憬着"激进的共同体的民主主义"，相对于"形式上的程序"，杜威探究的是"道德的理想"。伯恩斯坦指出，杜威始终坚持"民主的共同生活的必要性这一主题，即要求市民在生活中进行道德的实践和培养。"②霍耐特和伯恩斯坦一方面从"程序主义的民主主义"的批判中找到了与"自由主义批判"相近共通的探究方法，另一方面也对今后是朝向"社会的协作活动"还是朝向"道德的理想"发展这两种不同的方向性有所展望。

　　杜威解释道，"民主主义的陷落"产生于把"民主主义"还原到称为议会、选举、政党的"政治性质"中，并没有成为人们生活的日常行为并成为其骨骼、血液的一部分。③"民主主义"是与"个人的尊严和价值的道德"相关的事物，不仅通过"相互的尊重与相互的宽容、意见的交换、经验的积累"使得对每个人生活"有益"，而且是"有益于他人个性的确立的方法和生活方式"的"实验"的事物。④"作为生活方式的民主主义"并不局限于政治制度、行政体系、价值中立的程序之中。这些没有还原到"政治性质"的领域，他认为这是处于"相互的尊重与相互的宽容、意见的交换、经验的积累"之

　　① ［德］阿克塞尔·霍耐特著，［日］加藤泰史、日暮雅夫等译：《正义的他人——实践哲学论集》，第309-335页，法政大学出版局2005年版。

　　② ［美］理查德·J.伯恩斯坦著，［日］谷彻、谷优译：《新的星座——现代性与后现代性的伦理和政治视野》，第363页，产业图书1997年版。

　　③ Dewey, John, "Democracy and Educational Administration," op. cit., p. 225.

　　④ Dewey, John, "Democracy and Education in the World of Today," *The Later Works*, vol. 13, p. 303.

中。这意味着如果要将民主主义的观念扩展到人们的相互行为和社会活动的相关领域，就要从全方位的视角重新创造公共空间。

（2）对平民的信仰

"对人性的信仰"存在于杜威的民主主义思想基础中。他在《创造性的民主主义——摆在我们面前的任务》（1939）中论述道，除了"对人性的信仰"，其他任何事物为民主主义奠基都是不必要的。他还指出，民主主义是"通过面向人性的可能性的活动信仰所控制的生活方式"，"对平民的信仰"中如果失去了"对拥有人性的可能性的信仰"，那么"根基也失去了意义"。[①]杜威把刻有个人主义自然观念的自由主义传统扩展到开展人们相互间的社会行为和活动的"生活方式的民主主义"，实现了公共性的再生。这并不是以"自然权"或是"自然法"的概念为基础，而是贯穿于"对平民的信仰"和"对人性存在的可能性的信仰"，以共同体和社团的"共生礼法"为志向。正因为如此，杜威探索了各种各样的公众交流与活动的"参与"和"商议"的方式。

在这里"参与"的概念很重要。杜威在论述了"正是从参与中排除这个事实恰恰是巧妙的形式上的压制"后，主张根据"相互商议和自发性统一意见的方法"培养民主主义的必要性。"压制"并不仅仅是指拥有权力的人对没有权力的人通过镇压并彰显权力这种形式所派生出的事物，反而"压制"可以说成是"从参与中排除"，并且是通过更"巧妙的形式"来完成。

换言之，所谓"压制"，并不仅仅是由于某特定权力者对权力的行使所引起的，还存在这样一种情况，即共同体中的大多数成员意见统一，结果支配少数人，间接诱发了"排除"的一面。因此，杜威把"参与"中的"排除"理解为"压制"，探索了对"排除"和"压制"进行处置的公众"商议"和"参与"的做法。[②]这意味着，各种各样的人们探索协作性的"生活方式"的相互

---

① Dewey, John, "Creative Democracy: The Task Before Us," op. cit., p. 226.

② Dewey, John, "Democracy and Educational Administration," op. cit., p. 218.

行为和活动扎根于共同体。这样，"协作性民主主义""创造性民主主义""民主主义共同体"的观念从形成"社会或个人的一种生活方式"的关联和共同体的视角得以被理解。杜威把构成人们社会协作性活动的相关政治和伦理的确立置于民主主义的中心课题位置。

《自由主义与社会行为》出版后，很多的杂志和报纸都刊登了对它的书评。1935年《常识》第4期中，该杂志的编辑阿尔弗雷德·宾厄姆对杜威的主张给予了肯定的评价。他在书评开头写道："基本上没有使自己从坐着的椅子上带着理性的兴奋而不由自主站起来的书。但是，这里就有一本。"他说本书"关于理性作用信仰的恢复"的内容指出，胡佛政府或是新政政策，布尔什维主义或是法西斯主义都是想要寻找出路，虽然他们使用性质不同的手段方法。因此，宾厄姆认为重点是"使社会可能取得进步的不是残暴的力量或是独裁主义，而是行为中产生的协作的理性"，他认为这表现了"自由主义与激进主义的融合"[1]。

据在1935年9月25日发行的《宗教·世纪》第52卷中发表书评的埃德温·比勒（Edwin T. Buehrer）的解释，杜威发现了自由主义的本质是"社会理性的应用"，并确信除此之外，不存在"人类能够依靠的其他有效方法"。在此基础上，比勒向杜威提出了几个问题。他在总结中写道，对于"利益目的的有效性是指什么""以经济的组织化状态为基础的自由的本质是指什么""产业的社会化有多大程度符合人们的期望""诉诸代替暴力的理性是可能的，和必须诉诸革命的技术指的是什么"的问题，杜威在书中并没有回答，这是"很遗憾的事情"，因而"期待杜威教授能亲自给出更多的分析"[2]。

在《现代历史》第43卷中，约翰·张伯伦的书评提供了将杜威的自由主

---

[1] Bingham, Alfred M., "Books," *Common Sense*, vol. 4, 1935, p. 28.

[2] Buehrer, Edwin T., "In Defense of Liberalism," *The Christian Century*, vol. 52, no.1210, September 25, 1935, p. 35.

义作为社会主义定位来解释的视点。据他论述，这本书在谋求"围绕'自由'
这个词语的混乱将其明确化"的同时，也夹杂着"使这个词语理解起来变得困
难"的倾向。张伯伦提到，这本书中宣称"今天，要想真正地成为自由的人，
那么这个人必须是社会主义者"。张伯伦认为，虽然"形容词的'自由'"
被"自由贸易性质的资本主义的曼彻斯特学派的提倡者"所使用，但是实际
上那只是采用了"使资本主义本身永久化的反自由的手段"，压制了"市民
的自由、人身保护法、人格的一体化"。像这样结合了历史发展的综述后，
他提出了一个疑问："为什么杜威不将自己称作自由社会主义者（libertarian
Socialist）或是民主主义的社会主义者（democratic Socialist）呢？"①。

　　在《民族》第141期中，新教徒的神学者莱茵霍德·尼布尔发表了书评。
据尼布尔表述，虽然杜威是"主导自由教义的哲学提倡者"，同时也是"自
由教育理论和方法的起源"，但是他认为自由的"最终目标是社会主义的事
物"。在尼布尔的见解中，"自由主义历史的伟大贡献"是对"自由和理性的
强调"。他的观点解释了与胡佛政府"崇拜金钱和权力的风气"或是"脑胰的
自由主义的修补的改革主义"不同，对"理性的自由主义"的"信仰"才是把
握"社会变化的问题"的本质所在。尼布尔也展开了批判。据他所言，《自由
主义与社会行为》并没有明确"社会经济的利害"和"对于社会问题理性的作
用"之间的关系。而且，杜威强调代替"社会的无知的结果"——暴力是理性
的作用这一主张，只回答了克服"暴力"要通过"更完全的理性"，但无展开
论述，因而被认为不完备。尼布尔认为，"社会行为中社会理智的可能性和必
要性是怎样的，这个问题是无解的"，"只要再生自由主义以此为依据，政治问
题将只剩下混乱"。②

---

① Chamberlain, John, "The World in Books," *Current History*, vol. 43, 1935, pp. ⅴ-ⅵ.

② Niebuhr, Reinhold, "The Pathos of Liberalism," *The Nation*, vol. 141, no.3662, September 11, 1935, pp. 303-304.

1935年12月13日发行的《星期六文学评论》中，霍勒斯·卡伦发表了书评《通过智慧进行救赎》。卡伦提到，杜威否定了"自由放任主义"和"集体主义"（collectivism），追求探究"新自由主义的诞生"。它"永恒的课题"被认为是"将通往良好生活的道路向所有的人永远开放"，为了这个课题的实现，要推进"协作的理性"。卡伦一方面看到了杜威的主张在这一点上获得的成功，另一方面他也指出，关于"发展到实施这个原理的过程"在本书中并没有让读者满足的内容。[1]《自由主义与社会行为》的书评还在1935年9月1日的《纽约时报书评》[2]和《新共和》（1936）第86期[3]、《人民·前厅·速报》（1936）第5期[4]、《国际伦理学研究》（1936）第46期[5]、《美国社会学研究》（1938）第44期[6]等有所刊登。虽然对于这本书的评价存在分歧，但是可以看出批判者都否定杜威的主张，更多的是希望杜威明确围绕自由主义应该开展什么课题讨论。

3 扩张的民主主义的政治实践

（1）第三政党的政治

因1929年10月24日纽约证券交易所的股价暴跌而开始的世界恐慌，成了

① Kallen, Horace M., "Salvation by Intelligence, " *Saturday Review of Literature*, December 13, 1935, p. 7.

② Hazlitt, Henry, "John Dewey's History and Analysis of 'Liberalism', " *New York Times Book Review*, September 1, 1935, p. 9.

③ Burke, Kenneth, "Liberalism's Family Tree, " *The New Republic*, vol. 86, no.1109, March 4, 1936, pp. 115−116.

④ "Liberalism and Social Action, " *People's Lobby Bulletin*, vol. 5, no.10, February, 1936, pp. 1−2.

⑤ Knight, Frank H., "Pragmatism and Social Action, " *The International Journal of Ethics: A Quarterly Devoted to the Advancement of Ethical Knowledge and Practices*, vol. 46, January, 1936, pp. 229−236.

⑥ Palyi, Melchior, "Book Reviews, " *The American Journal of Sociology*, vol. 44, no.3, November, 1938, pp. 480−481.

政治、经济、社会局面政策转化的导火索。在美国，从1924年开始，以投机为主的资本流入股票市场，其活跃化趋势日益增强，道琼斯股票平均价格在5年间增长了5倍，1929年9月3日的平均股价为381.17美元，更新了最高值。从1929年的记录可以看到从5月末的339美元到8月末的449美元这样惊人的涨幅，纽约证券交易所的成交额接连数天在400万到500万间波动。但是，从10月24日"黑色星期四"开始一直持续到新一周的周二，引领了20世纪20年代经济繁荣的一般抵押债券等股价全部暴跌。之后，在阿肯色、伊利诺伊、北卡罗来纳、印第安纳、密西西比等州许多银行相继倒闭，12月，纽约州的合众国银行破产，紧接着1929年至1930年间面向美国国内住宅、设备、库存的粗投资额下降了35%。其结果加速了生产调整、通货紧缩、失业者数量增加和收入减少等趋势。

由华尔街股价的暴涨暴跌引发的金融体系的动荡，以1931年奥地利最大的银行奥地利信贷银行的破产为代表，波及了整个世界的经济。美国国内也是在1929年至1932年期间，国民生产总值从1013亿美元下降到508亿美元，下跌了43%，工业生产、国民收入、企业营业额和出口分别下降了46%、51%、50%和36%。联邦政府年收入减半的同时，年度支出增加了50%，联邦财政赤字达到27亿美元。最初，即使是面临一连串事态的变化，胡佛政府对于想出可行有效的财政政策持十分消极的态度，事实上，总统最先实施的是减免个人所得税和法人税税率的10%。在此之后，1932年虽然实现了均衡预算的复归，但仍保持着自由放任主义性质的原则。①

杜威在这个时期积极献身于政治和社会活动。他深入并密切参与的活动

————————————

①［日］林俊彦：《经济危机下的美国》，第35-40页，岩波书店1988年版。［日］纪平英作：《新政政治秩序形成过程的研究》，京都大学学术出版会1993年版。［美］彼得·特明著，［日］猪木武德、山本贵之、鸠泽步译：《经济危机的教训》，东洋经济出版社1994年版。［日］菊池英博：《金融危机和金融系统》，载《文京女子大学经营论集》1998年第8号第1卷，第111-143页。［美］约翰·肯尼斯·加尔布雷斯著，［日］村井章子译：《股灾1929》，日经BP社2008年版。

有独立政治行动联盟和人民院外游说团的活动。1928年12月15日，纽约上西区的国际公寓中聚集了50人左右的学者、著述家、编辑、市民活动家，准备结成独立政治行动联盟。参加了国际公寓的集会并加入联盟的除了杜威，还有率领了20世纪前半期黑人解放运动的杜波依斯（William Edward Burghardt Du Bois，1868—1963）、莱茵霍德·尼布尔、小说家佐纳·盖尔（Zona Gale，1874—1938）、社会主义者詹姆斯·莫勒（James Maurer，1864—1934）、记者奥斯瓦尔德·维拉德（Oswald Garrison Villard，1872—1949）、芝加哥大学的经济学者、之后成为民主党上议院议员的保罗·道格拉斯（Paul Howard Douglas，1892—1976）及诺曼·托马斯等人。

这些成员并不是从最开始就进行了活跃的交流和议论，利害关系也不是完全一致的。例如，杜威和杜波依斯在1905年5月准备建立美国全国有色人种协会（National Association for the Advancement of Colored People）时在纽约召开的美国全国黑人大会（National Negro Conference）上见过面，但在其他场合中基本没有过交流。[①]1895年，杜波依斯成为第一个在哈佛大学取得博士学位的黑人，他率领1950年的尼亚加拉运动（Niagara Movement），在为创立美国全国有色人种协会作出贡献的同时，还在《黑人的灵魂》（1903）和《黑色的海流》（1920）等著作中围绕人种问题，明确了泛非主义（Pan-Africanism）的立场。[②]他接连开展的运动并非重复杜威之前的足迹。为了获得提高对黑人

---

① Lewis, David Levering, *W. E. B. Du Bois: The Fight for Equality and the American Century 1919—1963*, New York: Henry Holt and Company, 2000, pp. 252-253. 杜波依斯1911年10月在出版杂志《社会学评论》第4卷中发表了论文《合众国中黑人解放的经济学》，报告了和杜威、维拉德、简·亚当斯一同创立美国全国有色人种协会。然后，研究了这个协会针对黑人地位提高的"人种接触的问题"，表明了期待"有关相互的团体和人种的责任增长更广阔而高度的见识"。（Du Bois, W. E. B., "The Economics of Negro Emancipation in the United States, " *The Sociological Review*, vol. 4, no. 4, October, 1911, p. 313. ）

② Du Bois, W. E. B., *The Souls of Black Folk*, Oxford: Oxford University Press, 2007. *Darkwater: Voices from within the Veil*, Oxford: Oxford University Press, 2007.

地位问题的关注，杜波依斯给杜威寄了一封信。信中，杜波依斯介绍了在自己所任教的亚特兰大大学中为最初南部对非裔开设研究生制度做出贡献的约翰·霍普（John Hope，1868—1936），并与杜威关于能否协助开展有色人种的教育运动进行了协商①。杜波依斯还在自己所任编辑的《危机》杂志中关于黑人教育的主题向杜威发出了约稿的请求②。

有了这样一些过程，独立政治行动联盟的成员们间逐渐缩短了距离。特别是英国的劳动党（Labor Party）和费边学会（Fabian Society）的存在推动了联盟的组建和发展，受这些活动的触发，杜威、杜波依斯等人就准备组建新的第三政党达成了一致。1929年9月，杜威被选为独立政治行动联盟的第一任会长。股票市场暴跌前的10月13日，他参加了环球无线广播局的广播节目。环球无线广播局在1922年纽瓦克的汉堡包百货店中开始了第一次广播，之后作为AM广播局成为美国的主要广播局。这个节目中，杜威批判了夸耀"旧语句""旧口号"的传统政治政党服从于"巨大企业利益的支配"这一行为。他之后又说道："独立政治行动联盟的指导者们都坚信，有必要重新组建以社会生活的现实感觉为基础的美国人的生活。"③

在1929年10月16日发行的《展望》第153期中，杜威投寄了一篇《自由主义者想要什么》的论文。他在文章中指出，"保守主义者"和"反动主义者"以推进"维持现状"政策的"连接的自然的纽带"结合在一起，使"自由的组织化"置于"极其困难"的状况之下。如果认为"自由主义"正处于"凋敝状态"，那是因为缺乏"在统一的共同运动中相互协力合作活动所产生的支持和激励"。关于联盟组建的各个报道机关的新闻虽然似乎"给人留下了一种新政党结成的印象"，但是准确来说，"对新政党的最终结成进行奖励和支持"

---

① W. E. B. Du Bois to John Dewey, April 2, 1930, *The Correspondence of John Dewey*, vol. 2.

② W. E. B. Du Bois to John Dewey, May 15, 1931, *The Correspondence of John Dewey*, vol. 2. W. E. B. Du Bois to John Dewey, June 22, 1931, *The Correspondence of John Dewey*, vol. 2.

③ Dewey, John，"John Dewey Assails the Major Parties，"*The Later Works*, vol. 5, p. 442.

才是目的所在。也就是，联盟主张以"发现国内自由团体和个人并开展协同合作"为目标，意图实现自由与进步党的"相互意识接触"和"连带"的确立。①

杜威接受了本亚明·马什（Benjamin C. Marsh，1877—1952）的建议，1929年就任人民院外游说团的会长，担任该职务直到1936年。在人民院外游说团，杜威主要的活动就是应对胡佛政府。1929年12月26日的《纽约时报》中刊登了介绍杜威希望联邦政府制定实现"国民所得更公平分配"的法律新闻。杜威指出，数百万的家庭被迫只能过正常生活水平以下的生活。1927年的公共指标中，11112人的收入达到了总计30亿美元，与之相对的是866581人平均只能挣1073美元，对于美国社会经济上的不平等及差距的扩大，他感到畏惧。因此，杜威控诉应该对1万美元以上的收入部分课税并将这笔款项拨到儿童救济、失业对策和高龄者的年金制度方面。②他创立了联邦儿童救济委员会（Federal Child Relief Board），并支持将2500万美元作为儿童救济资金的《惠勒保护法案》（Wheeler-La Guardia bill）。人民院外游说团对于自己"没有责任却要遭受苦难"的孩子们，主张构建救济制度。③

人民院外游说团还呼吁制定针对贫困阶层、病人的救济政策和失业保险，以及高龄者的保险制度。在1930年5月，杜威也对尽管有300万到500万的人挣扎于失业的泥潭中，政府却没有出台实质性的对策而表示愤慨。在寄给联邦议会的信中，他放眼当下窘迫的劳动力市场，提出拨款至少2亿5千万美元用作对失业者的援助。希望获得"联邦政府对失业保险制度援助保障"，并不是为了"保险制度防止失业"，而"是因为'截至目前经济情况一直处于非常困难的状况之中'"。杜威主张，这些对策不论是从"人类的幸福"观点出发，还是从"国家的繁荣"观点出发，都是十分必要的。这里的"人类的幸

---

① Dewey, John, "What Do Liberals Want？"，*The Later Works*, vol. 5, pp. 346-348.

② Dewey, John, "Attacks Wage Disparity，"*The Later Works*, vol. 5, p. 431.

③ Dewey, John, "Child Relief Steps Urged on Congress，"*The Later Works*, vol. 5, pp. 432-433.

福"是指"近年的经验所显示的那样，即使是廉价的生产成本也不会增加大众的购买力，为缓和创造出少数人利益却造成了伴有机械化的、困难性的、大众的幸福"。[1]1930年7月，杜威认为胡佛总统为了商议对策应该召集国会特别会议。[2]杜威在10月26日的《纽约时报》中表述到，把目光投向相当于失业者及其扶养家庭总人口十分之一的1200万人，他们的状况并不是偶然产生的，而是"由主要的两党推行的经济政策所导致的必然结果"。然后对于希望失业者救济所必要的20亿美元中，将其中5亿美元的预算作为国会要求的部分一事发表了声明。[3]

对于经济大萧条，胡佛政府并没有出台根本性对策，面对失业者和生活穷困者的数量与日俱增的情景，杜威强调了通过独立政治行动联盟确立第三政党的必要性。杜威和独立政治行动联盟表明了对传统的共和党和民主党政治的不满。结果，在1930年国会的众议院议员选举中，杜威支持了社会党。例如，纽约的选区中他支持的是第八区的弗拉杰克（Baruch Charney Vladeck，1886—1938）、第二十三区的塞缪尔·奥尔（Samuel Orr，1890—? ）、第二十区的辛布拉考夫（Abraham Isaac Shiplacoff，1877—1946）等社会党的候选人。[4]但是，所有的选区以民主党的胜利结束，弗拉杰克、奥尔、辛布拉考夫都惨败落选。

对于联盟来说，新政党的建立并不容易。联盟对于建立第三政党的必要性达成了一致意见，问题是由谁来肩负这个任务。1928年出征总统选举的托马斯和他周边的人都认为，自己所属的社会党适合发挥第三政党的作用。联盟中自由派团体和进步主义者们，为了引起20世纪20年代以后随着大众社会的发展而兴起的中产阶级的关心，共同认识到现有的社会党发展得并不充分，

---

① Dewey, John, "Asks Federal Fund to Aid Unemployed," *The Later Works*, vol. 5, pp. 434-435.

② Dewey, John, "Asks Hoover to Act on Unemployment," *The Later Works*, vol. 5, pp. 436-438.

③ Dewey, John, "Puts Needs of Idle at Two Billions," *The Later Works*, vol. 5, p. 439.

④ Dewey, John, "Dewey Supports Vladeck," *The Later Works*, vol. 5, p. 443.

有必要拥立新的政党。最终联盟将重任委以来自内布拉斯加州的参议院议员乔治·诺利斯（George William Norris，1861—1944）。他虽然所属共和党，但明确展现了以进步主义理念为基础的政策。在柯立芝政府时代，从1927年12月至1928年5月的第70次议会中，诺利斯提出了联邦政府应在田纳西河溪谷中进行电力大坝和肥料工厂建设的联邦事业案。他还在1930年6月的第71次议会中提出，司法机关可以通过申请来命令停止劳动争议的《反禁制令法案》（*Anti-Injunction Bill*）。[①]这样的政策与杜威主张的内容在多个方面是一致的。

1930年12月，杜威代表独立政治行动联盟，向诺利斯投寄了希望他能出任新政党的代表并率领运动的恳求信。信中杜威表述到，共和党代表了"'粗野的'个人主义"（'rugged' individualism），与进行以"民间竞争"为基础的"自由统治"相对，"支持社会计划和社会统制"。他还写道："共和党的主流派把所有权放在第一位，而你将人权放在第一位。"有上百万的进步主义者们"对旧政党抱有厌恶感，正在寻求新的同盟"。紧接着又向诺利斯请求，"脱离共和党，为了我们自己本身——平民，请加入伟大运动的兴奋和狂热中"。之后，又传达了1932年和1936年的总统大选中虽不能当即实现，但希望能在1940年的大选中获得政权的主旨。[②]诺利斯虽然表示了对杜威观点的赞同，却并没有答应或承诺作为新政党的指导者领导运动。他把自己看作"优秀的共和党员"，选择了在共和党内部实行的方法。结果，诺利斯通过独立政治行动联盟等的运动，在欢迎"独立行为"和向"不顽固坚持政党的统制"前进

---

① ［日］纪平英作：《新政政治秩序形成过程的研究》，第78–111页，京都大学学术出版会1993年版。柯立芝总统有关田纳西溪谷的开发事业行使了否决权，而且反禁制令法案在上议院司法委员会中受到共和党保守派否决。反禁制令法案1932年作为《诺利斯–拉瓜迪亚法》（*Norris-LaGuardia Act*）形成。至此，以劳动者的工会加入为理由解雇、联邦法院仅依据雇用者的申请发布劳动关系禁止令的行为视为违法，劳动者获得了结社的自由、团体交涉的权利。诺利斯的政策与20世纪20年代纽约市教师工会等集会中杜威演讲支持的劳动运动相关理念相一致。

② Dewey, John, "Dewey Asks Norris to Lead New Party," *The Later Works*, vol. 5, pp. 444–446.

方面止步不前。①

拥立诺利斯为党首促使建立新政党的工作以失败告终。因为此事，独立政治行动联盟迎来了存亡的紧要关头。但联盟并没有舍弃构筑新的第三政党的愿望。杜威为人民院外游说团的机关报纸《人民院外游说团公报》撰稿多篇，在文稿中批判了胡佛总统的政策。②杜威还在1931年3月至4月的《新共和》杂志中，以《新政党的必要性》为题，发表了"一、现在的危机"，"二、旧秩序的崩溃"，"三、谁来构筑新政党"，"四、新政党的政策"四点论述与考察。③1932年7月27日发行的《新共和》上杜威发表了题为《第三政党的展望》的文章。他表述道："不能期待形成统一的大众政党立即取得成功，更不用说在临近的总统选举中取得胜利，这更加不可能。"因此，在1932年的选举中，他表明了支持与独立政治行动联盟诉求的内容最相近的托马斯和社会党的立场。④

1932年11月4日的《纽约时报》发表了《社会主义者的候选人》的社论。据社论所述，"约翰·杜威教授强调了非社会主义者人士应该高兴地为社会党的候选人投票"。杜威还指出，"社会党的候选人们"都"非常富有知识与理性"，他们考虑开展的是与特定的政治计划不相关的"有益的公益事业"。社论中紧接着评论到，杜威虽然"被认为忽略了几处与社会党的候选人选择相关的点"，但是不能否定"有几位社会党候选人的出众性格和杰出能力"正是

① Dewey, John, "Insurgents Back Norris in Refusing to Quit Republicans, " *The Later Works*, vol. 5, pp. 504-505.

②《人民院外游说团公报》中发表的杜威的文章，内容大致如下。(Dewey, John, "The Key to Hoover's Keynote Speech, " *The Later Works*, vol. 6, pp. 357-363. "President Dewey Calls on Hoover to Recognize Government Responsibility for Unemployment, " *The Later Works*, vol. 6, pp. 372-373. "The Federal Government and Unemployment, " *The Later Works*, vol. 6, pp. 377-378. "Voters Must Demand Congress Tax Wealth Instead of Want, " *The Later Works*, vol. 6, p. 392.)

③ Dewey, John, "The Need for a New Party, " *The Later Works*, vol. 6, pp. 156-181.

④ Dewey, John, "Prospects for a Third Party, " *The Later Works*, vol. 6, pp. 246-252.

"对两大主要政党抱有精神和心理层面反抗态度的非社会党的投票者所强力诉求的"。之后还表述了，这种动向作为"远远超出党本来的极限，为诺曼·托马斯投票的高涨的热情"蔓延开来。①

1932年1月15日，紧急和平委员会（Emergency Peace Committee）主席约翰·塞耶（John Nevin Sayre，1884—1977）、战争抵抗者联盟（War Register League）会长约翰·霍姆斯（John Haynes Holmes，1879—1964）、和平主义者活动委员会（Pacifist Action Committee）主席德韦尔·艾伦（Devere Allen，1891—1955）、和平与自由女性国际联盟（Women's International League for Peace & Freedom）的多萝西·德策尔（Dorothy Detzer，1893—1981）、还有产业民主主义联盟的诺曼·托马斯以联名的形式，由杜威代表人民院外游说团向白宫的胡佛总统送交请愿书。内容与日内瓦召开的世界裁军会议（World Disarmament Conference）中美国的观点有关，也就是请求美国在日内瓦裁军会议中应该主张由美国来发挥对于裁军的主导权并竭力处理此事，其中还包括请求总统能使美国派遣的代表团发表不久后完全解除武装的声明，在1933年这个时间点削减50%的军事开支的提案等。②

1932年和1936年的总统选举中，杜威给托马斯投了票。但是，1932年11月8日的选举却是以纽约州出身的民主党候选人富兰克林·罗斯福的大变革的胜利告终。1933年1月发行的《民族》第136期中，杜威发表了《激进政治活动的未来》一文。他代表独立政治行动联盟，发表了为适应"现在的经济制度中引发的剧烈变革的政治活动"而共同发展的以"协作"为主旨的声明。③实际上，1933年3月第32任总统罗斯福就任后，杜威建立新政党的信念依旧没有改变。在1933年9月《常识》第2期所投稿件《迫切的需要——一个新的激进政

① "Socialist Candidates," *New York Times*, November 4, 1932, p. 8.

② John Dewey et al. to Herbert Hoover, January 15, 1932, *The Correspondence of John Dewey*, vol. 2.

③ Dewey, John, "The Future of Radical Political Action," *The Later Works*, vol. 9, pp. 66-70.

党》中，他主张，形成"强力而一体化的第三政党"是一项紧急的课题。^①就这样，杜威将目光投向因社会差距的扩大而产生的民众的疾苦，从政治的公正性和经济的再分配角度出发，提出了各式各样有关政策的建言，这些作为展现其公共性概念的一项具体的、有内在实质的指标，为其公共性概念提供了宝贵的线索。

（2）向新政挑战

在因世界经济危机导致银行接连破产、企业相继倒闭，失业人口达到1300万人的情况下，罗斯福总统新政开展了以凯恩斯主义为指导方针的经济复兴和救济活动，在金融、农业、工业、失业对策、社会保障等方面实行了福利国家的政策。罗斯福在由第一期（1933—1934）、第二期（1935—1937）、第三期（1937—1939）构成的新政中，接连发表和推进了以田纳西河流域管理局（Tennessee Valley Authority）的开发活动为代表的，由公共事业振兴署（Works Progress Administration）实施的促进失业者大规模的雇用、全国产业复兴会（National Industrial Recovery Act）和《农业调整法》（*Agricultural Adjustment Act*）的制定、劳工的结社权、倡导劳资交涉对等性的《全国劳动关系法》（*National Labor Relations Act*）和《华格纳法》（*Wagner Act*）的制定等社会政策和经济政策。^②以此为契机，自由主义的教义放弃从古典派经济学中继承的小政府主义，向通过政府推行积极的经济财政政策的路线转变。

在罗斯福政府诞生的1933年3月，杜威给总统投寄了信函。他在信中请求重组银行制度。具体来说，他主张银行不是"私人促进者"，而是为了有效发挥"社会制度"的机能，实行禁止股份公司与银行组织合并、重构利息上升等

① Dewey, John, "Imperative Need: A New Radical Party, "*The Later Works*, vol. 9, pp. 76–80.
② ［日］纪平英作：《新政政治秩序形成过程的研究》，第78–111页，京都大学学术出版会1993年版。John Dewey to Franklin D. Roosevelt, March 8, 1933, *The Correspondence of John Dewey*, vol. 2.

邮政储蓄，主张应该进行财政的完全公开。[①]他还希望能立即开始《税收法》（*Revenue Act*）的改订工作。[②]1934年4月，杜威和教师、社会工作者、自由的杂志编辑们一起向白宫发送了希望能与总统会面的电报。[③]收到电报后，总统助理马尔温·麦金泰尔（Marvin H. McIntyre，1878—1943）传达了总统很欢迎与杜威等人的会面，并且会面预约的时间为21日上午11时的消息。[④]最终杜威没能参加，除了杜威其他成员都参加了会面，但杜威自己后来给罗斯福总统写了信，以劳动者的视角强烈表达了对政策实施的期待与渴望。[⑤]罗斯福也回信给他，表达了对杜威未能参加的遗憾，并说与比拉德等人一起度过了有意义的交流时间，还郑重地接受了杜威有关呼吁劳动者协作的主张。[⑥]

杜威对罗斯福一系列的政策持批判的意见，对于新政也一直保持慎重的态度。他在《人民院外游说团公报》中发表了多篇文章。1933年至1934年的文章标题为《"新政"的真正考验》（1933）、《针对表面的处方注定失败》（1933）、《渴求失业委员会充足的救济》（1933）、《新政计划需受评估》（1934）、《行政机构的真正考验》（1934）、《直面现实的时代》（1934）、《美国还有很长的路要走》（1934）等。[⑦]关于这些，威斯特布鲁克评论到，杜威敏锐地考察到新政不是"除去资本家的特权"，而是以"更高度组织化的国家资本主义形态或者是法西斯主义的形态"作为目标，这样的"国家资本主义形态"虽然有可能会回避"当前的经济危机"，但是它并"不能为产业民主主义

[①] John Dewey to Franklin D. Roosevelt, March 8, 1933, *The Correspondence of John Dewey*, vol. 2.

[②] John Dewey to Franklin D. Roosevelt, April 6, 1933, *The Correspondence of John Dewey*, vol. 2.

[③] John Dewey et al. to Louis McHenry Howe, April 13, 1934, *The Correspondence of John Dewey*, vol. 2.

[④] Marvin H. McIntyre to Oswald Garrison Villard, April 19, 1934, *The Correspondence of John Dewey*, vol. 2.

[⑤] John Dewey to Franklin D. Roosevelt, April 26, 1934, *The Correspondence of John Dewey*, vol. 2.

[⑥] Franklin D. Roosevelt to John Dewey, April 30, 1934, *The Correspondence of John Dewey*, vol. 2.

[⑦] Dewey, John, *People's Lobby Bulletin*, *The Later Works*, vol. 9, pp. 249-290.

或长期的经济安定作出贡献"。①

　　赖安提出了与威斯特布鲁克截然不同的解释。他参照独立政治行动联盟和人民院外游说团中杜威的活动批判道，杜威"没有对于现代民主主义中政党制度积极价值的认识，对于政治生活的现实没有'感觉'"。赖安认为，杜威和人民院外游说团主张的事物"与新政的历史并无不同"，只不过对一些"非常细微的等同于附加的"内容有所诉诸罢了。赖安叙述道："虽然人民院外游说团表明了对于罗斯福中道左派的不满这一点是很有趣的征兆，但是也并没有什么特别。"然后，赖安说到，杜威批判地认为因为新政是"救济支配古老秩序资本家"的改革，所以它"并不能为变革美利坚合众国带来希望"。这个批判的"强势之处"在于"国家社会主义对计划经济抱有敌对心"的表现，不是"被计划的社会"，而是以"去计划的社会"作为希望实现的目标。但是，赖安认为这同时也是杜威的"弱点"。之所以如此主张是因为赖安认为对于"去计划的社会"的"核心难题"，即"参加民主主义是怎样一回事？"这一问题，杜威基本上没有做出回答。②

　　杜威在1935年1月发表的《自由主义的未来》的文章中指出，传统自由主义将"自由"限定为"由政府干涉的问题"，对于用"个人事业经营的问题"来解决这一点上仍有局限，另一方面新政"否定了个人主义的不干涉主义，为了消除不平等，政府处于积极参与"的立场。③然后，由其推导出的结果受到如下文的牵制。

　　但是，随着这个政策的进行，根本谈不上自由范围的扩展和自由意义的扩大。为了社会保障，自由渐渐受到限制，而关于自由的限制和自

① Westbrook, Robert B., *John Dewey and American Democracy*, op. cit., p. 440.
② Ryan, Alan, *John Dewey and the High Tide of American Liberalism*, op. cit., pp. 245-314.
③ Dewey, John, "Future of Liberalism," op. cit., p. 258.

由的欠缺，以及更多人积极参与文化的自由没有被论述。结果是，自由只将经济的观点作为对象，导致下次变得只考虑计划经济。但是，如果自由主义继续保持现状的话，我认为它也难逃毁灭消失的一天。①

杜威对于新政的批判是针对一系列的政策中没有植根于公众社会参与和文化创造活动的事物。他认为，和不干涉主义一样，新政是将"自由"和"平等"用"经济的观点"解决，是与人们的"社会行为的组织化"相差甚远的颠倒错乱的系统。②1936年10月22日，杜威再次给罗斯福总统寄送了信件，原因是得到了罗斯福总统将会受邀出席10月28日在纽约自由岛上举办的自由女神像竣工50周年纪念庆典的消息。杜威认为，自由女神像是"从压迫中解放"和寻求"机会平等"的数百万移民的重要"象征"，美国是"被压迫者的逃难地"。他指出，这个传统在20世纪30年代的世界形势中濒临危机。他希望总统在庆典中坚决反对当时正在扩大的对外国人和其他人种的排斥现象，保障"移民的机会平等"，继续坚持将美国成为"政治、宗教逃亡者的避难地"这一"值得骄傲的原则"，并对此原则发出积极的宣言。杜威向总统诉求，希望每个人都不会甘受不平等和不公正，都能参与社会的民主主义体系中。③

1937年2月23日的《纽约时报》提到了有关杜威主张的矛盾点，即杜威对联邦政府的要求和他有关学校教育的主张之间存在着矛盾。根据新闻所刊登的内容，1937年2月22日，杜威和31名教育相关人士在新奥尔良市举行了集会。这次集会的内容是关于最高法院法官的任用问题，教育者们通过电报把能够代表"多种利害关系"的特定人物的任命请求名单发送给了罗斯福总统。根据新闻报道，在此集会中杜威还进行了有关学校教育的演讲。具体内容是："他谴

---

① Dewey, John, "Future of Liberalism," op. cit., p. 258.

② Dewey, John, "Future of Liberalism," op. cit., pp. 258-260.

③ John Dewey to Franklin D. Roosevelt, October 22, 1936, *The Correspondence of John Dewey*, vol. 2.

责了'以爱国心为名进行的狭隘的民族主义和现有的经济体制相关','大多数学校中开展的是填鸭式教育'的现状，主张'学校必须自由'"。关于新奥尔良集会上这两个议题得出的结论，《纽约时报》在新闻结尾以夹杂讽刺的形式写道，杜威在主张"给孩子们灌输知识是错误的"、"应该允许孩子们自己独立思考"的同时，却主张"给最高法院的法官进行填鸭式教育是正确的"，他认为"虽然学校应该自由，但是法官不应该这样"。①

1937年李普曼公开发表了《良好社会的原理性研究》，杜威在《常识》第12期中发表了《自由主义的空白》（1937）的书评。李普曼认为，围绕20世纪30年代经济危机和新政的变化在反复进行着。虽然他当初对罗斯福展开了尖锐的批判，但是在新政开始和初期阶段他又表明了一定的支持。然而，在《良好社会的原理探究》中，他把新政视为社会主义的"计划经济体制"进行了严厉的批判。②尽管在书评中杜威对于李普曼的见解进行了高度评价，但同时也表述到，其解决方案是"观念性的空论"。杜威指出，李普曼迫于在官僚们控制的"极权主义国家"（totalitarian state）与因"个人权利和义务"的调整而产生的由"法律"支配的"自由主义"之间做出选择，于是他假定后者的社会为"良好社会"（good society）并加以推进。对此，杜威批判，无论李普曼的意图是多么正确，但仅追溯过去而承认了"现状"，只不过是在煽动保守的"反动势力"中做出了不充分思考的二择一，就其"目的"而言并没有提供具有实践意义的有效的"手段"。

杜威认为，李普曼主张的不足之处在于将民主主义的规范准则还原为"法律制度"的确立，而将除此之外的人类活动和关系空间断定为次要的事物。杜威说："无论多么积极的法律制度之上都会存在更高层次的法则"。那

---

① "Dr. Dewey Regulates Judges. But Not Children, " *New York Times*, February 23, 1937, p. 26.

② Lippmann, Walter, *An Inquiry into the Principles of the Good Society*, Westport, Conn.: Greenwood Press, 1973.

就是相对于"促进和支持纯粹地带来个人利益的欲望、活动、制度",更提倡"人类同伴之间的羁绊、关联、相互依存的优势地位"的"法则"。杜威认为,李普曼个人主义的"自由主义的空白"存在于与人们交往中所产生的"羁绊""相互依存"行为相关的领域中。正是追求这种"高度的法则",才让我们认识到要填补传统"自由主义的空白"部分。[①]

（3）列夫·托洛茨基审判

杜威不仅关注国内局势,还对瞬息变化、剑拔弩张的世界局势展现了其敏锐的反应。他将其中一个批判对象指向了制定1936年苏联新宪法、开展"大清洗运动"（Great Purge）,并强化了对国家进行强权治理的斯大林（Iosif Stalin,1879—1953）政权。斯大林1922年就任联共（布）中央总书记,1924年列宁（Vladimir Ilyich Lenin,1870—1924）去世后,他取得了党内权力斗争的胜利并掌握了实权。1928年领导制定了第一个五年计划（*First Five-Year Plan*）,实施了农业集体化等国家统筹的长期经济计划。杜威访问列宁格勒和莫斯科是处于该计划制定中的1928年7月的事情。因此,杜威根据亲身得到的经验向俄国善意进言。他特别赞扬了俄国的学校教育,并发表了由《列宁格勒给予的启示》《一个处于不断变动状态中的国家》《一个正在发展中的新世界》《俄国的学校正在做什么》《新时代的新学校》《伟大的实验及其未来》所构成的文章《苏维埃俄国的印象》（1928）[②]。杜威对俄国肯定的评价,美国的媒体也有所报道。1928年12月6日的《纽约时报》刊登了《杜威博士称赞俄国的学校》的新闻。文章中介绍了杜威认为俄国在"实验学校"方面取得了"显著的进步"。[③]

[①] Dewey, John, "Liberalism in a Vacuum A Critique of Walter Lippmann's Social Philosophy: An Inquiry into the Principles of the Good Society, by Walter Lippmann. Boston: Little, Brown and Co., 1937," *The Later Works*, vol. 11, pp. 489-495.

[②] Dewey, John, "Impressions of Soviet Russia," *The Later Works*, vol. 3, pp. 203-250.

[③] "Dr. Dewey Praises Russia's Schools," *New York Times*, December 6, 1928, p. 3.

但是，从20世纪30年代中期开始，杜威对俄国的态度发生了转变。随着斯大林势力的增加和斯大林被神化，杜威开始抱有疑问。1934年，斯大林的亲信基洛夫（Sergei Mironovich Kirov，1886—1934）被暗杀，对反对派的"大清洗"开始了。同年4月，杜威和伯特兰·罗素（Bertrand Arthur William Russell，1872—1970）以及犹太裔哲学家莫里斯·科恩（Morris Raphael Cohen，1880—1947）一同在杂志《现代月刊》中发表了文章《我为什么不是一个共产主义者》。[1]杜威还在1936年执笔撰写了《阶级斗争和民主主义的方法》。他的批判主要指向共产主义中"阶级斗争"的社会观。杜威认为，"资产阶级和无产阶级的斗争"决定了"全部的社会、文化制度的本质、发生、衰落"是"社会变化的源泉"的观点无法引起共鸣。他极力主张，取代"阶级的利害关系"，发展作为与"社会再组成"斗争中注意并积极相关策略的"民主主义方法"。[2]

杜威对俄国坚定的批判信念始于对列夫·托洛茨基（Leon Trotsky，1879—1940）的审判。托洛茨基以列宁接班人的身份在十月革命中发挥了指导性作用，但是列宁去世后，因为在与斯大林的权力斗争中败北而被党除名并驱逐国外。在1936年8月和1937年1月的莫斯科审判（Moscow Trials）中，以托洛茨基为首的旧布尔什维克党的多数党员被起诉并被宣判有罪。特别是托洛茨基涉嫌与儿子谢多夫（Leon Sedov，1906—1938）以合谋的形式，与希特勒和昭和天皇签订秘密协定，以相互约定在苏维埃解体后，将乌克兰割让给纳粹德国来换取德国和日本在反斯大林斗争中的援助。[3]托洛茨基逃亡到墨西哥申诉审判的不当性，力证自己的无罪。收到托洛茨基和支持他的团体的申诉后，美国国内设立了调查托洛茨基审判的真相和为托洛茨基辩护的美国委员会（The

---

① Dewey, John, "Why I Am Not a Communist, " *The Later Works*, vol. 9, pp. 91-95.

② Dewey, John, "Class Struggle and the Democratic Way, " *The Later Works*, vol. 11, pp. 382-386.

③ [日]片岛纪男：《托洛茨基挽歌》，第96—97页，同时代社2007年版。

American Committee for the Defense of Leon Trotsky）。1936年10月，杜威在这份号召书上签了名。次年2月，杜威与美国托洛茨基共产主义联盟（Trotskyist Communist League of America）的乔治·诺瓦克（George Novack，1905—1992）会面，并响应其要求，担任委员会主席一职。

1937年3月1日，在纽约举办的社会研究新学院（New School for Social Research）集会中，杜威进行了题为《为莱昂·托洛茨基辩护的美国委员会的目标宣言》的演讲。演讲中，他对于诺瓦克所认为的托洛茨基审判和20世纪20年代的"萨科-万泽蒂"审判类似的想法"发自内心表示赞同"。此外，他还代表委员会陈述到，"人类取得进步的真正的可能性"和"社会真理的确立和普及"是不可分割的，要强烈支持真理"因为含糊不清而处于争论的情况下"，"认识到这个真理"的重要性。并且他发表了在"多样的政治见解"共存的情况下，有必要"普遍地维护""政治逃亡者避难这项自古以来就有的权利"，即使是"因为犯罪嫌疑而受到指控的人"，在得到"与原告对质，申辩自己罪不属实的完全公正的机会"前，都不能从社会排挤非难他们的主张。①

接着，作为为了直接听取正在墨西哥逃亡的托洛茨基意见的真相调查委员会，对莫斯科审判中的列夫·托洛茨基组建了起诉调查委员会（The Commission of the Inquiry into the Charges against Leon Trotsky in Moscow Trials）。杜威在这个委员会中被选为主席。1937年4月5日，杜威抵达墨西哥城。意见听取从4月10日至17日在墨西哥城西南部科约阿坎区迭戈·里韦拉（Diego Rivera，1886—1957）的别墅中进行。里韦拉受立体画派的影响，是墨西哥革命下率领会话运动的核心壁画家，也是被托洛茨基的思想折服并与其交往亲近的人。调查委员会在八天的意见听证中，彻底地展开了调查。杜威在4月10日召开的会议上开始说明了"审判"和"陪审"都不是意见听证的目

① Dewey, John, "Declaration of Purposes by the American Committee for the Defense of Leon Trotsky," *The Later Works*, vol. 11, pp. 303–305.

的。他表示，"既不是为了替托洛茨基辩护或起诉"，"也不是为了宣告有罪或无罪的评议表决而来"。然后，委员会对托洛茨基进行了调查并对他的"证词"进行了"盘问"，目的是将调查结果报告给委员会的全体成员，传达了"人为地证实最大可能的真实"是"我们唯一的工作任务"的态度。[1]

回国后，调查委员会提出了从意见听证会的证词内容中得到的证据和结果，公开发表了主张莫斯科审判的不当性和托洛茨基无罪的《列夫·托洛茨基审判》报告书。[2]接着，调查委员会在1937年9月21日提出了最终报告书。报告书中指出，莫斯科审判的实际状态是没有为"确认真相而付出任何努力"，它"不是展现真实的审判"。然后发表了审判是"捏造"的，托洛茨基和他的儿子谢多夫在被指控的18项细目中都是"无罪"的。[3]但是，莫斯科的法院并没有接受这个结果，并进行了"大肃清"。[4]结果，杜威从对俄国状况的幻想中清醒，对俄国灰心且失望。因此，他逐渐被美国国内的共产主义者视为敌对人物。1937年12月19日的《华盛顿邮报》以《伟大的美国自由者约翰·杜威责难俄国的独裁政治》为题，介绍了对俄国的批判。[5]

（4）整体主义批判

杜威对德国、意大利和日本的形势也展开了批判。1937年11月，德意日缔结了《反共产国际协定》（*Anti-Comintern Pact*），开始了局地侵略。

---

① Dewey, John, "Introductory of the Statement of the Commission of Inquiry," *The Later Works*, vol. 11, p. 306.

② The Preliminary Commission of Inquiry, *The Case of Leon Trotsky: Report of Hearings on the Charges Made against Him in the Moscow Trials*, New York; London: Harper & Brothers, 1937.

③ Dewey, John, "Summary of Findings," *The Later Works*, vol. 11, pp. 321-323.

④ 托洛茨基在1940年8月20日墨西哥逃亡中，被苏维埃的特工拉蒙·麦卡德（Ramón Mercader, 1913—1978）暗杀。作为滞留在墨西哥的托洛茨基的相关研究，可以列举由小仓英敬撰写的著作。（［日］小仓英敬：《墨西哥年代的托洛茨基：1937—1940》，新泉社2007年版。）

⑤ "John Dewey, Great American Liberal, Denounces Russian Dictatorship," *Washington Post*, December 19, 1937.

尤其是希特勒在1935年3月单方面废除了《凡尔赛和约》，1938年3月吞并了奥地利。1937年12月6日，杜威向从德国逃亡的在普林斯顿高等研究院（The Institute for Advanced Study）任职教授的物理学家阿尔伯特·爱因斯坦（Albert Einstein，1879—1955）发去了电报。其内容主要是侵华战争爆发后，受到日本"性质恶劣的破坏行为"的影响，提倡应该联合抵制日本产品，拒绝向日本输出和贩卖武器，为阻挡侵略的步伐给予中国必要的支持。[①]1931年9月，日本通过关东军发动"九一八事变"，1933年3月退出国际联盟（League of Nations），1937年7月借由卢沟桥事变进入全面侵华战争时期。在这种情况下，罗斯福政府把经济危机后的国内经济复兴工作放在优先地位，对于法西斯各国的侵略扩张，贯彻不卷入不必要纷争的中立原则。美国国会在1935年8月，制定了禁止向交战国出口武器和军需物资的美国《中立法》（Neutrality Acts），1936年追加了禁止向交战国借款的措施条例。在一系列中立政策的背景下，美国国内对于参战普遍持否定的态度。1937年2月的舆论调查中，认为即使是欧洲再度爆发战争，美国也不应该参战的人达到了95%。[②]

一方面，杜威强烈反对参战；另一方面，他表示不应该默许侵略战争，而是应该为了"人类""和平"和"民主主义"的发展，探寻参战以外的方法。他把与发给爱因斯坦的电报内容相同的请求发给了印度的莫罕达斯·甘地（Mahatma Gandhi，1869—1948）和法国作家罗曼·罗兰（Romain Rolland，1866—1944）。[③]收到杜威的请求后，爱因斯坦也对提议表示赞同，并在信中写道，它的实行可能会推动形势的进展。[④]1939年5月，新成立了文化自由委员会（The Committee for Cultural Freedom），杜威就任主席。委员会成立之

---

① John Dewey to Albert Einstein, December 6, 1937, *The Correspondence of John Dewey*, vol. 2.

②［日］油井大三郎：《好战的共和国美国——追寻战争的记忆》，第138-143页，岩波书店2008年版。

③ John Dewey to Albert Einstein, December 6, 1937, op. cit.

④ Albert Einstein to John Dewey, December 7, 1937, *The Correspondence of John Dewey*, vol. 2.

际，杜威的弟子悉尼·胡克（Sydney Hook，1902—1989）竭尽全力，在5月15日的《纽约时报》上刊登了介绍文章。[①]另外，在5月27日的《民族》中，胡克以寄信给编辑部的方式刊登了该委员会《宣言》的全文。宣言的内容是，委员会企图在德国、意大利、苏联、日本和西班牙的"整体主义潮流"中，维护文化和艺术的"自由"。[②]5月31日的《新共和》第99期在题为《自由与常识》的编辑评论中，对文化自由委员会进行了论述。[③]

使标榜自由主义的《民族》和《新共和》两本代表性杂志的编辑部感到困惑的是，杜威的这个委员会将苏维埃包括在"整体主义潮流"内。其时间是在希特勒和斯大林之间签订《苏德互不侵犯条约》（*Molotov-Ribbentrop Pact*）前的3个月左右。特别是《民族》杂志社社长弗雷达·柯奇伟（Freda Kirchwey，1893—1976）一方面严厉谴责德国的"极权主义"，另一方面支持"反法西斯主义人民战线"的重要据点苏联，提倡斯大林主义和新政的"结合"，为此展开了激烈的论战。不仅是柯奇伟，被称为自由主义的美国知识分子中很多人都表明支持斯大林主义的立场。因此，文化自由委员会将苏联列入"整体主义"并定罪这件事不仅使柯奇伟等自由派感到惊愕，更是触到了他们的逆鳞。[④]

在自由派人士极度的愤怒中，杜威在1939年5月26日给《新共和》杂志编辑部寄去了信函，对该杂志编辑评论中的观点提出了强烈的异议。杜威所提出的不同观点在于对文化自由委员会的主张，《新共和》杂志一方面认为美国是"完全自由"，另一方面却把德国、意大利和苏联视为"完全不存在自由"。

---

① "New Group Fights Any Freedom Curb,"*New York Times*, May 15, 1939, p. 13.

② The Committee for Cultural Freedom, "Manifesto,"*The Nation*, vol. 148, no.22, May 27, 1939, p. 626.

③ "Liberty and Common Sense,"*The New Republic*, vol. 99, no.1278, May 31, 1939, pp. 89-90.

④［日］秋元秀纪：《纽约知识分子的起源——20世纪30年代的政治和文学》，第24-25页，彩流社2001年版。

杜威对编辑评论的这个观点进行了抗议，他在信中写道："美国国内到处存在的危险是组建委员会的理由。"他并不认为美国"完全自由"。然后，杜威谴责了"法西斯主义"，并主张仅仅标榜"反法西斯主义"是不够的，有必要在国内"针对各种形式全体主义的影响"展开"积极有活力的运动"。①同一天，他将相同内容也放入了寄给胡克与其商议的信中。②杜威写道："对于威胁文化自由所有的危险，必须通过睁大眼睛警戒的精神来从事保障和扩大文化自由的任务。"他认为，实现"民主主义目的"的"民主主义方法"被看作保障和维持"人性力量解放""协作自由和自发协作"的"多元的部分的实验方法"。③在对斯大林主义和法西斯主义的理解方法上，杜威给出了与《民族》和《新共和》不同的见解。

直面国内和世界局势变化中，杜威一直坚持倡导开辟被激进扩张后的民主主义道路。在《民主主义是激进的》一文中，杜威论述道："民主主义的根本原理是只是通过适合所有人的自由和个性的目的这一方法来实现的。"他接着表述道："这个国家悬挂自由主义横幅的意义并不是与它在欧洲意味着与什么有关，而是在于强调信念的自由、议论的自由、集会的自由、教育的自由，强调反对镇压为了所有个人的终极自由而行使权利公共理性的方法。"在这一点上，杜威强调了"自由民主主义"是"社会的激进的事物"。他对于不干涉主义、罗斯福新政、斯大林主义、法西斯主义的看法，虽然程度有差异，但都持批判性意见。杜威探寻了重新构建民主主义和公共性的新政策，认为它存在于把"教育"作为"再生自由主义"的"第一目标"的政治和社会脉络中。④

---

① John Dewey to New Republic, May 26, 1939, *The Correspondence of John Dewey*, vol. 2.

② John Dewey to Sidney Hook, May 26, 1939, *The Correspondence of John Dewey*, vol. 2.

③ Dewey, John, "Democratic Ends Need Democratic Methods for Their Realization," *The Later Works*, vol. 14, pp. 367-368.

④ Dewey, John, "Democracy Is Radical," op. cit., pp. 298-299.

第 2 节　活动型共同体的创造

1　萌芽期的共同体学校政策

1929年不论对于美国社会还是杜威，都是具有分水岭意义的一年。在经历10月24日和29日纽约股票市场大跌前的10月20日，杜威迎来了他的70岁生日。1929年2月，以纽约市教师工会的主席林维尔①为首，提议举办祝福杜威70岁寿诞并表彰他的多彩活动的盛大庆贺会。4月19日，在纽约的市政厅俱乐部（Town Hall Club）举行了午餐会，有23人出席。本次庆贺会是由庆祝约翰·杜威70岁华诞全国委员会（The National Committee for the Celebration of the Seventieth Birthday of John Dewey）并组织策划的。②

杜威在哥伦比亚大学师范学院的同事威廉·克伯屈被选为全国委员会的主席，林维尔被选为负责人。萨蒙·莱文森（Salmon O. Levinson，1865—1941）、查尔斯·比尔德（Charles Austin Beard，1874—1948）、詹姆斯·塔

---

① 林维尔在哈佛大学取得硕士学位后，一边在纽约市的德维特·克林顿高中和牙买加高中作为生物教师执掌教鞭，一边担任纽约市教师工会的主席直至1935年。1931年至1934年还担任美国教师联盟（American Federation of Teachers）的主席，还从事联盟的机关杂志《美国教师》的编辑。杜威20世纪20年代一直在纽约市教师工会进行演讲和支援，而且30年代在《美国教师》中投稿，由此杜威与林维尔关系亲近起来。（Linville, Henry R., *The Biology of Man and Other Organisms*, New York: Harcourt, Brace, 1923.）

② Linville, Henry R., "Inaugurating the Plan," *John Dewey: The Man and His Philosophy, Address Delivered in New York in Celebration of His Seventieth Birthday*, Cambridge, Mass.: Harvard University Press, 1930, pp. 1–2.

夫茨（James Hayden Tufts，1862—1942）、杰西·纽伦、阿尔伯特·巴恩斯、瓦尔特·李普曼、诺曼·托马斯等与杜威私交颇深的有识之士担任委员。创先领导了进步学校的相关教育人士中，有机教育学校的马丽埃塔·约翰逊；城市乡村学校的卡罗琳·普拉特；作为教育研究家以普拉特的游戏学校为据点设立了教育实验办公室（The Bureau of Educational Experiments），为了给城市乡村学校取得实践、财政的支持，后来创办了银行街学院（Bank Street College）的露西·米切尔[①]；开发了道尔顿实验室计划（Dalton Laboratory Plan），在道尔顿中学展开实践的海伦·帕克赫斯特（Helen Parkhurst，1887—1973）；从事社会课课程内容开发的师范学院教授哈罗德·拉格（Harold Rugg，1886—1960）等人被选为委员。

庆贺会从10月18日傍晚开始，一直举行到19日，由教育、哲学和社会福利三个分会议构成。其主题分别是：第一部分"杜威教授对教育的贡献"，第二部分"杜威教授对哲学的贡献"，第三部分"杜威教授对社会福利的贡献"。第一部分和第二部分在霍拉斯·曼学校（The Horace Mann School）的礼堂中举行，第三部分采用与午餐会相结合的形式在星座酒店（Hotel Astor）举行。[②]在第一部分分会议上，纽伦演讲的标题为《约翰·杜威对学校的影响》。他作为科罗拉多州丹佛市的教育行政长官，主持了被称为"丹佛计划"

[①] 根据露西·米切尔在1949年10月《新共和》中撰写的回顾性专栏，米切尔和杜威的相识开始于1893年他自己15岁时杜威和杜威的夫人来父母家访问用餐。米切尔叙述到，不仅是因为自己与芝加哥大学的杜威的弟子、活跃的经济学家韦斯利·米切尔（Wesley Clair Mitchell，1874—1948）结婚，而且杜威对自己作为教育研究者的人生也受到了很大的影响。她回顾道："在有关儿童的学习过程和人类与环境相互作用的研究思路上，约翰·杜威的影响对我来说不可或缺。"米切尔具体举出杜威指导了银行街的研究和给自己看了《对"人性"古老假说的挑战》的例子。最后，她在结尾中写道，"从很多枷锁中将我的精神解放，扩展了我有关教师工作的思考方法，对此我十分感谢杜威先生"，对于自己作为受杜威影响"经历了文化变化的一代人感到十分高兴"。（*The New Republic*, vol. 121, October 17, 1949, p. 30. ）

[②] Linville, Henry R., "Inaugurating the Plan," op. cit., pp. 1-2.

（Denver Program）教学课程的修订，1924年至1925年担任全国教育协会的主席，1927年作为教育行政学者不仅担任了母校哥伦比亚大学师范学院的教授还就任了哥伦比亚大学实验学校林肯学院（Lincoln School）的校长。[①]演讲中，纽伦指出了杜威教育理论的四个原理，分别是：比"关注教材"更重视"孩子的成长"，将"教师的注意"转向"孩子的本性和需求上"；将教育看作"经验的过程"；"课程内容"的构成原理"不是学习者外部的某项事物"，而是倾注了与学习者学习的事实相一致，并与自己的成长相结合的"兴趣"和"努力"；提倡作为"社会制度"的"学校新理论"。纽伦认为，杜威创造的作为"雏形的共同体"（embryonic communities）的学校推动了改革的进行。

纽伦的演讲中值得刮目相看的是，作为教育行政学者的他提及了杜威教育理论在学校行政方面的重要性。据纽伦称，20世纪初的"优秀公立学校的行政系统"是"几乎听不到教师声音的慈悲的专制统治"，"指导纲要和所有手续都是由行政官的命令所决定"的。此外，他还认为，受杜威教育理论的影响，"教师获得了新的地位"，"行政民主主义"和"教师参与行政"成为"现今的口号"。在进步主义的学校系统中，"教师"被认为是"教学课程的制定者"，"教育实践的决定者"。纽伦在学校里实际上已经开始了"教学课程不断修订的程序"，因此，包括主席在内的全体委员都理解并肯定了由教师组成的成员构成的委员会。[②]

从事教育史研究的格鲁曼将纽伦的学校行政与查尔斯·贾德（Charles Hubbard Judd，1873—1946）的学校行政进行了对比论证。根据格鲁曼的研究，贾德作为杜威调动到哥伦比亚大学后的接任者前往芝加哥大学教育学院赴

---

① 据研究美国教育行政学历史的日本学者中谷彪论述，作为担任"杜威派左派的论客"的纽伦，"试图实现"以"民主的信念"为基础的"面向社会改造的教育行政学的构筑"。（［日］中谷彪：《美国行政学——纽伦和康茨》，第64~70页，溪水社1998年版。）

② Newlon, Jesse H., "John Dewey's Influence in the Schools," *John Dewey: The Man and His Philosophy, Address Delivered in New York in Celebration of His Seventieth Birthday*, op. cit., pp. 37-64.

任，但当时他所进行的尝试是"尽快除去杜威思想的道路"。贾德批判了以学习者为主体的儿童中心论，通过援引心理学的统计方法和科学研究，选择一条以实现"教育的专业化"为目标的道路。格鲁曼认为，与强调"教学课程改革教师参与的积极优势"和推进"由教师引导教学课程的修订"的纽伦相比较，贾德明确区分了"教师"和"研究者"的角色，推动促进了"专家引导教学课程修订"。格鲁曼指出，虽然贾德和桑代克同为心理学家，是"竞争对手关系"，但是与杜威和纽伦相对立，将"统筹实验和统计测定"作为"教育研究的本质手法"来使用，通过"心理学"促进"教育研究的专业化"这一点上，两人有共同的利害关系，意见一致。[①]在演讲的最后，纽伦致颂词，盛赞杜威"作为教育哲学家是世界上少有的富有创造力的思想家"[②]。

在第二部分分会议上，乔治·赫伯特·米德（George Herbert Mead，1863—1931）演讲的题目是《美国背景下的罗伊斯、詹姆斯、杜威的哲学》[③]。米德比较了美国和英国的历史背景，他指出与英国传统价值观和对古老秩序的劝服和斗争中发展起来的相比，美国社会是基于"清教徒主义的哲学"和"城市会议的民主主义"进行的开拓。米德认为，促进杜威从"观念论"向"道德行为的心理学分析"发生转变的不是"从各种目的的矛盾中发现问题"，而是作为"行为中个人的直接道德问题"将"知识的功能在活动中"予以理解的美国大

---

① Lagemann, Ellen C., *An Elusive Science: The Troubling History of Education Research*, op. cit., pp. 41-123.

② Newlon, Jesse H., "John Dewey's Influence in the Schools," op. cit., pp. 37-64.

③ 既作为社会心理学家也作为实用主义者活跃的米德，作为哲学和心理学的讲师被聘进密歇根大学，和杜威成为同事。米德和杜威都在1894年调入了芝加哥大学，他们十分有缘分，当时住所也是相邻的，家庭之间相互走动，关系十分亲密。而且，研究上也相互刺激，杜威受到了米德很大的影响。1931年4月26日米德去世，杜威在芝加哥大学校内邦德教堂中举办的米德葬礼上进行了追悼演讲。他说，和米德的友谊是"最珍贵的财富"，即使他离世也会成为"不会削减其力量和模糊其实际存在"，"无可取代的记忆"继续存在。（Dewey, John, "George Herbert Mead as I Knew Him," *The Later Works*, vol. 6, pp. 22-28.）

背景。米德还认为，从"目的"和"手段"的关联来看，思考杜威的哲学对"道德的假说及才智的验证"方面能否发挥作用，是"在美国共同体精神中广为人知的一种成熟的方法"，"从更深层次的意义上说，杜威是美国的哲学家"。[①]

在第三部分的分会议上，简·亚当斯发表了题为《约翰·杜威和社会福利》的论文。在文中亚当斯提到，杜威在自己1889年芝加哥开设的社会福利救济设施的赫尔会所中担任委员会的理事，并回忆杜威与其他大多数的理事不同，对于救济活动非常热心。她提到，杜威在频繁出入朱莉娅·莱罗普（Julia Lathrop，1858—1932）所创立的柏拉图俱乐部（Plato Club）里，每周日下午赫尔会所的救济所里会有一些讨论哲学或宗教的老人聚会，亚当斯分享了即使是有时因为猛烈的暴风雨，认为只有"怪人"才会参加聚会的日子里，杜威也会前来参加的逸事。

之后，亚当斯提到了有关杜威同样在芝加哥大学开设实验学校的事情。她认为，芝加哥大学实验学校的"教师和孩子的自由和信赖的环境"和"教师和学生一起生活相互关心的环境"的原理与社会福利中，"社会工作者和受助者的关系"相同，给社会带来了很大的影响。"共同体的福利"在"依靠相互努力的公共的责任"中得以实现。亚当斯还介绍了杜威"因为沟通交流处于被破坏的空洞状态"，因此，"社会理性"无法发挥作用，要恢复其功能，作为"公共事物"的媒介的发声必不可少，她认为这个思考方式将成为"宣传标语之一个"。根据亚当斯对杜威的理解，可以认为教育和社会福利的连接点在于植根于"沟通交流"和"信赖"中的"共同体"的活动，以"公共事物"和"公共责任"为基础的社会活动。[②]

---

① Mead, George H., "The Philosophies of Royce, James, and Dewey in Their American Setting," *John Dewey: The Man and His Philosophy, Address Delivered in New York in Celebration of His Seventieth Birthday*, op. cit., pp. 75-105.

② Addams, Jane, "John Dewey and Social Welfare," *John Dewey: The Man and His Philosophy, Address Delivered in New York in Celebration of His Seventieth Birthday*, op. cit., pp. 140-143.

亚瑟代尔共同体学校二年级的学生进行亚瑟代尔的村庄建设。(Clapp. Elsie Ripley, Community Schools in Action, New York: Armo Press, 1971, pp. 142-143.)

亚瑟代尔共同体学校四年级学生上演的戏剧，再现开拓者在木屋的家庭生活。(Clapp. Elsie Ripley, Community Schools in Action, New York: Armo Press, 1971, pp. 142-143.)

　　庆贺会最后以杜威向全体人员致谢辞的形式结束。[①]这些演讲收录在《约翰·杜威的人与哲学——纪念70岁生日在纽约举行的演讲》(1930)中，由哈佛大学出版社出版。迎来70岁生日后，杜威向哥伦比亚大学提交了退休申请，他是1904年从芝加哥大学调动过来后一直在此工作的。杜威和大学校长尼古拉斯·巴特勒 (Nicholas Murray Butler, 1862—1947)[②]商量后，答应以担任驻校荣誉退休哲学教授的方式作为受理辞呈的条件，并留在"莫宁赛德高地"(Morningside Hill)，继续进行研究和指导研究生。1930年3月3日，大学评议

---

　　① Dewey, John, "In Response," *John Dewey: The Man and His Philosophy, Address Delivered in New York in Celebration of His Seventieth Birthday*, op. cit., pp. 173-181.

　　② 巴特勒1902年就任哥伦比亚学院校长，之后发展为哥伦比亚大学，一直担任校长至1945年。他积极参与和平运动，推动了为了国际和平的卡内基基金会 (Carnegie Foundation) 的创设。巴特勒的成就可以从他在杜威从哥伦比亚大学退休后的次年1931年，与亚当斯一同被授予诺贝尔和平奖看出。巴特勒和亚当斯获得诺贝尔和平奖时，杜威给亚当斯发了电报，提议在纽约举办庆祝会，但是因为亚当斯在疗养中而没有能够实现。(John Dewey to Jane Addams, January 19, 1932, *The Correspondence of John Dewey*, vol. 2. Jane Addams to John Dewey, January 20, 1932, *The Correspondence of John Dewey*, vol. 2.)

会受理了辞呈，6月30日杜威从哥伦比亚大学退休。①

2　反省型思考与学习活动的形成

1931年3月11日，在哈佛大学举行的有关中等教育的演讲中，杜威发表《摆脱教育混乱之路》。其中论述道，美国社会正处于"明显的教育混乱之中"，既要求增加与升学和学科相关的课程选择，又要求所谓"教养教学"及"自由教育"和所谓"实用教育"的"冲突"。但是，无论是主张传统教育的一方还是提倡教育革新的一方，在都不满足于现状这一点上是一致的。所以，问题的关注点不应该放在"为了保证教育的结果采用这样和那样的方法"，而应该放在能够展现学校教育展望的"理念"和"目的"上。

杜威提倡以儿童的学习为核心的教育方法。他对"一种治学"（a study）"学习"（study）和"习得"（learning）之间的区别进行了趣味颇深的考察。他认为，"一种治学"指的是"从其他科目中分离，其本身作为一个单元被对待的学科的限定性集合体"，而"学习"就是指"进行学习"（studying）这个行为。例如，虽然医生"在医学学校学习'医学'"，实际上他还在那里"学习了"和"患者"的关系以及"除此之外的很多事情"；律师为了使法律的"学习"发挥效果，学习"其他大量的事情是很有必要的"。同样，虽然父母没有专门学习"心理学"和"社会关系"，但在"承担作为父母的责任中"得到了与之相关的学习。

杜威还指出"学习"和"习得"含义不同。他认为，"学习"不仅是"积累传达的知识的集合"，还表现了"在今后的应用和为了今后的应用中，感知理解并记忆的行为"。杜威说，历史、地理、代数、植物学等附加在教科书

---

① 杜威1930年11月被巴黎大学授予名誉博士学位。在此期间，他旅居巴黎和维也纳。他1932年6月被哈佛大学授予法学博士学位。

上的学科的名称，很容易将"学习"的对象缩小为"就在身边的，进行适当的归纳，然后适当分割的事物"，有把"学习的行为"限定在利用"与其他事物分离的统一教材"的倾向。对此，他主张有必要"通过知识和专业技能的方式的解放来破坏"这种考虑方式。而这种"破坏"是对"实际教材种类多样"的肯定，"即使是标题的名称保持不变"也是同样的事物。之所以"对名字的执着"并不是那么重要，是因为即使是"保持标题不变"，"区分"继续存在，"内容"也会有多彩的变化。杜威认为，"知识的现实的发展"中必要的不是"单纯的事实和原理的扩张"，而是"相互参照、相互依存和相互关系的不断发展"。[1]他写道：

> 我期待我的要点变得十分明确了。在技能、技法和知识的教材相互编织、相互依存的情况下，仍然固执于把众多画地为牢的学科作为基础所形成的政策，正在使我们的中等教育和大学教育的学习回归到如现在所处的混乱状态之中。[2]

杜威把"混乱的原因"看作学科课程的增多和多样名称的导入，是源于很多学校对"孤立的学科的分类和区分"的固执，这种做法是忽视"学科间实际存在的相互关系和相互依存"而导致的。同样的批判还指向了"新的'实用'学科"。其原因是一边否定了沿袭传统的学科区分，一边创设了大量的学科课程，并通过促进各式各样的分割，使得各种学习内容变成了"贫乏表面的事物"。他认为，无论是哪一方，共通的失败都是来源于"学科间的隔阂"。与之相对的，他支持"许多小学校尝试采用的'课题'（project）'问题'（problem）或是被称作'状况'的方法"的社会实践活动。然后他论述

---

[1] Dewey, John, *The Way Out of Educational Confusion, The Later Works*, vol. 6, pp. 75-80.

[2] Dewey, John, *The Way Out of Educational Confusion, The Later Works*, vol. 6, p. 81.

道,"教材的重组"是推进"自然与人类、知识、社会关心及应用的""理性活动",从"新的目的"观点出发并加以落实的事业。他认为,"变化从许多方面来说是带有革命性的",它的实现离不开"长时间的坚持"和"协调合作的态度"。①

1933年,杜威出版了《我们如何思维》。该书为1910年出版的《我们如何思维》的修订增补版,被高度评价为提示了"问题解决学习"的原理。特别值得一提的是,在作为"思考的最优方法"之前展开了"反思"观念的相关论述。如同已经探讨的那样,1929年庆贺杜威70岁寿诞的宴会上,纽伦一边援引了《教育中的道德原理》,一边悲叹了"学习和活动的分离"现状,并从克服此问题的角度讲解了有关"反思"概念的意义。《我们如何思维》中,杜威强调了"学习就是学会思维","教育理性的一面"是"养成反思习惯"。他认为,"反思"是从不确定的"困惑""混乱""疑问"中,以"结果"为目标从事的"一系列的有关联"的"探究"。

并且,关于"反省活动"(reflective activity),是指在"疑惑、纠结、混乱的状况"中,将"应该被解决的问题"的"'前'反省活动"和"明朗统一已经阐明的状况"的"'后'反省活动"分为"两个阶段"。杜威对"反思"提出了如下"五个方面",即"建议"(suggestion)、"理智化"(intellectualization)、"指导性理念"(guiding ideas)的"假说"(hypothesis)、"推论"(reasoning)、"通过行为验证假说"(testing the hypothesis by action)五个方面。依据这个观点,作为"学会思维"的"学习",与作为"最优方法"实施的"行为"相关联而进行的"反思"和"反省性活动"是十分重要的。②

关于"活动",全国教育研究协会(National Society for the Study of Education)的杂志中发表了杜威的文章《活动运动》(1934)。他指出,"活

---

① Dewey, John, *The Way Out of Educational Confusion, The Later Works*, vol. 6, pp. 81-89.

② Dewey, John, *How We Think: A Restatement of the Relation of Reflective Thinking to the Educational Process, The Later Works*, vol. 8, pp. 105-352.

动"这个词所展现的意义太广，作为"单纯的活动一般的概念"没有"任何明确的教育价值"。换言之，否定了被动的"'内在'行为"，强调明显表现在外部能看见的"身体活动"；希望探究"具体明白的结果"并应用于"教育的'目标'和'目的'"；尊重"儿童的需求、偏好、经验"；尊重"社会的价值和请求"。其中有必要"采用多样的观点应对多样的活动方式，并进行区别和研究"，考察了应该将怎样的"活动原理"导入教育实践。[1]

杜威还在1934年7月南非开普敦和约翰内斯堡新教育联谊会举办的教育会议的演说中，谈到了有关创造植根于活动和共同体学习环境的必要性。新教育联谊会（New Education Fellowship）主办的这次会议获得了卡内基基金会的赞助，杜威的演讲《学习是什么？》和《在活动中的成长》后被收录在全国教育委员会（National Commission of Education）创立人之一、热心于南非教育的恩斯特·马勒布（Ernst Gideon Malherbe，1896—1983）编的《变化的社会中教育的适应》（1937）一书中。[2]

在《在活动中的成长》中，杜威谈及了与活动相关联的"儿童自然发展的三个阶段"。第一是"与结果无关的活动"，出生后最初的多年间"活动成为了给予自身满足"的事物。以年幼的儿童使用水彩颜料绘画为例，儿童除了关注于实际对象物的构成比率和自己所描绘的作品，还可以发现他们的作品都集中在"表现自己内心所感所思的过程"。"活动"被认为"对于唤起儿童的感情，激发他们对生活的自由想象很有必要"。第二是"根据成果统筹活动"。儿童意识到"活动的成果"，就会"以成功为目标给活动定好方向"。在这一过程中，"完成"和"目的"的意识也在渐渐萌发。所以，如果教师没有察觉到儿童想有所成就的意识并给予帮助，这个时期的儿童就会逐渐失去兴

---

[1] Dewey, John, "The Activity Movement," *The Later Works*, vol. 9, pp. 169-174.

[2] Malherbe, Ernst Gideon, （ed.）, *Educational Adaptations in a Changing Society*, Cape Town; Johannesburg: Juta and Co., 1937.

趣，可能从学习活动中慢慢离开。第三是"符号的应用"。"符号"的世界和人们开始说话一同被导入，在阅读的学习中被意识性活用。这是与"人类的意识性和才智性的发展"相关联的事物。杜威认为，这些类型并不是"明确的区分"，只是存在不同的"要素"。而且，教师们需要做的是，对儿童"支配性的倾向"进行适当的观察、理解和帮助。[1]

接着，在《学习是什么？》中，"学习"被解释为"为了满足所做活动的要求而使用必要的力量的行为"。也就是说，"学习"是展现"构成现实的必要性并引导其方向的内在力量"的活动，是"教材和对象的存在，或是实现冲动的手段"，特别是在幼儿时期，"相比外在的东西，内在的成长"成为"成功的标准"。在杜威看来，"基于学习的真正学校"的实现，是学习者通过理解和活用自己的力量学习，逐渐明确个人的性格，并转移到社会参与的共同体中。[2]

3　埃尔茜·克拉普的共同体学校

受杜威有关学校改革实践思想的影响，他在哥伦比亚大学的学生埃尔茜·克拉普做了一个尝试。克拉普从1907年至1912年在师范学院接受杜威的指导从事教育哲学的研究。她在作为杜威讲课的助教的过程中，对进步教育理念产生了共鸣，逐渐认识到以共同体为基础进行学校改革的必要性。1939年克拉普撰写记录了有关自身实践的《共同体学校的活动》时，杜威为她撰写了"前言"，从中可以看出杜威对她的信赖。[3]

1923年，克拉普被聘为卡罗琳·普拉特的城市乡村学校的教师。在这所担负着进步学校推进力的学校里，克拉普希冀与普拉特、露西·米切尔、玛丽

---

[1] Dewey, John, "Growth in Activity," *The Later Works*, vol. 11, pp. 243-246.

[2] Dewey, John, "What Is Learning？," *The Later Works*, vol. 11, pp. 238-242.

[3] Clapp, Elsie Ripley, *Community Schools in Action*, op. cit.

埃塔·约翰逊、威廉·佐拉奇（William Zorach，1887—1966）等进行交流，学习以儿童为中心的共同体学校的理想状态。克拉普通过城市乡村学校的经验，确信了进步学校的价值，最终获得了"共同体学校"的构想。然而，城市乡村学校的挑战也显示了改革的困难。例如，研究进步学校历史的山姆·斯塔克（Sam F. Stack Jr.）引用了克拉普的词语，指出一方面她和米切尔都"非常尊敬普拉特"，从经历中"学习了大量事物并感到了恩情"；同时对不接受疑问和议论，必须"强制服从于普拉特的态度令人不快"。据克拉普的表述，"不是大学毕业的美工老师"、表现出"对学术性训练的轻蔑"的普拉特，"对'普拉特'与杜威博士的合作感到厌恶"。1924年，克拉普与杜威商量，决定离开城市乡村学校去康涅狄格州的罗斯玛丽小学（Rosemary Junior School）任教。她在那所小学致力于基于杜威教育理念的学校改革，一直工作到1929年。[1][2]

在此期间，克拉普于1926年在《新时代》杂志上发表了《约翰·杜威对教育的影响》。文中她叙述到，杜威的思想"给美国的教育带来了及其重大的影响"，"使教育的实践与理论发生了急剧的变化"。她关注的是消除与内在和外在、主体和客体、精神和物质、个人和社会相关的"固定识别障碍"，提出以"反省性分析识别作用概念"的实用主义哲学为基础的杜威教育的思考方式，在此产生了重要影响。她认为，这是"杜威教授特有的贡献之一"，"杜威将儿童描绘出与他周围世界的关系"，同时也是在芝加哥大学实验学校"令人难以置信的惊人事件"中实现的。克拉普得出结论：凡是接触到杜威思想的人，"都会认识到他是在如何考虑实践状况中的所有因素后，做到更有保证性意义的事项，以及将哲学聚焦于表现真理的本质"。

---

[1] Stack, Sam F., *Elsie Ripley Clapp* （*1879—1965*）: *Her Life and the Community School*, New York: Peter Lang, 2004, pp. 125-137.

[2] Clapp, Elsie Ripley, "John Dewey's Influence of Education, " *The New Era*, vol. 7, no.27, July, 1926, pp. 124-126.

克拉普在1939年出版的《共同体学校的活动》中，关于自己在肯塔基州杰斐逊县的罗杰·巴拉德学校和西弗吉尼亚州利斯维尔阿萨代尔社区学校这两所学校进行的改革做了叙述。她回忆说，在罗杰·巴拉德学校理解了"共同体学校的本质和功能"，在阿萨代尔"构建共同体学校，把学校作为社会教育的代理学校来利用"①。克拉普在1929年至1934年期间担任罗杰·巴拉德学校校长一职。她就"共同体学校的概念形成"做了如下阐述。

与我们同在的共同体学校的概念，是从巴拉德学校和当时的状况中产生的。它最初是有关学校是怎样的场所，是做什么的场所的概念。后来发生了变化，部分源于教育在人们生活中真正起到作用的需求，部分源于人们日益增长的对美国的感受，以及人们关注文化、资源和地域间存在的差异所致。与我们同在的这个概念，是我们对40年前约翰·杜威将学校概念表达为一个社会制度的传承，并加以在乡村共同体中发挥作用的经验。某种意义上来说，这是我们在肯塔基地区或肯塔基学校获得成功的挑战中所学到的结果。②

克拉普还叙述了这所学校的课程。据她所述，授课主要聚焦于"肯塔基的生活和历史的各种阶段"。其"目的"是使"儿童获得了解他们生活的基础"。课程的具体学习内容是：一年级学生的"农业学习"，二年级学生的"乡村社区的学习"，三年级学生的"印第安人生活的学习"，四年级学生的"迁居到肯塔基的家人经历的再体验"，五年级学生的"现在和过去的年代中运输工具的学习"，六年级学生的"英国人、法国人、西班牙人移居地区的学习"和"希腊语和拉丁语的学习"，七年级学生的"州历史的学习"，八年

---

① Clapp, Elsie Ripley, *Community Schools in Action*, op. cit., p. 3.

② Clapp, Elsie Ripley, *Community Schools in Action*, op. cit., p. 48.

级学生的对"肯塔基开始引入蒸汽和电力，并将之应用于机械中的历史的学习"，九年级学生的"古代史"的学习等。在肯塔基的这所共同体学校中，学校、家庭和近邻的关系受到重视，教师不仅居住在学校附近，谋求与地区人们的交流，而且还从事着家长们共享、协助学校的工作，参与到培育孩子的工作中。她还指出："共同体学校的基础是共有的原理。"因此，"社会性功能学校"有必要开展与"社区人们合作性的工作"，"承担起有效促进孩子和成人共同解决社区问题的责任"，而这些责任也正是"学校本质功能计划中的一部分"。[1]

1934年至1936年，克拉普作为阿萨代尔社区学校的负责人而倾尽全力。阿萨代尔是1933年罗斯福政府下制定的《全国工业复兴法》的一个环节、即根据家庭援助政策接受政府公共援助的一个地区。为了在阿萨代尔建设社区学校，罗斯福夫人埃莉诺·罗斯福（Anna Eleanor Roosevelt，1884—1962）起了很大的作用。原本是教师的她于1933年8月18日访问了斯科茨兰，目睹了挣扎于经济萧条中的煤矿工人和他们家人的惨状。收到这份报告的罗斯福总统以促进由城市移居到农村为目的，推进了家庭教育的支持政策。因此，阿萨代尔选定150个家庭作为试点，这些家庭也是新政初期最初的家庭社区之一。1935年10月16日，埃莉诺·罗斯福请求杜威出席预定31日在白宫举办的阿萨代尔社区学校的常设顾问委员会（Permanent Advisory Committee）[2]。但是，杜威告诉总统夫人，因为11月1日他预定在克利夫兰美术馆举行讲演，所以不能参加此次会议。[3]

关于阿萨代尔社区学校的哲学，克拉普指出了以下几点：第一，"对民主主义的信仰"即"民主主义的手续支配学校的行政活动和教授活动"。第二，

---

[1] Clapp, Elsie Ripley, *Community Schools in Action*, op. cit., pp. 21-65.

[2] Eleanor Roosevelt to John Dewey, October 16, 1935, *The Correspondence of John Dewey*, vol. 2.

[3] John Dewey to Eleanor Roosevelt, October 24, 1935, *The Correspondence of John Dewey*, vol. 2.

"民主主义和自由成为自我实现的挑战"，强调了人们"真正的进步是他们自主活动和增长见识的结果"这一事实。第三，要理解儿童的存在是"拥有无限可能性的个人"。第四，学校在以"感情、理性、个性特征中的多样性"为前提的基础上，"以维持学生的个性为目的，允许学生适应社区生活"。第五，在学校的活动中，以"学生们完全且幸福的生活"为目标，提供"通过个人和特别负责的团体的协同努力创造广泛的表达机会"。学校的课程内容不是在"传统正式的学习指导要领"和"标准的学年制和学生的分组"中规定的，而应该基于"社区的特别的必要性"。"社区活动"被认为从"儿童获得教育经验的实验"中形成。此外，与"传统继承的事项"相比，"学生和社区的必要性"更应成为学校行政工作的核心。①

　　在《社区学校的活动》的"前言"中，杜威高度评价了克拉普的社区学校的实践。他对该书的出版表达了喜悦之情，回顾了自己访问阿萨代尔是"最愉快的视察"，表达了"能鲜明地回想起和作者展开富有刺激性对话"。杜威认为，如果将这本书视为"社区教育学领域中非常重要的尝试性记录"的话，虽然"听起来像是有其他作用的领域"，但"实际上不存在这样的东西"。杜威指出："如果学校值得社区学校的名号，那样所有的事物都会变成如说过的事物一般"，这本书正确描绘了"与执行这项功能的学校的观点相关的事情"。他还指出，虽然"今天，关于学校的社会功能，很多事项被倡议"，但是该书在记述"实际上是怎样做的"这一点上出类拔萃。"第一教训"是"只有学校为了社区的目的在社区中发挥作用的时候，学校才能在社会上发挥功能"。杜威认为，"学校是社区生活的部分"，学校和社区的关系是"双向的过程"。他还认为，克拉普的书是"为构建民主主义的生活方式而实践教育所起的作用的证明"②。

---

① Clapp, Elsie Ripley, *Community Schools in Action*, op. cit., pp. 72-74.

② Dewey John, "Forward," Clapp, Elsie Ripley, *Community Schools in Action*, op. cit., pp. ⅶ-Ⅹ.

　　杜威致力于创造协同活动的学习实践，希望实现学校在社区和联盟中再生。他在1939年10月21日给克拉普的信中称赞《社区学校的活动》是一本"值得关注的、与教育资源主题相关的著作"，并阐述作为"下一个阶段"，"教育者为了教育目的"有必要"把握自己自身社区资源的重要性"。①克拉普的社区学校改革是在杜威教育思想的启发下而展开的。她在罗杰·巴拉德学校和阿萨代尔社区学校中的活动轨迹表现了其具体的尝试。杜威对于自己学生克拉普的学校表示了极大关心，并支持了她的改革实践。

---

① John Dewey to Elsie Ripley Clapp, October 21, 1939, *The Correspondence of John Dewey*, vol. 2.

第3章 学校公共生活教育意义的开创

第 1 节　学校与社会变化

本章主要从杜威的教育活动、演讲活动以及多次刊登于杂志上的论文专著等方面入手，探讨前几章中所提到的规模扩张后的民主主义与教育策略。20世纪30年代，杜威提出了这样的观点，教育是文化传承与再构成的过程，学校即公共行为的代理者。杜威在创建以民主主义与公共性为立足点的学校系统中倾注了大量的心血。

1　新理论视域的活动

（1）师范学院的教育研究

面对经济萧条后急剧变化的社会状况，教育学者及相关人士认为学校社会作用相关的根源性问题日益突显。其中在教育学研究中，肩负重任的就是哥伦比亚大学师范学院。即使杜威1930年在哥伦比亚大学师范学院卸任成为该校的驻校荣誉退休哲学教授，但引领哥伦比亚大学师范学院的教育学、心理学、社会学等各个领域的教授们依然深受其教育思想的影响。例如，当时师范学院的教师阵容中就有戴维·史密斯（David Eugine Smith，1860—1944）、弗兰克·莫顿·麦克默里（Frank Morton McMurry，1862—1936）、保罗·孟禄（Paul Monroe，1869—1947）、爱德华·索恩迪克、乔治·德雷顿·斯特雷耶（George Drayton Strayer，1876—1962）、尼古劳松·恩格尔哈特（Nickolaus Louis Engelhardt，1882—1960）、杰西·纽伦、哈罗德·拉格、罗伯特·布鲁斯·劳普（Robert Bruce Raup，1888—1976）、约翰·查尔斯、威廉·克伯屈、乔治·卡尔斯、埃德蒙·施万尼茨·布鲁纳（Edmund de Schweinitz Bruner，1889—1973）、威廉·弗莱彻·拉塞尔（William Fletcher Russell，1890—1956）、古德温·巴伯·沃森（Goodwin Barbour Watson，1899—1976）等同时代具有代表性的知名研究人员。

　　与社会现状发生急剧变化的1930年前后相比，师范学院中从事教育研究的教授们，在对19世纪以来以儿童为中心的进步学校进行社会改造的过程中寻找到了新的活力。1927年以来，以克伯屈为核心，拉格、卡尔斯、查尔斯、劳普、沃森、布鲁纳、纽伦等成员都会定期集会，就教育相关问题进行交流和探讨。他们原本都是在进步教育协会中起指导作用的研究人员，在经历了这个时期的社会与经济的变化后，他们都逐渐将研究重点转移到探究寻找通过教育进行社会改造的方法。鲍尔斯（C. A. Bowers）是研究经济萧条状况的进步教育协会的一员。他曾阐述，进步主义者虽然在构思新的教育方法中发挥了他们的卓越才能，但在明确表现教育目的上却不甚成功，对学校的社会责任是什么这一问题也几乎是缄口不言。强烈认识到此缺陷的代表人物就是克伯屈和他的同事们。根据鲍尔斯所述，在进步教育协会中，他们感到实施自身的主张是比较困难的。因此，他们采取了集团活动与全国教育协会的教育政策委员会（Educational Policies Commission）、美国历史协会的社会研究委员会（American Historical Association, Commission on Social Studies）、美国教育委员会的美国青年委员会（American Council on Education, American Youth Commission）等机构进行合作的形式来实施商谈。

　　卡尔斯在1932年4月出版的《学校能否建设新的社会秩序？》中，对学校与社会改造相结合给出了一个新的定向。其书也收录了1932年2月卡尔斯所做的三次演讲，即在巴尔的摩举办的进步教育协会大会中的演讲《进步教育能否保持进步》、在华盛顿特区召开的全国教育协会上所做的演讲《灌输式的教育与自由》与《文化、社会计划、领导能力》。卡尔斯强调，对于以儿童为中心的进步学校中存在的陷阱，应该从协会内部对其运行轨道进行修正。其批判要点在于，进步学校存活于富裕的经济状态之下，是一种适合持有自由主义观念的上层中产阶级的教育。①

> 如果进步教育真的是进步的，那么就有必要从该阶级的影响中走出，解放自身，就能够公正勇敢地面对所有社会问题，就能够在刻板的现实生活中同公共团体建立有机的联系，用现实的福利发展综合性的理论，凭借人类命运的魅力与力量创造具有挑战性的未来，无惧于现今以及以后持续存在的灌输知识与填鸭式的教学。换言之，进步教育无法信赖以儿童为中心的学校。②

卡尔斯就读于芝加哥大学期间，虽曾师从查尔斯·贾德，但与贾德的主张却并不相同。贾德主张通过心理学促进教育专门性以及对官僚性的控制管理，而卡尔斯则是基于社会学的角度进行问题设定。之后，就职于哥伦比亚大学师范学院的卡尔斯，于1927年、1929年、1936年三次访问苏维埃俄罗斯，并受到苏维埃教育的颇多影响。他认为，美国社会与民主主义相距甚远，究其原因主要是大家追求的是放任自流的"低俗的个人主义"。他主张通过构建集体主义式的教育来推动社会改造。所谓的集体主义，也就是能为集体所管理、所规划、相互合作依存的社会化经济。他还认为，所谓的"选择"并不是指"个人主义"与"集体主义"之间的选择，而是指"集体主义两种形态"的选择，即是选择"民主主义式的集体主义"还是"封建主义式的集体主义"，体现的是"集体的利益"还是"特权阶级的利益"。对卡尔斯而言，学校被赋予了社

---

① Counts, George S., *Dare the School Build a New Social Order?*, New York: Arno Press & The New York Times, 1969, p. 7.

② Counts, George S., *Dare the School Build a New Social Order?*, New York: Arno Press & The New York Times, 1969, pp. 9–10.

会性作用，也就是通过实现集体主义来进行社会变革。[①]

　　进步教育协会的社会经济问题委员会（The Committee of the Progressive Education Association on Social and Economic Problems）于1933年发表声明《面向全美教师的呼吁》。该委员会成立于1932年4月，卡尔斯担任该委员会主席一职。[②]这份声明阐述，面对经济萧条的现状，委员会希望通过教育推动新的社会改革，放弃以"经济个人主义"为中心的"自由主义的教义"，采用由"集体主义"的"社会计划经济原理"，旨在形成高度统一的社会秩序。《面向全美教师的呼吁》向教师们传递了非常重要的信息，那就是希望教师积极地参与重新构建"民主主义传统"，能够在建设新型社会中发挥积极的作用。这种对建立更好社会秩序的狂热，使教师们挣脱了企业利益支配的枷锁，并得以从"传统的教育哲学""学校手续""教师在社会中的地位"中走出，使教师以"文化传递者"或"社会价值观形成者"的形象立于世人面前。要实现这一目标，"具有进步主义精神的教师们"的孤军奋战还远远不够，而是需要战斗力强劲的组织团结起来共同实现。

　　这一连串的声明唤起了人们对通过教育改变社会，并为此注入了鲜活的力量。另外，由克伯屈编辑，杜威、查尔斯、劳普、俄亥俄州立大学的教授博伊德·博德（Boyd Henry Bode，1873—1953）和H.戈登·赫尔菲什（H. Gordon Hullfish，1894—1962）、道德文化学校的理事V. T. 塞耶（V. T. Thayer，1886—1979）共同执笔的《教育新领域》于1933年出版发行。[③]在《教育新领域》一书中，杜威与查尔斯共同执笔编写了《社会经济状况与教育》以及《教育的基础哲学》章节。杜威和查尔斯认为，在19世纪到20世纪的

---

　　① Counts, George S., *Dare the School Build a New Social Order?*, New York: Arno Press & The New York Times, 1969, pp.34–56.

　　② The Committee of the Progressive Education Association on Social and Economic Problems, *A Call to the Teachers of the Nation*, New York: The John Day Company, 1933.

　　③ Kilpatrick, William Heard,（ed.），*The Educational Frontier*, op. cit., pp. v–vi.

交替之前，"教育的目的"基本以"个人"为中心，强调个人需协调发展德智体方面的所有能力，但在之后，"教育的目的"的着力点会向"社会的目的"与"社会能力与主要原因"上转移。其中，学校教育的构想需要从"文化传承与重组"的角度出发，从"社区生活"和"参与社会"的角度出发。教育会被视为"文化传承与重新配置的过程"，"个人"的定位来源于"实际工作的能力"，"学校"就是"社会"的诠释，会越来越占优势。[1]杜威和查尔斯主张，"社会变化的过程和教育的过程"是"相互关联相互作用"的。"更好的教育"应以建设"更优良、更公平、更开放、更透明的公共社会"为目标，并引导社会中的我们参与其中，进行自由且多方面的交流。杜威和查尔斯总结出，"教育可以革新社会，为使教育发挥其应有的作用，需要我们积极参与的责任也日益增大"[2]。

（2）社会改造原理

与《教育新领域》一书的的出版发行一样，1933年哥伦比亚大学师范学院的研究生诺尔曼·韦尔菲尔（Norman Woelfel，1895—？）和莫迪凯·格罗斯曼（Mordecai Grossman，1898—1972）向克伯屈提议发行一本以社会改造与教育为主题的新的机关杂志。克伯屈接受了这个提议，并与查尔斯、纽伦、拉格等人进行了协商。其协商的结果，克伯屈担任理事会的主席，卡尔斯、韦尔菲尔和格罗斯曼负责编辑工作，于1934年发行了《社会前沿》杂志。除以上提及的几位之外，理事会委员还包括杜威、福克、布鲁纳、查尔斯、赫尔菲什、纽伦、劳普、拉格、萨一亚、瓦特松、阿尔文·约翰逊（Alvin Johnson，1874—1971）、哈里森·S. 埃利奥特（Harrison S. Elliott，1882—1951）、唐纳德·P. 科特雷尔（Donald P. Cottrell，1902—1991）等27位研究者。杂志发行时，理事会主席捐助100美元、理事会其他成员也提供了25美元左右的经济

---

① Kilpatrick, William Heard,（ed.），*The Educational Frontier*, op. cit., pp. 32-33.

② Kilpatrick, William Heard,（ed.），*The Educational Frontier*, op. cit., pp. 318-319.

资助。①还有，两个基金会也分别捐赠了900美元。该杂志为月刊，美国国内全年期刊定价为2美元，各期的订阅价格为25美分。杂志发行的办公室以韦尔菲尔在纽约的公寓为基地，成为全美知名教育研究者们公知的期刊。1934年第1期的发行量就有2000册，三年后1937年的发行量增加至3000册。②1934年10月发行的第1期第1卷就明确表明了创刊团队的方向性。克伯屈在创刊杂志中有如下的表述。

> 在过去的三四年间，对于探究社会改造方面，美国的教育者和教师中间出现了一种新的创造性精神。《社会前沿》的创刊同这种精神紧密相连。若想实现创刊者的愿望，那就有必要让这本新的创刊杂志成为教育专家们表达主张的媒介。这些教育专家坚信教育在美国的社会改造中起到重要的、战斗性的作用。③

另外，编辑评论中有这样一段对时代状况的解读。

> 《社会前沿》认为，个人主义经济时代正逐渐终结，以与社会生活密切相关的集体主义计划经济为特征的时代即将来临。无论认其为幸或不幸，这都将是历史的进程之一，是不可逆转的。在迈向新时代的征途中，为了人类生活得更加富裕与文明，我们需要走好脚下的每一步路。④

---

① Bowers, C. A., *The Progressive Educator and the Depression: The Radical Years*, op. cit., p.44.

② Bowers, C. A., *The Progressive Educator and the Depression: The Radical Years*, op. cit., pp. 96-97.

③ Kilpatrick, William H., "Launching The Social Frontier," *The Social Frontier: A Journal of Educational Criticism and Reconstruction*, vol.1, no.1, October, 1934.

④ "Editorials," *The Social Frontier: A Journal of Educational Criticism and Reconstruction*, vol.1, no.1, October, 1934, p.4.

《社会前沿》并不拘泥于狭义的教育观。他们认为，学校是社会中心教育代理者的同时，也不局限对该制度作用的考察。相反的，在《社会前沿》自身关注的领域中，无论年长年幼，每个参与到集体生活与文化圈中的代理者，他们所带来的广泛影响都被包含其中。这也被视为教育在发展过程中呈现出的进步一面。①

《社会前沿》的成员都是批判自由个人主义的先锋。他们希望通过教育实现迈向集体主义体制的社会改造。鲍尔斯言及《社会前沿》团队想要进行社会改造的最终目的。据鲍尔斯所言，编辑委员会的每个成员"都未完全系统性地去验证法制化新政中的社会哲学"。鲍尔斯在杂志的编辑评论中批判，虽然委员会的成员有涉及罗斯福新政的某些方面，但对新政哲学问题的系统性评价还做得远远不够。另外，鲍尔斯还指出，即使承认《社会前沿》确实对资本主义进行了批判，推动了集体主义的发展，但是团队中的每个人却都忽略了资本主义中"积极的一面"以及"其对社会存在价值的可能性"，对由集体主义带来的受制约、有危险的传统意义上的"自由"观念以及"社会、政治、心理上的问题"等也都未论述。②

实际上，《社会前沿》追求的这些社会形态与新政有明显的差异。早在1929年胡佛执政时代就已设立了总统社会趋势研究委员会（The President's Research Committee on Social Trends），也已开始筹备构建计划经济体制。时任该研究委员会主席的是韦斯利·米切尔。米切尔在芝加哥大学求学期间，深受杜威思想的影响。他不仅从1913年起在哥伦比亚大学经济系执教，而且是教育实验研究所露西·米切尔的丈夫，无论从哪一点上都与杜威有很深的关

---

① "Editorials," *The Social Frontier: A Journal of Educational Criticism and Reconstruction*, vol.1, no.1, October, 1934, pp. 4-5.

② Bowers, C. A., *The Progressive Educator and the Depression: The Radical Years*, op. cit., pp. 101-109.

系。①另外，担任研究委员会副主席的是芝加哥大学的教授查尔斯·梅里亚姆（Charles Edward Merriam，1874—1953）。之后，该委员会于1933年发表了《美国最近的社会趋势》，并公布以后会形成以"计划经济"为中心的"大规模国家政策"。②1933年3月罗斯福就任总统后，实施了著名的"百日新政"，出台了商业、农业、金融等方面的相关政策，走上了建立"计划经济"的道路。

在这一连串的社会经济改革中，《社会前沿》的主张很快就丧失了说服力，在卡尔斯的主张中就能看出端倪。日本学者中谷彪曾这样评价卡尔斯，认为他在"坚持追求何为教育以及教育行政中的民主主义"，提倡教育应以明确的蓝图构想来积极地参与到"从资本主义经济体制到集体主义经济体制"的社会改造等方面的贡献确实令人称道，但同时，他在"社会改革论中表现出的模棱两可"，以及"对集体主义概念的含糊不清"。据中谷彪所评，"卡尔斯主张的集体主义并不包括'集体所有的生产方式'，其主张并非原本意义上的集体主义"，把其理解为新政下的集体主义更为合适。因此，中谷彪总结卡尔斯要么是"未能看穿新政的本质"，要么是"妥协"的"社会改良主义者"。③

那么，在《社会前沿》的活动中，如何解释定位杜威的思想成为论点之一。克雷明了解到，《教育新领域》的作者都属于杜威学术派，7人中有4人是克伯屈团队中的成员。据克雷明的阐述，《教育新领域》出版的目的在于"使杜威哲学再次适应经济萧条下的美国社会"④。教育史学家戴安娜·拉维

---

① 露西·米切尔于1953年汇总其与丈夫的研究与生活，出版了《二人的生涯——韦斯利·克雷亚·米切尔与我的故事》。其中，也有涉及二人与杜威之间接触交流的一些内容。（Mitchell, Lucy Sprague, *Two Lives: The Story of Wesley Clair Mitchell and Myself*, New York: Simon and Schuster, 1953.）

② The President's Research Committee on Social Trends, *Recent Social Trends in the United States*, McGraw-Hill, 1933, pp. xi-xxxiv.

③ [日]中谷彪：《美国教育行政学——纽伦与卡尔斯》，第211-219页，溪水社1998年版。

④ Cremin, Lawrence A. *The Transformation of the School: Progressivism in American Education 1876-1957*, New York: Vintage Books, 1964, p. 229.

奇（Diane Ravitch）也认为，《社会前沿》团队成员的主张和杜威的主张很接近。据拉维奇所述，"该讨论团体的成员虽不是共产党员，但他们崇仰苏维埃，而且他们从苏维埃带回的最新报告极大地增加了美国教育与美国社会从根本上实施改革的决心"。杜威也解释道，"苏维埃的教育者们成功地破除了学校和社会之间的隔阂"，他们"狂热地发现，学校和社会之间应相互协作来促进集体主义的发展"。拉维奇阐述道，"让杜威为之狂热"的是苏维埃的教育采用了"项目／方法"，"项目／方法"的实行与美国有根本性不同。美国仅仅局限于"私立的进步学校和很少一部分的公立学校"，但布尔什维克的背后有国家权威的支持，首创了历史上学校与社会相结合的完备教学体制。[1]

杜威一直被认为是《社会前沿》团体的中心，之所以会被这样认为并不是空穴来风。在《社会前沿》杂志上设有《约翰·杜威》专栏，发表的文章数量也为数众多。尽管如此，也并不代表杜威与《社会前沿》的主张是完全一致的。威斯特布鲁克认为，《社会前沿》追求的是"进步主义中以批判儿童为中心的个人主义，为了激进政治而参与教育改革"，"批判美国的资本主义与新政"，引导"教师们加入民主主义左派的阵营中"。在此基础上，威斯特布鲁克还认为，杜威对"科学效率主义""'以儿童为中心'的教育浪漫主义""社会改造主义"中的任一思想体系都有过不同程度的挑战。[2]

20世纪30年代与《社会前沿》并驾齐驱、拥有自己鲜明主张的另一教育团体是约翰·杜威教育与文化研究协会（The John Dewey Society）。该协会自1937年首次出版年鉴以来，研究讨论了学校与社会的关系，并汇报了相应的成果。最初的委员，除编者克伯屈外，还包括杜威、纽龙、瓦特松、师范学院的乔治·哈特曼（George W. Hartmann，1904—1955）、西北大学教育学部部长欧内斯特·梅尔比（Ernest O. Melby，1891—1987）、爱荷华大学的

---

[1] Ravitch, Diane, *Left Back: A Century of Battles over School Reform*, New York: Simon & Schuster, 2000, pp. 204-206.

[2] Westbrook, Robert B., *John Dewey and American Democracy*, op. cit., pp. 503-506.

乔治·斯托达德（George D. Stoddard，1897—1981）、俄亥俄州立大学的希尔达·塔巴（Hilda Taba，1902—1967）以及劳拉·吉本斯（Laura Zirbes，1884—1967）。

　　约翰·杜威协会年鉴第1卷采用的是关于《教师与社会》（1937）的主题。杜威投稿的是与瓦特松合著的《展望——自由社会中的自由教师》。杜威和瓦特松认为，"民主主义的理念""无关乎出身、财富、信念、种族，而在于能否充分发展人的个性"。发展这种"理念"在于"同他人相互合作的协会组织"与"之间的彼此理解与相互认同"。为完成这一理念，则需要"自由社会的教师"成为"越来越多共同体的创造者"。①另外，约翰·杜威协会年鉴第2卷以后几年的主题为：《教育的自由与民主主义》（1938）、《民主主义和教育课程——美国的学校生活与计划》（1939）、《为民主主义而生的教师们》（1940）。②在这些年鉴中，还开展了与教育研究相关的、多样的、具有现实意义的讨论。

2　变化中的社会秩序与教育

（1）教育与经济形势

　　对于20世纪30年代的杜威而言，学校教育与社会改造相关的主题具有重要意义。鲍尔斯认为，对于经济恐慌形势下寻找救国的方法，这时期的进步教

---

① Dewey, John, Watson, Goodwin, "The Forward View: A Free Teacher in a Free Society," *The Teacher and Society*, First Yearbook of the John Dewey Society, New York, London: D. Appleton-Century Company, 1937, pp. 330–345.

② *Educational Freedom and Democracy*, Second Yearbook of the John Dewey Society, New York, London: D. Appleton-Century Company, 1938. *Democracy and the Curriculum: The Life and Program of The American School*, Third Yearbook of the John Dewey Society, New York, London: D. Appleton-Century Company, 1939. *Teachers for Democracy*, Forth Yearbook of the John Dewey Society, New York, London: D. Appleton-Century Company, 1940.

育研究者们分为两派。第一派主张，"若未能从根本上完善社会环境，则不会改善人类社会性、道德性的条件。他们认为"教育者应防制社会病态蔓延，且为阻止这种蔓延，应谨慎利用学校"。据鲍尔斯所述，第二派虽"同样关注如何建设更加美好的社会"，但却反对将学校直接作为社会改造的手段。第二派强调，"社会改革之事应委以他人，教育者需要教给学生们必要的技术"，将来凭借"孩子们自身解放的创造力"来实现"社会改革"。鲍尔斯还指出，两派都认为自己这一派才是杜威的"真正监护人"①。

1932年2月22日，卡尔斯在华盛顿特区的全国教育协会大会中做了演讲，杜威也在家政课的会议上做了演讲。在发表于《家庭生活课研究》第24期的演讲中，杜威以《经济形势——对教育的挑战》（1932）为题，论述了当下面临的世界经济恐慌——"经济崩溃"正是对"现有文明制度的挑战"，其中也包括"对学校的挑战"。杜威认为，"学校如何理解与应对当下的种种挑战"尤为重要，学校制度需要根本性的改革。当然，这次会议的论题本身就是关于学校的"社会性功能"，以及如何唤起世人对教育的关心。"教育的主要社会义务"并非"维持经济上、法律上、政治上既有社会秩序的永久化"，而是在"积极的、具有建设性"的意义上"对社会改良作出贡献"。"教育的作用之一"被认为是培养"在了解既有社会资源配置上的道德缺陷后，积极改良社会条件的个人"。杜威感慨，很多学生在"自己还未准备好如何面对自己所生活的现实世界时就毕业了"。然后，"他们坚定的信念、远大的理想与自由的希望，在现实的泥沼中一次次破灭，成为悲剧"。杜威认为，这些"悲剧"源于众人认为"所有的事情都是固态的，这个世界是被规定好的静态世界"，也因为隐瞒社会、经济中的事实并夸大赞美一些政策。②

---

① Bowers, C. A., *The Progressive Educator and the Depression: The Radical Years*, op. cit., p. 4.

② Dewey, John, "The Economic Situation: A Challenge to Education," *The Later Works*, vol.6, pp. 123-130.

杜威表示受到了查尔斯·梅里亚姆在《市民的形成》（1931）①中观点的启发。梅里亚姆在《市民的形成》中论述道，无视"社会背景中政治力量"的"市民教育计划"是不完整的。②从"默然服从的满足"到"诚实批判的智慧"，从"虚构的、一成不变而貌似完整的政治、产业社会"到"不断变化更新、并不安稳的现实社会"，在这一连串的蜕变中，教师需要做的就是，"在正确理解经济社会现实的基础上通力协作"，"发展智慧应对现实问题的自由权利和义务"。我们可以认为，此项计划在受到"公众"的"集思广益"与"最壮观的大众关心"支持的同时，还借助了"教师的勇气和力量"才得以发展。③

杜威在《学校与社会》第37期上曾投寄过《教育与我们目前的社会问题》（1933）的文章。该文章是以教导主任和校长在明尼阿波利斯所作的演讲内容为原型整理而成的。文章中提及，很多教师都"关心当今的社会改造"，"也考虑学校需担负起更重大的责任"，在这种高昂的士气下，有必要发展"如何应对社会问题"的课题能力。尽管杜威同意学校与政治、社会相关联，但对于教育是否能够立即成为解决社会问题或是改造社会良药的想法却持慎重态度。杜威认为，能够促使"教育和现实社会责任紧密结合"且有效发挥作用的，就是需要教师直接揭示"学校的组织和行为与教育相关的问题"。也就是说，在"学校的内部行为"中，唤醒"教师对行政工作责任感"的同时，激活"外部世界"中"公众与共同体的关联"。杜威并不赞同利用教育活动来解决社会问题的想法，他认为从"地域共同体""身边的小事着手"就是对"解决社会问题作出的积极贡献"。④

---

① Merriam, Charles Edward, *The Making of Citizens: A Comparative Study of Methods of Civic Training*, Chicago: University of Chicago Press, 1931.

② Dewey, John, "The Economic Situation: A Challenge to Education," op. cit., pp.123-130.

③ Dewey, John, "The Economic Situation: A Challenge to Education," op. cit., pp. 123-130.

④ Dewey, John, "Education and Our Present Social Problems," *The Later Works*, vol.9, pp. 127-135.

　　杜威1934年2月23日在俄亥俄州克里夫兰市举办的美国师范学院协会（American Association of Teachers College）的演讲《变动社会秩序中的教育》中也说过，他很高兴分给自己的课题不是"新社会秩序中的教育"。杜威在演讲中还提到，了解"我们现在身在何处""应该将教育重点放在哪里""应该削弱哪些既有的力量，又应让哪些力量取而代之，哪种力量是我们应该援助并增强的"这些问题至关重要。他认为，"变动社会秩序中的教育"要求我们"理解不断变化的事实"与这些"变化产生的原因"，也就是说，要求我们"洞察现有作用的力量"。由此，杜威作出如下提议。首先，单方面的定向建立"更加公平、正义、善良、温情的社会秩序"是不合理的，我们应多多获取"发展项目的资料"，并积极鼓励大家活用这些资源。其次，有必要取代"强制且压抑的""僵化的知识灌输"，而应需要"分析当前环境条件的智慧"，培养"激发个人自主探究问题、教师和学生共同思考寻求答案的精神"。再次，针对当前的课程安排"离心分散严重、目标欠缺统筹规范的组织安排"，应该结合"社会中心"和"社会目标"的情况重新进行编排。①

　　杜威在产业民主主义联盟的宣传册上刊登了《教育与社会秩序》（1934）的文章。在这篇文章中，杜威提到"摆脱当今教育泥沼以及趋势的唯一方法"就是把"传统的个人主义的目的"改组成"统管教育、教授方法和学习教材的社会目的"，即"代替传统的知识灌输的方法"，导入"探索与协商、集议的方法"，在"不断变化的世界中"，尊重"灵活主动探索的精神"。因此，杜威提出了五个策略。第一，让学生逐渐理解"现在的社会状态"与"条件"。在此也强调了，"与社会新秩序相关的教育"与"灌输解决该秩序的信念"之间存在"极大差异"。第二，"组织学习经济与社会问题"。第三，确定学校"合作共同体"的地位。站在"个人主义"传统角度上的教育确实促进了"竞争的方法"，但是，"作为合作共同体的学校""改组协同合作的基础"并不

① Dewey, John, "Education for a Changing Social Order," *The Later Works*, vol.9, pp.158-168.

仅限于"学生",也同样会扩展到"行政管理方面"。第四,引导发展"成人教育",提供"恰当的新型市民教育"。第五,教授、学习、行政方面引进"协同做法",结合学校作为"纯粹的共同体中心"的"社会基础"与"社会目的"的情况,谋求教材与方法的"重新改组"。因此,杜威认为,教育者能够"积极认识其中的必要性,并把握机会"是极为重要的。①

(2)教育能否参与社会重建

杜威在令人关注的《社会前沿》第1期第1卷中,发表《教育能够参与社会重建吗?》,他认为美国的学校教育为维持"现状"贡献颇多。在"低俗个人主义"制约的"自由经济社会"中,每个人都以为他们享有"平等的机会"和"平等的自由"。在这样的社会环境中,相对于"政治以及文化的自由",教育制度的改革设置与推进更偏向于"经济上的成功"。杜威批判,这样容易滋生出部分"特权少数派"以及除此之外的"多数派",而且会加速"社会现有的倾向"与"混乱"。当"社会条件""非常动荡不稳""需要与不同的社会趋势频繁对立"的时候,教育者需要做的工作并不是"顺应现有的社会条件",而是促使大家对"社会力量的阶段性与方向性"做出正确的选择。虽然"认为学校并不能成为社会新秩序的缔造者",但学校可以通过与"现有社会力量相关的各种运动"间的相互关联,成为"未来社会新秩序缔造者"中的重要一员。可以理解为,学校并不是直接的"社会秩序的创造者",而是参与者,利用与各种"社会力量"的相互关联而参与其中。且这一理想需要反映到学校行政与学习活动中去,学校应该成为"构筑变化社会的合作者"。杜威的这一主张给当时消极无力、迷茫困惑的教育者们提供了新的方向,促使他们开始关注"缔造社会的新秩序"②。

---

① Dewey, John, "Education and the Social Order," *The Later Works*, vol.9, pp. 175-185.

② Dewey, John, "Can Education Share in Social Reconstruction," *The Later Works*, vol.9, pp. 205-209.

在《社会前沿》团队成员的想法中，学校是否能够直接成为社会变化的旗手暂且不论，但学校与社会之间存在不可割舍的关系却是他们之间的共识。但两者之间不可割舍的关系以何种方式关联，大家却并未达成一致意见。杜威在《社会前沿》发表的文章《教育与社会变化》（1937）中提出两种不同的主张，即学校是"应该原封不动地反映已有的社会秩序"，还是"应该参与构建社会新秩序，在寻找社会变化发展新方向上发挥积极作用"。对于学校在参与构建社会新秩序中的"知识灌输"，我们要做的是考虑让其正当合法化，还是"反对此种做法"。针对这一问题，杜威首先指出，"学校完全保持中立的想法"是"空想不切实际的"，是"不可能实现的目标"。这种想法容易导致"非理性的斗争""永久的无秩序化和盲目化的增大"。杜威指出，"在中立的名义下强化反动最有效的方法"就是让我们的下一代在面对生存现状与直面问题时变得无知。

杜威从承认"学校反映既有社会'秩序'"这一事实出发，阐述了"学校是参与未来社会秩序创立的条件性因素之一"。在此，我们需要关注的重点"并不是学校是否应该参与未来社会的缔造（无论哪一种学校最终都会参与其中），而是学校应该选择盲目不负责任的随波逐流，还是应该最大限度地拿出勇气、智慧与责任来参与其中"。即教育与社会变化的主题，并不在于学校是反映"既有的社会秩序"，还是学校会对"社会新秩序"的创造作出贡献这一维度上。杜威在着眼于学校不可能保持"完全中立"的事实基础上，提出了学校是应该对社会"盲从"，还是应该用"勇气智慧和责任"来付诸行动的问题。然后，杜威认为，应拥护"与社会其他团体的自由联盟"与"交流"的智慧成果，探求民主主义教育的真谛，摸索民主主义教育中作为"合作生存法则"的"相互协议规则中的共生共存的方法"。①

广义上，以哥伦比亚大学师范学院为中心的《教育前沿》团队提出的问

---

① Dewey, John, "Education and Social Change," op. cit., pp. 408-417.

题囊括了所有学校与社会变化相关的问题。但狭义上，又需要留意顾忌教育作为社会改造手段的利与弊以及"集体主义"还处于理想的社会形态中的方面。其中，杜威论述了不同的主张。他回避了学校是需反映"既有的社会秩序"，还是需要对"社会新秩序"的建立做出贡献的二元论，也并不简单地认为学校就是直接进行社会改造的旗手，同时回避了考察教育的原生力量及其用于政治的可能性。值得探究的是，假如学校并非"中立"，那它该如何面对新的社会变化，这是一个抽象的问题，但更多的是关联每个具体问题的方法。从事《社会前沿》创刊的很多研究者都认同且宣扬"集体主义"，杜威关于这一点却是持批判态度的。对于"集体主义"的认识，杜威与新天地成员的见解有显著的不同。之后的拉维奇曾只关注杜威与新天地成员意见一致的方面，却忽略了这一点。拉维奇对杜威的解读过分聚焦于1928年杜威在苏联访问后撰写的著作《苏维埃俄罗斯和革命的世界》，但对杜威20世纪30年代对苏维埃的态度和主张却缺少分析与探讨。另外，对杜威在20世纪二三十年代开展的公共性哲学与学校改革方面也基本未涉及。①

　　可笑的是，《社会前沿》团队的成员自认为走在杜威主张的思想延长线上，但其实他们的主张始终与杜威思想保持着距离。原本，卡尔斯与杜威在社会学与哲学的主要方向上的主张本就不同。1940年克伯屈就任《社会前沿》的编辑主任，并将其更名为《民主前沿》，后于1943年停刊。②杜威在卡尔斯担任主席的社会经济问题委员会中，未曾担任过任何职务。社会新秩序的形成既不是以某种体制的构建为先天性前提，也并非需要教师与学校为完成这一目的而一马当先地履责。就杜威而言，完成民主主义要义的指标之一在于，学校教育能够指明社会进步的方向，与多种社会进步力量的代理之间协同合作，探索具体的活动与交流的方法。

---

① Ravitch, Diane, *Left Back: A Century of Battles over School Reform*, op. cit., pp. 202-235.

② Progressive Education Association, *Frontiers of Democracy*, vol.10, New York, N. Y.: 1943.

第 2 节　协同型联合体中的学校

1　社会文化的协同活动与联合体

（1）教育代理机构的出现

杜威从自由主义的批判视角中提取出公共性概念，并根据扩大后的民主主义观念来推动学校改革。他的构想是，根据社会上不同群体间的参与和探讨，形成相互协作的关系网，最终开展"公共行为代理"活动的主张。在《旧个人主义与新个人主义》中，杜威一方面批判自由放任的"陈腐经济、政治上的个人主义"，另一方面也摈弃了"个人主义本身行将枯木"的说法。杜威一直坚持主张的是，创造出以"人的想象力和努力"与"自由的文化"为起点的"新个人主义"，即根植于"联盟"与"交流"活动的"个人主义"。杜威认为，在家庭、经济、宗教、政治、艺术、教育方面，设想"脱离某些联盟的个人"都是毫无益处的。因为"社会"并不是"固化的状态"，而是由"各种各样的人际关系"与"相互作用的结果"组合形成的。相对于"压抑的交流与沉默"，杜威支持"扩大并深化共同参与、相互影响、平等互惠方面的能力与意义"，拥护"联盟"间的"合作共识"与"沟通交流"。①

其中学校重构尤被重视，并被放在了重要政治课题的位置。具体表现为，将之前的以"低俗个人主义"为目标的学校教育转换为能够承担社会形成与文化创造的"新个人主义"。杜威批判说，如果认为学校的职能是"为提高

---

① Dewey, John, *Individualism, Old and New, The Later Works*: vol.5, pp. 56–84.

国家的产业效率而培养人才",那么"学校对于解决文化创造这一课题将没有任何的贡献"。学校倒是更多地被认为是"社会与文化相互融合过程中不可或缺的代理者",也是"创造培养一种能够明确掌握文化本质的、知性的态度、感觉与思考模式的代理机构"。但是,学校并不仅仅是此种"文化创造"的终极旗手,学校与其他社会制度、组织、职业、艺术、生活样式之间的相互作用也尤为重要。在此我们能够注意到,杜威关注的是"教育"与"文化"之间的相互关联性。他认为,"教育"与"文化"也就是所谓的"广泛的、社会意义上的文化"之间存在密切的关系。而且,与"文化的量"相比,杜威更加重视的是"文化的质",学校被认为是社会与文化"相互融合"的"公共代理机构"。①

在《自由与文化》一书中,杜威已对"文化"的概念做了颇多论述。其中,他认为,民主主义的观念并不是以"自然权利"与"自然法"为基础,而是在"自由"与"文化"的主题上被重新定义。如果放弃"对自由政府赖以为基础的自然权利与自然法的信念",那么问题就会汇集到"自由政府是否还有其他任何一种形式的道德基础"。杜威以美国第三任总统杰斐逊(Thomas Jefferson,1743—1826)为例做了论述。杰斐逊认为"政治自由的终极成果"是"文化的自由",与此相对,杜威认为"没有文化的自由何谈维持政治上的自由"。也就是说,产业、交流、科学、艺术、宗教等方面中的"人与人之间的相互关联"与"日常的协作联盟"都会对"政治行为与法律"产生影响,即使"政治与法律的相关事情"影响了"其他各种事情",那"政治制度"也并不是原因,而是"结果"。②

　　决定人类相互影响与共生框架的各种条件的综合体,可以归结为

---

① Dewey, John, *Individualism, Old and New, The Later Works*: vol.5, pp. 101–103.

② Dewey, John, *Freedom and Culture*, op. cit., pp. 66–67.

"文化"这一词语。但问题是，什么样的文化能够产生出其所主张的自由，达成想要的结果并产生政治上的自由……无论人性以及与之相互作用的活动的本性表现为何，都会反映在制度与规则上，最终形成活动规则的则是由构成文化整体的职业、利害关系、技能、信念等前提条件。①

引起我们关注的是，"文化"被解读为创造出相互影响与共生框架的"各种条件的综合体"。"文化"的状态被认为是法律与政治、工业与贸易、科学与技术、表现与传达形式、道德、"人们重视的价值观与其评价""人类评价生存的基本条件、或将其正当合理化所用的一般概念意义上的体系"，是展示人类"社会思想等相互作用的样态"。即"文化"是"日常协作联盟在平等利益交换中所创造的"，而"道德上的主要因素是构成文化在社会上各种综合体的本质部分"。这里所说的"文化"并不是一成不变的，而是不断变化的。据杜威所言，"作为习惯综合体的文化"的维持与再生产虽都是通过"成员本来的、生来就有的构成中所具有的不同变化"而完成的，每一种"文化"都具有"各自的形态"与"能量构成所具备的特征性的配置"，通过"谨慎采用系统研究的方法"与"文化存在自身的力量"来维持；但是，文化也会通过"在未成熟状态中出生的个人的生长变化，或者是原本的人性变化"而不断发生变化的。

杜威在此也提到了"文化"与"自然"的关联性。他在明确指出"协同"的概念等同于法国"友爱"（fraternity）思想的基础上，在"个人主义"的维度上认识"自由与平等"，在从属层面上解释"友爱"即"协同"的"文化条件"，并将这种"文化条件"归纳为"自由与平等的衰退"。②杜威将这种倾向放在两个历史体系中进行解读。在英国和法国，发展的是以"自然"概

① Dewey, John, *Freedom and Culture*, op. cit., pp. 67-68.

② Dewey, John, *Freedom and Culture*, op. cit., pp. 65-79.

念为基础的"个人的自由"。与此相对的是，在德国则反对此种观点，认为依附"自然权"的"自由"是"原始的、感官动物性的自由"，归纳为更高层次的"理性"的"普通法则"才是基础。这种布局将"自然性事物"与"文化性事物"于对立中承继，"人类结构诸事"与"社会规则与权威的本性"间的对立成为争论的焦点。杜威认为，需要用各自"模糊不清的抽象性"与"绚丽夺目的普遍性"的语言来表现"自然"与"合理性"概念形成的基础根基，并提倡有必要将视线聚焦到"文化与自然的相互关系"①上，并主张学校改革应着眼于创造出社会、文化、自然相交错的"教育代理机构"。

（2）社会关系·文化·联盟

《自由与文化》的最后一章再次将杰斐逊提倡的民主主义观念加以探讨，认为杰斐逊倡导的"追求生命、自由、幸福"相关的民主主义表现形式，正是通过"固有的、无法转让的人类权利"即"自然权利"的信条来引导的。杜威认为，要想正确理解杰斐逊的思想，就有必要将刚才讨论的"'自然的'这一词语翻译成'道德的'"。再者，也有必要通过导入杰斐逊并未使用的"文化"的概念，重新品评"自由""权利""平等"的概念。

在这一方面，杜威论述了以下三个观点。第一，与杰斐逊主张的确立"永恒不变"的"民主主义的目的"与"个人其为人的权利"相对，杜威则主张应该在"多数人之权利"中引入道德的、文化的"要求"。"权利"的概念并不仅仅为"人类内在固有的不可转让的权利"，杜威将"权利"的概念解读为人与人之间的、"多数人"关系中所产生的一种集体性概念。第二，关于"州的权利"与"联邦的权利"之间的论争，杰斐逊支持的是"州的行动"，而杜威寻求的是"透明可见联盟"所定向的"社会性行为的组织化"。第三，杰斐逊对于"幸福追求"中"财产"的相关解读，与杜威诠释的"组织化社会中维持生命、自由、财产的权利"已完全不同。杜威诠释的中心在于，"财

---

① Dewey, John, *Freedom and Culture*, op. cit., pp.80-86.

产权"在"个人的道德要求"上,"政府并不具备维持道德的义务",而是由"社会协定创造出来"。①

另外,杜威对"自由"也做了进一步的考察。他认为,"自由"既是"需要解决的问题",也需要"关注问题本身",可以从"人性"与"构成文化的诸要素"间的"相互作用"这一观点来理解"自由"。即所谓"自由的问题"就是法律与政治、工业与商业、科学与技术、表现与交流、道德、价值与艺术等"与多个要素相互作用的状态",也是与"文化脉络"息息相关的种种表现。②其中,"个人"在"与他人协作"中会发现"自由的前提是安全与保护",作为"确保合作有效的手段",组织会限制参加联盟人员的自由。因此,在"个性的发展与保持"上需要"合作联盟","合作联盟"中也需要"相关要素的配置、调整与组织"。③

从自由放任的"旧经济个人主义"到扎根于社会与文化的相互协同活动与联盟中的"新个人主义"的转换,杜威已把这种转换设定为学校的政策目标。"自由"与"民主主义"的基础并非个人的自然性,而是与他人的社会关系、文化、联盟的创造或者是与重生改造相关联的事物。从这点上可以看出,杜威致力于社会与文化的创造,着力于创造发展作为构成"共生规则"的"公共代理机构"的学校,并从相互合作的学习活动与交流式的对话中把握教育。学校的公共性是以社会与文化的协同活动与形成的网络联盟为基础的,包括人们参加活动的空间与对话的言论空间。

---

① Dewey, John, *Freedom and Culture*, op. cit., pp. 173–181. 根据戴维·B. 泰亚克所述,杜威共有"自治、即民主主义的关键是在校团体的共同体内中最应培养"的杰斐逊的信念,杰斐逊的"教育且透明的自治"与"杜威的民主主义实践的概念类似";[美]戴维·B. 泰亚克著,[日]黑崎勋、清田夏代译:《寻求共通的基础——多元化社会的公共教育》,第150–151页,同时代社2005年版。

② Dewey, John, *Freedom and Culture*, op. cit., pp. 78–79.

③ Dewey, John, *Freedom and Culture*, op. cit., pp. 180–181.

2　教师职业的专业性与公共责任

(1) 学校——公共行为的代理机构

杜威强调教师职业需要专业化，也需要承担公共责任。在1930年6月28日的全美教育理事会（National Council of Education）的会晤中，杜威谈到了"教师职业的义务与责任"。他陈述，在教育中能接受"普遍目标原理"的人们，就像他们能够认同"目标本质中的一致性一样"。即在"心理学、个人方面"保障"用正当合理的形式尊重每个人能力的进步与发展"，在"社会方面"提高"政治的市民参与性""职业的效率性"，提供"有效的、社会的善意"等的协作民主主义生活方式的愿望和力量。另外，却能明显看出其否定"普遍目标"，主张"特殊目的"的倾向。因此，杜威制定了"个人与社会的周详计划"，采用使"学生能有效适应现在生活"的形式，设定了对应个别案例的"目标"。

杜威主张，虽然教育目标同这些意见不同，但是根据教师和公众讨论与达成的结果，探索树立教师职业的"专业性"和"自律性"的方向还是尤为重要的。具体来说，根据学校的实际经营现状，只要"目标的表现"未被提及，那就会仅仅成为"形式上的空洞无意义的词语"而已。如若教育行为缺少了"朝气活力"和"灵活专业的精神"，那将会与生活脱节而被孤立。如果不能"认真且持久地关注"教育行为的话，那么"学校与生活的紧密结合"也将成为空谈。因此，促使"教师理解社会职能"与"公众对此的积极反应"之间进行交流成为课题之一。诚如杜威所言，公众对学校怀有敌对心理的原因之一，就是因为教师不能用"积极有效的方法"主张"教育的自律性"。杜威在为完成"学校的社会责任"而进行的"社会问题的自由考察"中，促进了教师职责"专业性"与"社会责任"的确立。①

---

① Dewey, John, "The Duties and Responsibilities of the Teaching Profession, " *The Later Works*, vol.5, pp. 326-330.

在1935年1月的《社会前沿》中，杜威发表了《教师与他的世界》。此篇文章探讨了教师应处的位置，即教师是"应该立于时代的尖端，还是应位于时代的后方"，或是作为又一选项，教师应走在与时代平行的"中间道路"上吗？对于此问题，杜威通过支持教师针对社会情势做出"理智的决定与行为"的形式给出了回答。这也是以教师能够"认识到教育的社会目标"，且能理解影响现实社会的诸种势力与动向及其所显示的目标为出发点的。

杜威支持在相互协作的学习活动与交流对话活动中所采取的学校政策。他认为，20世纪30年代政治、经济动荡不安的原因之一正是政策的制定来源于"各种对立势力"，缺少首尾呼应的全面的立体性展望。因此，需要的正是组织构建社会协同性活动的"智慧"。他还提到了"公"与"私"的对立，即"公共性的目标与政策"与"个人目标与政策"间是相互冲突的，这是杜威对这个时代做出的诊断。这个"公"与"私"的概念是以胡佛总统使用的定义为标准的。胡佛认为，所谓的"私"指的是"粗俗的个人主义"，而另一方的"公"则指为应对经济危机"复兴金融公司"以及"各种各样的公共行为代理机构"所开展的活动。杜威为了确立学校教育相关的"公共性目标与政策"的方向，不仅强调了组织教师进行"理性决定与行为"的意义，而且还强调教师应了解掌握社会现实与创造社会的力量，并具备对未来的创造能"理智地"行动与判断"社会责任"。他从学校"公共行为的代理机构"这一观点出发，认为教师"理性决定与行为"的背后，应该具备承担公共责任的职责。[1]他的这一主张也与通过"社会性行为"与"公共性行为"的组织化来构建学校体系的观点相关联。

（2）教师与公众

1935年杜威刊登于《美国教师》杂志上的《教师与公众》是以教师与劳动者关系为主题的文章。杜威首先提出了四个问题："所谓的劳动者指的是

---

[1] Dewey, John, "The Teacher and His World," op. cit., pp. 339-341.

谁？教师是否是劳动者？劳动者之间是否有联结彼此的共通点？这些共通点能否在教师的活动中看到？"①之后，他逐一回答了这四个问题。杜威首先将所有从事"生产活动"的人都定义为"劳动者"。"劳动"被认为是"生产活动"，也是指"生产对于他人有价值的东西"的行为。

那么，是否可以将教师称为"劳动者"呢？杜威抛出了"教师从事的是否为生产活动？所谓的生产者是否仅仅指创造物质产品的人？"等问题，然后通过界定是否对"社会良性生产"作出贡献来回答以上问题。比如，医生治病送健康，则可称其为"社会的良性生产者"。杜威从"智慧""技术""道德"这三个观点出发，点明了教师在"社会良性生产"中作出的贡献。教师的工作是创造出"社会中更高层次的智慧之基准"，在各种各样的作业与制度中形成"能够明智且有效进行行动的技术与能力"，服务于"道德上的良性生产"。"智慧""技术""道德"属于服务"社会良性生产"中的公共财产，鉴于这一点，可以定义教师既是生产者也是劳动者。

其次，杜威的问题是教师与劳动者之间是否存在"共通关联"。其共通点在于两者都是巨大产业经济断层的受害者，薪酬的削减、学校的停办、班级规模的扩大化等倾向降低了教师专业化的能力，同时限制了社会知识与技术生产相关的大好机会。杜威认为，由于以个人主义经济或是以市场为支柱的竞争社会席卷而来，高度的专业化与创造力的自由发挥已然失去立锥之地，教师与劳动者可以在这一点找到"共通的关联"。

一方面，杜威指出，教师们希望自身与农场劳动者、工厂劳动者区别开来。教师认为他们自己处于"特殊位置"，并痛斥社会"对其他劳动者的政治经济利益"持漠不关心的态度。杜威还指出，教师对于学校的社会、经济问题有"自主性的意见"，也会发表一些"刚正不阿的言论"，经常会被扣上"过激言论者""破坏分子"的帽子。杜威的这些主张从外部牵制了政治、社会方

---

① Dewey, John, "The Teacher and the Public," *The Later Works*, vol.11, p. 158.

面孤立教师的状况，这是尤为重要的。杜威还认为，教师应探寻同劳动者团结合作的有效方法。他引用美国教师联盟条约的"序言"中被讴歌的内容，教师是"劳动者中最高级的生产者之一"，我们需要让"地区社会中的教师同其他的劳动者之间进行密切的接触交流和有效的合作"。①

3 教育的自由与权威

（1）国家教育体系的构建

杜威在1935年6月的《社会前沿》中发表了一篇富含深意的文章《走向国民教育体系》。杜威要求以民主主义的"权利"与"自由"为基石，将学校组织化，建设国家系统的教育体系。在此文中还论述道，与其说美国的公共教育处于"一个体系"中，还不如说是处于"毫无秩序"之中更为贴切。具体来说，从传统意义上构建学校体系就是"国家之前领域中的地方行政区""地方行政区之前领域的地域现场行政"。以每个学校现场为主体的行政组织，实现了"区、县、州固定的中央集权化"。然而，在当时的状况下有些功能却是不完善的。沿着这条线，杜威呼吁重构国家的教育体系，使学校教育同"地域社区保持紧密的联系"。

杜威对比论述了学校的"国家体系"与"国家主义体系"间的不同。杜威在承认否定后者确保前者困难重重的同时，区分了两者"根本上的不同"。即"国家主义体系"就像在日本、意大利、苏联、德国的学校里所看到的那样，反映的是"国家状态下特定的繁荣""政府想要维持的社会经济体系的繁荣"背景下所控制的一种制度。与此相对，"国家体系"的学校凭借的是"社会协作的民主主义"，旨在构筑"强而有力统一的智慧与目标"，并以"教育的自律性"为根本。"国家体系"是从"政府依据立法与行政进行调停"所派

---

① Dewey, John, "The Teacher and the Public," *The Later Works*, vol.11, pp. 158–161.

生出的"人民的成长"与"人民自发的自由意志"。

　　值得我们关注的是，杜威主张的中心在于"教育的自律性"。而确保"教育自律性"的方法就是推动"教师权利"的维护与加强"教师间的沟通交流"。杜威一方面主张建立学校的"国家体系"，而另一方面却反对教师"直接参与建立国家体系的规划"。与之相比更重要的是，"教师应该为确立自身的教育自律性而积极开展各项活动"。据杜威所述，针对"教育领域外围中的目标和相关关注"所引起的"现在公众教育的混乱与社会的无责任"这一状况，"教育的自律性"正是以"教师的权利，即可以决定教科与学校中所使用的方法的权利"为出发点的，需要教师做的并不是"一味地灌输固化的教条"。杜威的主张将构建以"教育的自律性"为前提的"教育的国家体系"设为政治课题，给"教师的权利"与"教师间的自由共同交流"注入了新的活力。他明确指出，教师与公众间的"相互探讨"与"交流""探究"是确保促进"公众教育进步"的"坚定不移的前进道路"。①

　　实际上，杜威呼吁期待创建作为"教育的国际体系"标志之一的联邦教育部（Federal Department of Education）。在纽约的学校管理社每月发行的杂志《学校管理》第3期中曾发表《杜威支持联邦教育部》（1934）。根据杂志报道，为保障"平等的学校教育机会"，杜威支持设置联邦教育部以及教育行政长官。文章中指出，杜威之所以支持设置联邦教育部，并不是为了构建"教育的标准体系"，而是希望能够确保所有的儿童能够平等享有受教育的机会，为的是"确保儿童的福利"。

　　《学校管理》曾用具体的数字披露了教育差距的实际状况。根据其公布的数据，纽约最贫困地区学校的学生每人每年的消费是78美元，而阿肯色州的人均消费却不过12美元。还有，都市男生与地方男生相比，每个学期平均在校学习时间要多出5周。一些富裕的学区收到的经济资助可能会比贫困的学

---

① Dewey, John, "Toward a National System of Education," op. cit., pp. 356-359.

区的高出275倍。根据此篇报道，杜威基于教育的实际现状，倡议成立联邦教育部，实现所有儿童能够享有教育平等的理想。[①]杜威否定教育差别，希冀用"平等"原理构建公平公正的教育体系，这些观点是非常重要的。

在《学校管理》第4期中还刊登了《约翰·杜威期待国际扶轮社与学校合作，共同为培养儿童的人格作贡献》（1934）。杜威认为，"竞争"与"被动"有"笼罩支配学校生活的倾向"，在如此的环境中，为探究"培养儿童人格形成的教育的所有可能性"，我们有必要让国际扶轮社与学校合作，确保"经济基础"。他所探讨的正是经济界为学校作出贡献的可能性。具体资助政策的提案有：儿童运动场的设置、少年不正当行为的预防与应对、贫困地区环境的改善、社区电影放映、防止学校与社会生活脱节等。从这些报道中可以看出，杜威想通过学校生活与社会经济间的"合作"，实现帮助儿童学习的目的。[②]

1935年杜威发表了《自由与社会控制》一文。他从三个角度分析了"自由"所具备的特性。第一，"自由"不是"单纯的概念和抽象的原理"，而是"成就特定事物的有效力量"。杜威认为，正因为"提供力量的是现有的体系"，所以"自由"应同"制度的永久化"相关联。第二，"自由"与"力量分配的变化"相关。如果某些地方"要求增大力量"，那么"其他地方就有力量减少"的可能，需要考虑"力量的相对性"。第三，某些地方有自由，就说明其他的某处伴随着"压抑"。杜威认为，"自由"的观念并不是"个人的问题"，而是社会的问题，"自由"与"现存力量或是自由的分配"相关，其"分配"与法律上的、政治上的、经济上的"实际社会分配"相关。杜威想从

---

① "Dewey Favors Federal Department of Education," *School Management*, vol.3, no.4, April, 1934, p. 13.

② "John Dewey Asks Rotarians to Cooperate with Schools in Character Development," *School Management*, vol. 4, no. 1, October, 1934, pp. 6-7.

"既有的自由分配"与"力量统制"中产生"新的制度"与"社会控制"。①

如果进一步思考的话,"自由与社会统制"的探究已达到实现教育"自由"与"平等"的"社会制度"的"理想"。杜威在1936年1月14日纽约的无线电广播(SEVDI)中谈到"教育与新社会理想"。广播中提到,教育上要求"民主主义""自由""平等"等"社会理想"绝不是新事物。其中能称为新事物的,在于"与为实现理想所寻求的手段和方法之间的关系"。诚如杜威所言,在美国的传统中,"自由"与"平等"保障的是"所有人机会的平等",一直以完备其"基本条件"为目标,但在历史的经纬中,这些却被扭曲为经济活动的"自由"与法律上的"平等",尤其是在自由放任主义中早已渗透为"表面上,法律对所有人一视同仁,平等早已存在"。针对这样的想法,杜威意欲实现的是根植于"集体大众利益"的"自由"与"平等"。由此,杜威想要创立的正是为实现"社会新秩序"的"理想"与"教育"相结合的学校体系。具体的做法就是,将引领"学问自由""教育与学习自由""道德自由"为目标的"自由之学校"的建设定为"教育与新社会理想"的中心目标。②

（2）拥护学术自由

杜威于1936年发表了《学术自由的社会意义》一文,论述了"教育的自由"已"成为问题",并"濒临危机"。杜威认为,在传统意义上,该观念在导入"免费学校"的理想,实现教科书免费与图书馆免费使用,在部分学校提供免费的牙科治疗与医疗服务、免费的午餐之前,确实促进了公众教育的发展,但仅如此的话,并非真正意义上实现了"教育自由"。"教育并不会在真空状态下发挥作用",而是"由人经营的产物"。因此,"教育的自由"是"具象化的学生与教师的自由",是"作为教育代理机构的学校的自由"。杜威指出的"教育的自由"不仅包含"教师的自由",而且包含"学生的自

---

① Dewey, John, "Liberty and Social Control," *The Later Works*, vol.11, pp. 360-363.

② Dewey, John, "Education and New Social Ideals," *The Later Works*, vol.11, pp. 167-170.

由”，这是非常重要的，值得我们关注。对于“学生学习的自由”，“教师的自由”是必要条件。之所以这样讲，是因为自由既不是“社会问题之一”，也不是“个人的私人要求”，更不会“在真空状态下发挥作用”。杜威拥护“教育在道德与理性上的自由”，尊重教师在教材、教法、训练、学校组织、行政方面的自由研究与创造。杜威还认为，“教育者教授与学生学习的自由”是在确保“市民能够自由参加社会改造”基础上的前提条件，如果没有这个前提条件，“民主就会死亡”。

杜威认为，“精神的自由与表现的自由”乃是“所有自由之根源”。那就是教师对教科书、教材、学习方法、教室管理、行政以及组织管理展现的自律性的自由，在课堂中，是教师与学生间的自由。“学术自由”是“社会性问题”，与“未来的市民性”息息相关。事实上，如果没有“研究自由”与“教师与学生的自由”，“学术自由的社会意义”也不会创造出“秩序社会发展所需的理性行为的习惯”。杜威还认为，在“教育解放的过程中”，为实现“更加公平公正合理的、更有人情味的目标”，有必要对“正在发生的社会变化”用“理性智慧且规律正确的方法”来指导。因此，杜威倡议拥护“作为教育代理机构的学校自由”的政策，其中包括“教师的自由”与“学生的自由”。[1]

杜威在《社会前沿》发表了《教育中的理性》（1936）与《赫钦斯校长关于高等教育改组的建议》（1937）两篇文章。他介绍了英国科学家兰斯洛特·托马斯·霍格本（Lancelot Thomas Hogben，1895—1975）的《理性的隐退》（1936）[2]与芝加哥大学校长罗伯特·梅纳德·赫钦斯（Robert Maynard Hutchins，1899—1977）的《美国的高等教育》（1936）。[3]杜威认为，霍格本论述的“现代社会理性的没落”与赫钦斯所宣扬的“确立以理性为基础的高

---

[1] Dewey, John, "The Social Significance of Academic Freedom," *The Later Works*, vol.11, pp. 376-379.

[2] Hogben, Lancelot Thomas, *Retreat from Reason*, New York: Random House, 1937.

[3] Hutchins, Robert Maynard, *The Higher Learning in America*, New York: AMS Press, 1978.

等教育"虽在"表面上尤为相似",但是两者得出的结论却是截然不同的。霍格本提倡的是推动"科学实验活动","知识真正的本质与社会有用论密切结合",与此相对,赫钦斯则认为教育应该坚持的是教授"真理",能够在发现"理性的本质与其作用模式"中作出贡献的"永恒之学问"。赫钦斯认为"高等教育"的基础是柏拉图、亚里士多德、托马斯·阿奎那的"形而上学",在"文法""修辞学"与"伦理学"中加入"古典""数学"与"物理学"的内容,是同"职业教育"与"技术教育"区别开来的"一般教育"与"一般教养"。杜威批判道,从这点可以看出,赫钦斯认为"人情要素"才是教育中"固定永恒的角色"。①

杜威的批判并不仅限于此。他指出赫钦斯藐视科学"仅仅是经验的积累",提倡"固定永恒不变的权威主义原理"。杜威批判赫钦斯的"解决对策"是"尽可能地将高等教育远离现代社会生活",这样的"隔断分离能否对理性智慧的创造活动"作出贡献令人心生疑惑。杜威还批判了赫钦斯在回避决定"构成等级制度真理"过程的一些问题。杜威认为,极其重要的是,柏拉图、亚里士多德、托马斯·阿奎那并未"从同时代的科学以及社会中退步",他们具象化体现了"纯粹的探索与发现、一种深远的尝试,高等教育需要的正是要"与同时代的科学与社会保持密切的关系"。②

然而,赫钦斯也对杜威的言论做出了反驳。赫钦斯反驳的要点首先为,在其著作中列举的不仅仅是柏拉图、亚里士多德、托马斯·阿奎那,还有洛克、托克维尔、列宁、康德等,更别说是蔑视"自然科学",三分之一的教育建议内容都是"自然科学","'固定的'或是'永远的'这些词汇"都是杜威所使用的表达方式。其次,赫钦斯反复批判杜威意欲否定"形而上学"以

① Dewey, John, "Rationality in Education," *The Later Works*, vol.11, pp. 391–396.
② Dewey, John, "President Hutchins' Proposals to Remake Higher Education," *The Later Works*, vol.11, pp. 397–401.

及"哲学"的教育。①对此，杜威再次反驳赫钦斯的回答并没有正中问题的核心，可以归结为以下四点。第一，在赫钦斯的著作中，列举柏拉图、亚里士多德、托马斯·阿奎那以外的人物时，都是在引用与"知识问题"无关的内容。第二，"经验、自然科学、与实践相结合"与"理性"以及"形而上学"的知识相比的话，处于从属地位。第三，即使赫钦斯本身并未使用"固定的、永恒的"这些词语表现，但在其著作中可以找出同其"性质"类似或是"表述极其一致"的言语表现。第四，"形而上学""哲学"与其说不需要，倒不如说是所有大学都必须要有的教育内容。但杜威强调指出，问题的重点是如何定义"形而上学"以及"哲学"。②

提倡关怀教育的内尔·诺丁斯（Nel Noddings）在批判"自由教育"时提到，在美国的"教育"与"民主主义"中，"突显出两种极为不同的观点"，即赫钦斯的"基本完全静态的希腊式构想"和杜威的"相对动态的构想"。前者"已基本成型，描绘的是秩序井然的社会百象，问题在于到底该如何保持现有的状态"，后者认为"民主主义"并不是"现成的东西"，而是"需要被完成的东西"。诺丁斯认为，前一种观点认为"道德精通者的权威"甚大，"道德上的精通"与"智慧上的精通"是一个意思，"被认为是'最好'的人，就都是'最好'的人"，而在后者中，即使"向专业知识权威的人士寻求意见"，也不会认同"专家的强制灌输"，他们要的是"怎样、为什么、依据为何"等经过充分探讨得出的结果。③

杜威和赫钦斯的对答，唤起了对教育"自由"与"权威"的疑问。刊登于《学校与社会》杂志上的《权威与社会变动》（1936）一文中曾就这一主题

---

① Hutchins, Robert Maynard, "Grammar, Rhetoric, and Mr. Dewey," *The Later Works*, vol.11, pp. 592-597.

② Dewey, John, "The Higher Learning in America," *The Later Works*, vol.11, pp. 402-407.

③［美］内尔·诺丁斯著，［日］佐藤学监译：《学会关心——教育的另一种模式》，第293-296页，ゆるみ出版2007年版。

进行了探究。杜威认为，"过去4个世纪中对权威的反叛"，使人们更多地认为"权威"概念"侵蚀了个人领地"，被认为是"与个人自由作对"。因此，将"权威领地"与"自由领地"设定"划分为两个不同的领地"。然后，依照二律背反的哲学概念对"权威"展开了批判。批判的内容是"经济上的自由放任"与"社会、政治上的个人主义"，以及被称为"统一名称的、自由主义"的传统。杜威还认为，"权威"与"自由"的关系可以解释为"安定"与"变化"的关系，我们需要关注"权威与自由、安定与变化间的有机统一"的方法。那就是，坚持"保存过去原有价值"的"旧权威的力量"和立志于"联盟信念"的"新权威的力量"间的"斗争"。必要的是"灵活运用变化方向的权威"以及支撑"社会组织理性管理"的"个人自由"。换言之，也就是根植于"集体活动与协同组织活动"中的"科学理智的方法"与"协同理智的作用"，也是"在尝试过程中，用正确观念发展的试验方法"。杜威主张，"自由"并不是"权威"的代价，"权威与自由是相互渗透的"。①

如此，20世纪30年代的杜威批判了自由放任与罗斯福新政中自由主义的趋势，拥护扩张后的民主主义，支持举办公众参与并探讨的社会协同活动，以"共生法则"为基础的，探索进行新公共性的构建。杜威认为，无论是自由放任主义还是罗斯福新政，都将会导致协同联盟与交流的衰退。他将此看作自由主义的空洞化。杜威展望将来通过公众的交流行为与活动，可以促使社会合作与关系网络的生成。杜威公共性建设的关键之处在于，综合了激进自由主义与联盟，并形成了协同、创造性的民主主义。他想对创造出民主主义的观念、"共生法则"的政治伦理环境进行重新改组。通过这些，达到唤醒公众、重新构筑自由主义的意图。

杜威从以民主主义与公共性为原理的学校改革入手，首先把"教育"理解为"文化传承与重组的过程"，探索学校与其他多样代理机构的合作模式，

① Dewey, John, "Authority and Social Change," *The Later Works*, vol.11, pp. 130–145.

创建形成新的关系网络。其次，利用教师与公众的合作扩大参与社会的机会。从教师与孩子之间的对话关系中理解"教育自由"的真正含义，并利用这种方式，准备实施社会与文化方面协同合作的教育方式。杜威所寻求的是一种转变，是由教育的市场原理统辖与国家官僚主义、专门主义的支配所突显的权利主义解体转变为公众的"社会性行为"的"组织化"。这一尝试意欲超越19世纪后半时期到20世纪前半时期社会的主要特征与局面，创造出以"共生法则"为基础的新的交流空间与社会活动。民主主义的学校会在组织这样具有公共性的活动中得到长足发展。在作为"社会性行为"与"公共性行为"的"代理机构"——学校的创建上，杜威倾注了心血与努力。

第4章　重新架构审美经验的教育

第 1 节　作为公共性渊源的艺术

如同在之前章节中论述的那样，杜威在20世纪20年代以后开展的学校改革是基于民主主义与公共性的构想之上的。他在追求权力与自由观念的过程中，试图重新界定公共性的概念，探索再次构建学校公共性的方针策略。在此，还有个遗留问题，那就是他在《公众及其问题》以及《旧个人主义与新个人主义》中经常提及"艺术"这件事情。杜威将"公共事物"和"交流"与"艺术"领域关联在一起进行讨论，这重新成功唤起了我们的好奇心与关注。[1]从"艺术"层面探究的这一主题就是《作为经验的艺术》一书。该书以1931年在哈佛大学举办的威廉·詹姆斯纪念讲座上的十次系列演讲稿为基础，加工整理而成。作为有目共睹的事实，杜威将自己搜集到的大多数艺术作品都汇总收录于该书之中。[2]

如果结合杜威的公共性构想试着考察一下他的艺术论的话，那就会发现很多令人兴趣浓厚的地方。一是，从与社会、文化、生活实践领域关联的角度出发解释艺术。假定在政治与社会的外部，艺术并未被本质化，需要将艺术放在20世纪前半期的都市化、产业化、技术化、大众文化发展等的社会变化中来理解。二是，从超越人与人之间经验壁垒的沟通交流的观念出发，探究艺术的概念。杜威指出，以往的传统隔断了具体的经验世界来解释艺术，会使制作者

① Dewey, John, *The Public and Its Problems*, op. cit., pp. 235–372. *Individualism, Old and New*, op. cit., pp. 41–123. "Progressive Education and the Science of Education, " op. cit., p. 268.

② Dewey, John, *Art as Experience*, op. cit., pp. 1–352.

与鉴赏者、生产者与享受者、艺术家与听众之间产生对立，继而发生与社会脱节的危险。与此相反，杜威的艺术论特征在于结合沟通交流的经验来解读艺术。

但在1952年杜威逝后，科学主义席卷众多学问领域，杜威的艺术哲学以及他的独到之处却有逐渐被人忘却的趋势。特别是以英美国家为中心的颇具影响力的分析哲学，开始批判实用主义是欠缺严谨周密性的哲学。因此，杜威的后继者们陷入了需要过度强调其内在思想中所具有的科学性的泥沼中。在20世纪80年代以后的实用主义复兴中，有人开始将其从科学主义解释这一顽疾中解救出来，唤起人们关注杜威思想是通过与社会实践与生活实践之间的联系来解读艺术、宗教、伦理主题的存在。[①]进行这项工作的正是研究杜威艺术论的托马斯·亚历山大（Thomas M. Alexander）。亚历山大认为美学主题自始至终贯穿于杜威哲学之中，为"经验的形而上学"奠定了基础。[②]根据亚历山大所述，艺术实现了"埋藏于世界之中的意义与价值的可能性"[③]，正是充实了艺术的"创造性探究"才形成了"民主主义的共同体"[④]。

菲利普·杰克逊（Philip W. Jackson）也考察了杜威艺术论对现代教育的意义。杰克逊着眼于杜威将艺术与日常经验相结合的部分，将课程中导入的艺

---

① 指出这一点的正是自称杜威派、引导杜威复兴的理查德·罗蒂。罗蒂在第二次世界大战后，从内部批判脍炙人口的分析哲学的科学性，开始探究不能还原为科学主义的"偶然性"（contingency）、"对话"（conversation）、"团结"（solidarity）所具有的意义，是从后现代主义的观点出发重新评判杜威"审美实用美学"的先驱。（Rorty, Richard, *Contingency, Irony, and Solidarity*, op. cit. *Objectivity, Relativism, and Truth*, op. cit.）

② Alexander, Thomas M., *John Dewey's Theory of Art, Experience & Nature: The Horizon of Feeling*, Albany: State University of New York, 1987. "The Art of Life: Dewey's Aesthetics," *Reading Dewey*, Hickman, Larry A.（ed.）, Bloomington: Indiana University Press, 1998.

③ Alexander, Thomas M., *John Dewey's Theory of Art, Experience & Nature: The Horizon of Feeling*, op. cit., p. 185.

④ Alexander, Thomas M., *John Dewey's Theory of Art, Experience & Nature: The Horizon of Feeling*, op. cit., p. 273.

术解释为通过"拓展能够扩大经验世界之意义的能力"，能够教授给我们更加全面多样美好生活方式的本源。[1]在本章中，我们从公共性形成的源头上理解艺术，将焦点放在杜威提倡的通过美学经验重新架构教育方面进行研究。

1　20世纪30年代的艺术论诸相与轮廓

（1）媒体研究与大众文化研究的兴盛

《作为经验的艺术》一书出版后，对于书中杜威有关艺术的观点，各界人士反响强烈。例如，美国美术评论家赫伯特·里德（Herbert Read，1893—1968）对于杜威主张"美学与教育相结合"[2]这一观点赞不绝口。还有，斯蒂芬·佩珀在支持杜威艺术论的同时，指出其中存在"唯心论"与"实用主义"互相矛盾的地方。[3]

其中，比较激烈的当属20世纪前半期以意大利思想家兼美学家克罗齐（Benedetto Croce，1866—1952）与杜威之间的辩论最具代表性。[4]克罗齐作为黑格尔主义的唯心论者，参照派克的论点对杜威的艺术论展开了批判。他认为，尽管实用主义是"矛盾的理论"，是"解决所有新问题的开端"，但《作为经验的艺术》仍具有以"绝对性结合"为目标的"唯心论"的性质。对此，杜威进行了反驳，克罗齐对于杜威自己回答"不是唯心论者而是实用主义者"

---

① Jackson, Philip W., "If We Took Dewey's Aesthetics Seriously, How Would the Arts Be Taught?," *The New Scholarship on Dewey*, Garrison, Jim（ed.）, Dordrecht; Boston: Kluwer Academic Publishers, 1995, p. 195.

② Read, Herbert, *Education Through Art*, London: Faber and Faber, 1943, p. 245.

③ Pepper, Stephen, "Some Questions on Dewey's Esthetics," *The Philosophy of John Dewey*, Schilpp, Paul Arthur（ed.）, op. cit., p. 389.

④ 关于克罗齐与杜威的论争，凯瑟琳·吉尔伯特（Katherine Gilbert）将克罗齐在意大利《批评》杂志中开展的评判英译为《美学与艺术的评论研究》。

而心怀不满，对于未能明确提及两者之间联系的美学毫无根据。①另外，杜威虽然对克罗齐敢于攻击意大利墨索里尼（Benito Amilcare Andrea Mussolini，1883—1945）政权下缔结的《拉特兰条约》（Patti lateranensi），坚定不移地站在反法西斯的立场进行英勇斗争的行为表达了敬意；②但批判他的美学是执拗于仅将"精神"视为"真实存在"的"唯心论"。③就这样，两人的辩论最终也未能达成一致。

佩珀和克罗齐对杜威的批判被称为"佩珀与克罗齐之纲领"，亚历山大对此进行了反驳。亚历山大通过对杜威的"自然主义的形而上学"的调查研究，十分拥护杜威提倡的在形而上学经验概念基础之上建立起来的美学。④在亚历山大对佩珀和克罗齐一刀切的批判中，值得我们留意的是，佩珀是杜威"实用主义"的积极拥护者，与从"唯心论"的立场出发、对杜威观点持完全否定立场的克罗齐之间具有不同的一面。那就是，杜威的艺术论并非源自"形而上学"，而是从"语境主义"的角度出发得来的。⑤就放弃形而上学而言，对实用主义高度关注的理查德·罗蒂的研究尤为重要。通常杜威的《经验与自然》被认为是形而上学的观点，但罗蒂将其作为经验相关的"历史学—社会学的研究"方面重新予以解读，提倡有必要将视角由"'经验的形而上学'转为对文化发展的研究"，重新解读杜威理论。⑥罗蒂的研究并没有从"唯心论"

---

① Croce, Benedetto, "On the Aesthetics of Dewey," *The Journal of Aesthetics & Art Criticism*, vol. 6, March, 1948, p. 205.

② Dewey, John, "A Comment on the Foregoing Criticism," *The Journal of Aesthetics & Art Criticism*, vol. 6, March, 1948, p. 207.

③ Dewey, John, *Art as Experience*, op. cit., p. 299.

④ Alexander, Thomas M., *John Dewey's Theory of Art, Experience & Nature: The Horizon of Feeling*, op. cit.

⑤ Pepper, Stephen, "The Development of Contextualistic Aesthetics," *Antioch Review*, vol. 28, 1968, pp. 169-185.

⑥ Rorty, Richard, "Dewey's Metaphysics," *New Studies in the Philosophy of John Dewey*, Cahn, Steven M.（ed.）, Hanover, N. H.: University Press of New England, 1977, pp. 45-75.

与"实用主义"之间的矛盾出发解读杜威的艺术论，而是将其作为围绕经验的社会、文化上的研究来解释，在这一视角上富于启示。

　　实际上，纵观20世纪30年代以后的世界形势，艺术已然作为一种新的思想课题出现。例如，1935年、1936年，瓦尔特·本亚明（Walter Benjamin，1892—1940）将"美"与"政治"之间的关联作为主题的《复制技术时代的艺术作品》①、20世纪40年代中期狄奥多·阿多诺在流亡之地美国做了关于"艺术"与"文化产业"之间关系的论述。②以阿多诺为首的流亡犹太人与保罗·拉扎斯菲尔德（Paul F. Lazarsfeld，1901—1976）团体所从事的媒体与大众文化的研究也同样是在20世纪30年代后半期至20世纪40年代③、从同时代的政治以及社会文化大环境出发解读艺术，针对其功能以及批判方面的研究尤为盛行。在这一连串的开展过程中，19世纪以后从历史角度研究美国媒体论与文化变化的丹尼尔·杰·齐特罗姆（Daniel J. Czitrom）论述了杜威艺术论在交流以及媒体方面的先驱性，并给予了很高的评价。④

　　尽管杜威与这些论者之间，并非都像与克罗齐那样进行过直接的辩论与交流，但杜威与他们之间在论述艺术的角度上是存在共通性的。但是，这也

---

　　① ［德］瓦尔特·本亚明著，［日］浅井健二郎编译：《本亚明作品集1 近代的意义》，第583-640页，筑摩书房1995年版。

　　② ［德］阿多诺·特奥多尔著，［日］三光长治译：《最低道德》，法政大学出版社1979年版。［德］马克斯·霍克海默、特奥多尔·阿多诺著，［日］德永恂译：《启蒙辩证法》，岩波书店1990年版。

　　③ ［美］保罗·拉扎斯菲尔德：《社会调查史中的一件逸事：回忆录》，［美］H. 斯图亚特·胡斯、［德］西突多·阿多诺、乔治·曼德勒、［英］玛丽·雅霍达、［美］保罗·拉扎斯菲尔德著，［日］荒川几男、山口节郎、近藤邦夫、今防人译：《流亡科学家：社会科学者与心理学者》，第181-287页，みすず书房1973年版。

　　④ 齐特罗姆将杜威视为美国媒体论开端的一人。齐特罗姆在探讨杜威的民族主义论与新闻论中，在承认交流与媒体历史意义的同时，认为媒体的发达促进了民主主义的发展，指出了杜威实用主义的界限。（Czitrom, Daniel J., *Media and the American Mind: From Morse to McLuhan*, Chapel Hill: University of North Carolina Press, 1982, pp. 91-121.）

并不意味着他们各自的主张内容是相同的。阿多诺认为艺术在美国的"文化产业"中被完全商品化，缺少批判性与反省性，他看到统一性中整体主义的萌芽，并作出了悲观主义的诊断。此处，阿多诺没有使用"大众文化"一词，而是使用了"文化产业"这一词，缘由是采用了象征性的比拟手法。他拒绝使用类似劳动者变为操作、被管理的客体、大众肩负着文化主体这样的语言变现。①另外，本亚明认为，大量生产中复制技术的普及虽然使得艺术的"氛围"与"'当下—此刻'的性质"凋落，但这也促进了以仪式及礼拜价值为依据的"真正"的艺术转为"某种别的方式的实践、即政治艺术的解放"。本亚明对于法西斯的"政治审美"是彻底抵制的，大众可以利用与该解放相关的"艺术政治化"开辟出新的时代，引出大众所希望的趋势与动向。②

那么，杜威是怎样的呢？可以先这么说，杜威所关注的是艺术经验可以产生共同体与联盟，形成公共性的基础。他在之前未必使用过"公众"这一描述，但在《公众及其问题》中，同样的问题却明确使用了"公众"这一描述。针对"公众的消亡"，他将"清晰的公众"放在对立的位置进行论述，主张通过"交流的艺术"来形成。③此外，杜威认为，"公众"的苏醒属于"公共教育"的课题。他指出，在"民主和教育管理"中，"公共教育在本质上就是公众教育"④。另外，在《公众及其问题》中，不仅将教育定义为"学校教育"，而且更将其定义为"培养公共体成员形成价值取向与信念的所有方法"相关联的事物。⑤艺术形成了与共同体教育相关的"公共性事物"的源头。

---

①［日］阿部洁：《公共圈与交流——批评研究的新地平线》，第49-50页，ミネルヴァ书房1998年版。

②［德］瓦尔特·本亚明著，［日］浅井健二郎编译：《本亚明作品集1 近代的意义》，第594-629页，筑摩书房1995年版。

③ Dewey, John, *The Public and Its Problems*, op. cit., pp. 304-350.

④ Dewey, John, "Democracy and Educational Administration," *Philosophy of Education, Problems of Men*, Totowa: Littlefield, Adams & Co, 1958, p. 69.

⑤ Dewey, John, *The Public and Its Problems*, op. cit., p. 360.

可以这么说，杜威这一尝试在美国是极富象征意义的。在当时欧洲的"纯粹艺术"的优势地位已然动摇的情况下，杜威的这一尝试正暗示了一种价值转化，即探究美国文化具有肯定意义及可能性的契机。主张"美学实用主义"，积极承认"大众艺术"存在的理查德·舒斯特曼（Richard Shusterman），在以建立"欧洲政治以及经济独立"为目标而斗争的"新世界"中，在抵抗"欧洲贵族主义进口品"这一"高级艺术"的历史背景的基础上，引用杜威"艺术美术馆的观念"以及"文化美容院"这样的词汇，批判支撑这些内容的"美学意识形态"。舒斯特曼批判，人们不能理解"高级艺术"是"相对的问题"，尽管这一问题"由社会决定"，但那也是一种"本质愚劣印证"的投射，具有"与社会意识形态隔离"的性质。而且提出为了从此处"拓开"艺术的概念，超越近几年将艺术视为"文化实践"的动向，有必要模仿杜威，将其作为经验重新进行定义。①

（2）经验美学的形成

杜威主张结合"日常经验"来理解艺术。他批判将艺术封闭在"纯粹艺术"的框架内进行诠释。而且，他还从"经验"出发定义艺术，通过社会、文化的开放，使"公共性的东西"得以成熟。杜威所寻求的是将"完全经验的开端"与"冲动"（impulse）区别开来的"冲动性"（impulsion）。即"冲动"是"专门的、特殊的"，是"完全适应环境机构的一部分"，与此相对，"冲动性"则是"整体中的有机体运动"，是"完美经验的初步阶段"。但是，其中，"表现"还处于混沌状态，并未具有实际的形态。杜威对"感情与冲动的直接发泄"与"表现"是区别看待的。即前者是"去除舍弃"之物，而后者则是以"驻足、在发展中前进、在完成之前反复琢磨"为特征的。另外，他还将"表现活动"比喻为"去除先行经验的价值，明确且秩序井然"之物。"表

① ［美］理查德·舒斯特曼著，［日］秋庭史典译：《实用主义美学》，第16-153页，劲草书房1999年版。

现"并不代表"内部完成"的"感情"，是"通过与外部素材的互相接触而被表达"的事物，"感情""表现"原本是"针对某些客观的事物所产生的与之相关的事物"。也就是说，"表现活动"与"媒介"之间的关系被认为是"本质的东西"。①

视"媒介"为"表现"这一观点，让我们重新思考传统艺术概念的视角。关于这一点，亚历山大将艺术解释为"模仿／再现"的古希腊传统，转变为促进"人类内部情感表露"的浪漫主义的"表现"，将杜威的"表现"与浪漫主义区别开来。亚历山大认为，"精神"是"存在真正的本源"，杜威强调的则是浪漫主义艺术与"经验的媒介"，其重视先于"人类实际必需品"与"政治经济事件"的"道德上的东西"，即强调有机体与世界之间的"自然的相互作用"，与社会其他成员之间的"文化上相互作用"的艺术表现，并描绘出了其中的不同之处。②我们可以认为，杜威与克罗齐之间认识的不同正是从这派生出来的。

杜威将"艺术"从"具体实际经验的对象与关联"中剥离出来，并将其"精神化"，或者通过用"既定框架隔开"进行把握，认为"现有艺术存在问题"。而且，艺术成为"这种精神化的替代品"并不是指将"作品进行媚俗低俗的物象化"，而是将"日常经验中看到的艺术作品的本质进行理想化"。③此处的"经验"指"个人与事物及他人之间的相互作用"，表示"个人在世界中生活"的这件事情。④这个"相互作用"并不是固定的、静止的"力量结

① Dewey, John, *Art as Experience*, op. cit., pp. 64-73.

② 亚历山大指出，支撑浪漫主义艺术的思想基础中有近代启蒙意识论与自我概念。他是浪漫主义的代表人物，他将谢林（Friedrich Wilhelm Joseph von Schelling, 1775—1854）、叔本华（Arthur Schopenhauer, 1788—1860）、柯尔律治（Samuel Taylor Coleridge, 1772—1834）三人定为浪漫主义的代表人物，并对此进行了论述。（Alexander, Thomas M., *John Dewey's Theory of Art, Experience & Nature: Horison of Feeling*, op. cit., pp. 214-215.）

③ Dewey, John, *Art as Experience*, op. cit., pp. 17-21.

④ Dewey, John, *Experience and Education*, op. cit., p. 25.

合"。它促进了"自己"与"环境"两者之间进行持续的、积累的"一体化的丧失与恢复融合的节奏",并给"变化流动的漩涡带去了安定与秩序"。这是整合"旧经验"与"新经验",唤起"再创造",提高至"完美经验"的一个动态过程。在此,具体以婴儿的表现活动为例进行说明。随着婴儿的成长,婴儿逐渐开始知道,自己的哭与笑会引起周围人怎样的反应。然后,婴儿开始记住自身每个行为会招来的结果,开始了解自身行为所代表的意义。一旦婴儿知道自己哭可以引起周围人的注意,那么下次就会有目的地哭泣。婴儿考虑到自己的行为可以引发的结果,并逐渐进行行为的自我控制。就这样,行为导致的结果与下次行为的意义相融合,并以这些经验为媒介进行表现。①杜威就是基于这样的过程,从交流的观点出发来把握艺术表现的。

> 之所以说经验的表现是公共性的事物,是交流性的事物,是因为被表现出的经验就像形成这些经验的生者与亡者现在还存在一样……其具有使交流发挥作用的功能与效果,这件事情不是依靠外部的偶然,是源于人与他人共有的本性。表达是打破人与人之间隔阂与屏障的最根本的东西……艺术是最为普通的语言形态,是从文艺作品中脱离,根据公共世界的共同性质构成的最普遍的自由交流的形式。②

"公共"作为"交流性的""经验表现"这一主张值得关注。杜威认为,艺术具备超越人与人之间的"壁垒",通过促进交流共享,生成"公共世界共享的性质"。在《经验与自然》中,杜威阐述"在所有事情中的交流是最令人惊异的",并表示"从公正、无利害相关的精确验证的关联意义出发进行讨论"的本身就是"一门精炼的艺术"。而且,力图在文学、诗歌、音乐、

---

① Dewey, John, *Art as Experience*, op. cit., pp. 21-68.

② Dewey, John, *Art as Experience*, op. cit., p. 275.

戏剧等"状况中实现共有"的"沟通交流"中，可以看到艺术的可能性。①艺术是以"经验"为基础的"文化"与"共同体"间的对话。

　　杜威从人类与他人之间相互交流、共享的"本性"出发，把握超越人类经验世界的"壁垒"与交流的联系。但是，他认为交流并不是"艺术家的目的"，那是"作品的结果"。艺术作品被认为是"普遍的"，那就必须"在每个人的新经验之中，不断将其具象化并使其苏醒"。即使是"托尔斯泰的作品"以及"著名的乐曲"也需要他们"在个人的经验中生存"，"利用美的经验进行再创造"。②所谓的艺术"鉴赏"，并不是单纯将其作为固定不变的完成品来接受。也就是说，作品并不能唤起现在的人们拥有与过去相同的意义与经验。伴随鉴赏者"对客观事实进行的一系列反应活动""再构成活动""生动鲜活的意识""运动的要素"③，利用"经验表现""如同生者与死者的经验现在仍在一样"，艺术具备了"交流的性质"，成为"公共性的事物"④。

　　从交流的视角把握艺术，并不是从社会生活中将艺术的概念塞进分割好的封闭空间之中，而是意味着让不同的人们聚集起来，开始与此相关的社会实践。因此，杜威关注的是"媒介"的作用。正是因为媒介打开了"公众"的对话，期待向共同体中注入新鲜力量，杜威主张，正是艺术具有各自的"媒介"，所以才适应"某种交流的方式"。而且，"作为媒介对媒介的敏感度"是"所有艺术创造与审美鉴赏的精髓"。在此，以唱片为例进行说明。唱片"仅仅是艺术效果的搬运工"，但"唱片中播放的音乐"却使得"搬运工也具有了更高层次的意义"。即它是"与搬运事物成为一体的搬运工、与要传递的东西合为一体"。杜威认为媒介是"传播艺术家与鉴赏人员的事物"，顾名思义是传播相互经验世界的事物。通过传播彼此间的经验，将艺术发展为"完美

① Dewey, John, *Experience and Nature*, op. cit., pp. 132–159.

② Dewey, John, *Art as Experience*, op. cit., pp. 109–114.

③ Dewey, John, *Art as Experience*, op. cit., pp. 58–61.

④ Dewey, John, *Art as Experience*, op. cit., p. 275.

经验"。①

此处有一个意味颇深的考察与此相关，那就是记述关于"艺术的"（artistic）与"审美的"（esthetic）在传统意义上的区别。因为"艺术性"与"制作活动"相关，所以，杜威指出"审美"与"认识与享受活动"相关，并在此基础上指出英语作为没有同时表达这两种作用的语言，甚为不幸。②杜威感叹在"制作"与"鉴赏"艺术的经验中出现了断层。杜威从交流与媒介的关系出发，为艺术背景中存在这样的经验"断层"而感到忧虑。制作者与鉴赏者、生产者与享受者之间的对立替换为不言自明的传统，杜威按照人们的日常经验，意图以两者为媒介，构建新的共同体。③他从艺术作为通过交流而生成意义的视角出发，阐述了下面一段话。

> 因为所有的艺术都是一种表现形式，意图传达某些东西。艺术可以明确且深度共享我们无法用语言表达的事物与意义，以及大家常见却容易忽视的事物的意义……交流是创造参与的过程，是共有单独事物的过程，我们之所以认为它是一个奇迹，是因为在被传达的过程中，意义的传达赋予了听众以及讲述者更加明确清晰且具体的经验。④

---

① Dewey, John, *Art as Experience*, op. cit., p. 203.

② Dewey, John, *Art as Experience*, op. cit., p. 53.

③ 舒斯特曼关于此点的考察是比较重要的。舒斯特曼指出，自亚里士多德以来，"艺术"的实践被"制作模型"与"生产模型"所支配，"保护到手的艺术作品需要花费巨额的金钱"，还有，这种模型导致"艺术家与听众""行动制作者或著者或旁观者或读者"之间产生"本质上区别"的界限。然后，杜威通过将"艺术"重新定义为"经验"，主张同时包含"被动接受与同时生产""吸收与经验同时重新构筑"这两者比较重要。舒斯特尔曼说，那是随着"经验主体的形成同时形成"的。（［美］理查德·舒斯特曼著，［日］秋庭史典译：《实用主义美学》，第36-38页，劲草书房1999年版。）

④ Dewey, John, *Art as Experience*, op. cit., pp. 248-249.

另外，在《公众及其问题》中，杜威有如下主张。

　　艺术家的解放，等同于对社会探究的解放，是创造出公共事物相关的最理想状态的前提条件。在见解与判断这样的意识生活中，人类经常处于较为浅薄的维度之中。但人类的生活可以达到更加深层次的领域。艺术的作用就是打破意识因循守旧而一成不变的伪装。①

杜威认为，艺术能够更加丰富人类的经验，用更深层次的水准解读平常司空见惯的事物，同时也就生成了伴随"经验具体性与明确性"的"意义"。而且，通过更深层次的维度，促进人们之间"共有"经验，促使他们参加交流。在与他人、物及文化间的相互接触、加深经验的过程中，美学经验具有打破之前固化的关系，形成新的共同体的功能。杜威指出，"艺术家"是"新闻真正的提供者"。之所以这么说，是因为所谓"新鲜事"并不是"表面的事件"，而是据此点燃的"感情、认知与鉴赏"。②从这件事上我们可以看出，"艺术"是"公共事物"的前提条件。杜威从历来的概念中释放了艺术，导入了"公众"参与的视角，意图建立以人们的经验世界为基础的公共空间。

2　艺术的公共性地位

（1）艺术与社会的剖面图

　　从19世纪至20世纪，面对社会的急剧变化，杜威开展实施了艺术论。媒体、产业文明与大众文化的登场，使得人类从内部开始变革艺术相关的形式。据杜威所述，他认为曾经"与经验一起、存在与经验之中的"艺术，随着近代

---

① Dewey, John, *The Public and Its Problems*, op. cit., pp. 349–350.

② Dewey, John, *The Public and Its Problems*, op. cit., p. 350.

社会的变化，从经验世界分割出来，脱离了本来的文化、共同体以及与社会的关联。就是说，本来"作为戏剧源头的舞蹈与哑剧"成为"宗教仪式与祭祀的一部分"，"音乐"来源于"手指拨动紧绷的弦，拍打紧绷的皮、吹奏笛子"，连"洞穴"之中都可以"用彩色画装饰人类的居所"。在这个意义上，与其说"戏剧""音乐""绘画""建筑"与"剧场""画廊""美术馆"之间存在"特别的关系"，还不如说是与"人类的生活"密切相关、属于"组织共同体中重要生活的一部分"。与此相对，把艺术作品从社会关联中脱离，放到"相隔遥远的台座"上颂扬的传统并不是从"艺术领域"诞生出的东西。[①]杜威将艺术从人们的经验以及共同体中脱离的过程分为以下四个方面。

第一，导致"艺术与日常生活背离"的主要原因是近代的"民族主义"与"帝国主义"。在此，值得我们关注的是，艺术作品从神殿、公共场所，或者是共同体的生活中脱离出来，转至某些特定的场所，收纳于"美术馆及画廊之中这种显著近代制度"的存在。杜威指出，大多数的西方美术馆属于"民族主义以及帝国主义兴起的纪念物"，所有装饰"首都"的"绘画与雕刻"在彰显"本国过去艺术伟大"的同时，也成为"专制君主炫耀征服他国所获得的战利品"。其中比较有代表性的例子是，巴黎卢浮宫美术馆中珍藏的拿破仑的战利品。杜威对日本的考察也颇有深意。他认为，日本在"欧化的过程"中，通过将"拥有财宝的寺院国有化"，避免了他国的掠夺。在这一点上，也可以认为"民族主义"具有两面性。但杜威尤为恐惧的是，随着近代社会的发展，艺术作品渐渐脱离了人们的日常经验及生活的世界，同时它还担负起另一职能，那就是成为炫耀本国"伟大性"的象征。"美术馆及画廊"的"近代制度"蕴含了不同的意义，那就是它成为引起并强化"民族主义"与"帝国主义"的装备。由此归结的"公共性事物"的衰退产生于杜威艺术论的经络之中。[②]

---

① Dewey, John, *Art as Experience*, op. cit., pp. 9–13.

② Dewey, John, *Art as Experience*, op. cit., p. 14.

　　第二，伴随资本主义兴起的"市场"助长了此种"背离"。从杜威的观点中我们可以看出，艺术作品"在市场中被买卖"，通过将其纳入"世界市场的非人性"中，丧失了产生"原本的条件"与"亲密社会的关联"。杜威坦言，新兴阶级在买卖"艺术的标本""兴趣的标识""特殊文化的保证书"这些"获得新地位"的艺术作品的时候，就如同买卖"证券与股票"一样，收集的是"向世间众人炫耀与彰显自身优越地位与教养的审美奢侈品"而已。在杜威看来，作品脱离"日常经验"虽然使得艺术家开始远离"世间"，专注投入到"自我表现"的世界中去，但也正是因为如此，艺术"孤高冷傲的秘教性质"被大力渲染，在市场的匿名性中赋予价值，最终被普遍化。①艺术作品的收藏，被烙上了新兴阶级展示自身社会地位，将其作为象征性的"保证书"一样的性质。舒斯特曼引用杜威的"文化美容院"这一概念，批判其"美学思想"对应的就是这样的历史背景。

　　第三，与机械化技术化产业社会的出现相关联的方面。杜威晚年写了一篇关于丹尼尔·贝尔（Daniel Bell，1919—2011）的小论文——《对人类机器的适应》（1947）的书评，他高度赞扬了书中贝尔批判产业社会的主张——不是"让机器适应人类"而是"让人类适应机器"②，将其称为"划时代、革新之举"。③即使在《旧个人主义与新个人主义》中，杜威也批判了大量生产与消费工程的普及，使劳动者失去了"自己制作东西"以及"自己生产的意义"，使得"人类灵魂非人性化"，"生命的量化"已然开始飞速发展。他批判说，在一味追求物质生产与消费的产业社会中，效率与适应支配的"一致与统一性"扩大，剥夺了表现"差异与特殊性"的美学"本质"。④同时，因为

---

　　① Dewey, John, *Art as Experience*, op. cit., pp. 14-16.

　　② Bell, Daniel, "Adjusting Men to Machines: Social Scientists Explore the World of the Factory," *Commentary*, vol. 3, no. 1, January, 1947, pp. 79-88.

　　③ Dewey, John, "Comment on Bell and Polanyi," *The Later Works*, vol. 15, p. 361.

　　④ Dewey, John, Individualism, *Old and New*, op. cit., pp. 45-52.

"科学与技术在现代生活中具有绝对性的重要力量"，所以不能否认它们的存在，有必要通过"艺术"发展"具有建设性想象力的观察"。即创造"新型个性"的"艺术"，对"科学与技术非常敏感"，其要求灵活运用"扩大化的社会文化"。①总之，杜威的艺术论即使在产业社会中的劳动与技术之间的关联上，也具有非常重要的意义。

第四，与"集体主义国家"之间的关系。杜威认为，在"集体主义"中，艺术作品被解释为"形成煽动感情，进行意见交流的最强制性的手段"。具体表现为，从"剧场""电影院""音乐厅"到"画廊""辩论会""一般性的运动""娱乐场所"，所有的这些都不是"独裁政治受大众压迫的东西"，而是"作为维持权利进行宣传的一部分而置于统治之下"的。杜威对"艺术"的"宣传"功能是为"集体主义"的确立持谨慎态度。他注意到，与"信息"和"理想"相比，"感情"和"想象"更能对"大众的心情与意见"的形成带来影响。在这个意义上，"教会"的存在也不例外。即"集体主义国家"，即使连"教会"作为拥有"审美控诉的力量"，获得并维持"大众忠诚"的手段，也陷入了自身的构造之中。"集体主义"利用"达到感情与想象的力量"，力图实现体制强化的对象，连"仪式与祭祀""传说与习俗"都变得烦琐臃肿。从这一批判中可以看出，杜威描述的正是德国和俄罗斯。他尖锐地批判了"集体主义体制"并不仅仅依靠"外部强制"的这种说法。"集体主义"掌握的并不仅仅是"意见"，它掌握的是"感性""欲望""感情"这些所有的东西，其统辖了"其中所属的所有人的集体生活"，并进行了集体式的管理方式。②

（2）艺术的媒介与交流

杜威对社会的变化与矛盾之间的对立进行了严厉的批判。他批判性地把握了由于市场、产业社会、集体主义等的兴起，而使生产者与享受者、艺术家

---

① Dewey, John, Individualism, *Old and New*, op. cit., pp. 88–89.

② Dewey, John, *Freedom and Culture*, op. cit., pp. 69–71.

与听众、看到的事物与被看到的事物之间产生的对立的问题。他还指出使得共同体解体，产生"公共性事物"衰退的危险。但他并非只是看到现实变化消极的一面。这是与第五个方面相关的事物，即伴随着媒介市场为基础的大众文化的成立，人们之间交流方式也发生了变化。杜威对美学的关注，尤为体现在20世纪20年代至30年代的电影、收音机、报纸等媒体的发展上，这些媒体的发展打破了"以宗教、民族、共同体等为单位的附属文化"，促进了以消费文化为基础的大众文化时代的形成。①

面对这样的状况，杜威开展了将艺术作为"公共性事物"进行理解的尝试。在《自由与文化》中，他试图从"社会条件的重要部分"，即"民主制度"和"个人自由"的角度，划清"艺术"和"纯粹艺术"的界限。特别是，他批判了人们满足于将"文学""音乐""绘画""戏剧"视为"文化的装饰品"的看法，揭示了人们对"民主主义的文化基础"的认识还不成熟的现状。②杜威的艺术论主张"经验的表现""是公共性事物，是沟通交流的事物"，这一主张恰恰反映了当时的社会形势。从事文化与研究的劳伦斯·格罗斯伯格（Lawrence Grossberg）在论述美国的媒体研究与文化研究的历史起源中，在提到马歇尔·麦克卢汉（Herbert Marshall Mckuhan，1911—1980）的同时，还提到了杜威的名字。格罗斯伯格认为，杜威的思想核心在于"共同体"与"沟通交流"的问题，文化与研究的起源也在于"典型的大众社会论的思考方式"。③

在日本学界牵制二战后思想的言论中，很早就引入了杜威结合大众文化及社会文化的角度进行艺术理解的观点。其中的代表作就有致力于将实用主义

①［日］常松洋：《20世纪20年代与大众文化》，见［日］野村达郎编《美利坚合众国的历史》，第189页，ミネルヴァ书房1998年版。

② Dewey, John, *Freedom and Culture*, op. cit., p. 69.

③ 劳伦斯·格罗斯伯格"文化研究在美国的导入与介绍"当今世界新闻（World News Now）特别企划"知识的解放"论坛，1997年10月6日至12月4日。

介绍至日本的鹤见俊辅的《边界艺术论》（1956）。日本学者鹤见俊辅一边接触杜威的"美学经验"观念，一边将"纯粹艺术"与"大众文艺"区别开来，提出与这两者相比，处于"广大领域中、艺术与生活之间的边缘"的事物才能被称为"边缘艺术"（Marginal Art）。所谓的"边缘艺术"，就是指儿童的游戏、涂鸦、纸牌、民谣等，它们被撵到"角落"，难以识别其是"艺术"还是"非艺术"。据鹤见俊辅所述，这些"边缘艺术"，是"艺术的根源"，是"孕育纯粹艺术和大众艺术的力量"。无论"艺术"从"其他活动"中分离，进行"非社会化、非政治化"，还是作为"其他活动的附属""过度社会化、政治化"，它们之间都有所差异，"艺术"在"与政治、劳动、家庭生活、社会生活、教育、宗教的关系"中，被认为是进入"其他活动"中，与"重新寻找人类活动的整体方向"相关联的事物。[①]

当初，自认为是"杜威式实用主义"的舒斯特曼也开始注意到，莎士比亚的戏剧及歌剧在当初也属于"大众艺术"，他开始尝试将存在于"高级艺术"与"大众艺术"之间的"本质上不可逾越的界限"进行相对化的处理。特别是，他指出，"美学上具有高雅情趣的纳粹军官""聆听贝多芬的音乐感动落泪，由此表露自我情感"的同时，"他却又指挥屠杀大量善良无辜的儿童，做出非人性的、惨绝人寰的行为"。舒斯特曼将批判的矛头对准了"纯粹艺术"的现状，在"纯粹艺术"中，"手艺、娱乐和流行艺术被特权区别对待"，并因此隔断了与社会的联接，"纯粹艺术"承担了传递该隔断的功能。而且，从"反本质主义"的实用主义立场出发，鼓励美学成为"充满生命力的技术"的"美学"，将"高级"与"流行"之间的区别进行相对化处理。舒斯特曼的观点虽然与鹤见俊辅强调的方式不同，但从位于"经验"观点层面的"高级"与"流行"、"艺术"与"非艺术"出发，重新解释"艺术"这一点

---

① ［日］鹤见俊辅：《界限艺术论》，筑摩书房1999年版。

上，舒斯特曼与鹤见俊辅提出了共同的见解。①

　　杜威采用结合媒介与交流的方式来理解美学经验的主题。在这样的背景下，通过将艺术定位为社会及文化性的活动，意图将民主主义生活样式的基础中存在的美学性质扩大化。关于艺术与公共性之间的关联，他并没有使用明确的形式展开讨论。通过聚焦于他的大众社会论及媒体文化论的认识，其主题首次被认为具有轮廓鲜明的性质。杜威利用媒体和大众文化的发展，以人与人之间为媒介的交流方式贯穿于整个社会之中，开创了由美学经验所触动的新的生活空间，这在很大程度上增大了形成共同性的可能性。由此，多样化的"公众"成为文化"旗手"，彼此之间的经验世界构筑了相互交融的公共性，杜威展示出的正是这一观念。

第 2 节　教育与审美经验的范围

1　对进步学校的批判与拥护

　　杜威艺术论是以审美经验为基础的，其教育实践性范围具有将艺术与日常社会经验及社会实践活动整体相结合的特征。在发表于杂志《现代历史》第38期的文章《为什么有进步学校？》（1933）中，杜威指出，传统教育的学习是以阅读、书写、计算的"书籍学习"为中心组织起来的。与其说其根本潜藏

---

　　①［美］理查德·舒斯特曼著，［日］秋庭史典译：《大众艺术的美学——从实用主义的立场出发》，第16-153页，劲草书房1999年版。实际上，鹤见俊辅的主张是立足于实用主义哲学上的，其考察对象是漫画、流行歌曲、曲艺、电视剧等，其主题关注的是反映二战后日本平民生活方式的大众文化。（［日］鹤见俊辅：《战后日本的大众文化史》，岩波书店2001年版。）

有"社会性的一面",不如说潜藏了强调"个人层面"的民主主义传统。其中,为了儿童将来成人之时,能够自由灵活运用这些知识,与着眼于扩充儿童现在的生活及经验相比,民主主义的教育更加注重提供"扎实的基础学习",为保障"生活中有平等的开始"而做准备。与此完全相反的,进步学校采用重视学科间的相互关系、课程与校外活动间的相互关系的方法,关注与儿童"成长"息息相关的"生命"整体,导入聚焦于儿童"生命"整体的新的学习方式。在新学校中,为了使他们"在相同的时间内,从相同的教科书中保持相同的学习进度",并不会"统一所用的教具与教材"。他们推崇的是"无论成人、儿童,还是从业人员,都需要在团队中互相商量",创造出充满"变化"与"实验"的"实验开拓者"的教室。杜威正面积极地认可了"活动""讨论""合作"在进步学校学习中所处的核心位置。①

同时,杜威鼓励儿童在进步学校中开展丰富多样的活动。他在《扶轮社》第42期,发表了文章《我们应该废除学校的"虚饰"吗?不》(1933),重新评价了在1933年世界经济恐慌中成为众矢之的的进步学校实践的意义。具体而言,因为"经济利益"优先的学校政策,公共医疗服务、木材、工具、家庭科、音乐、图画、戏剧等多彩的活动作为学校的"虚饰"(frill)而被废除,消减了学习时间,杜威对此表达了极度的愤慨。在他看来,音乐、图画、戏剧这些活动在学校中并不是"装饰品",应该鼓励学生学习在生活经验中体验与美相关联的事物。杜威还指出,取代了与儿童将来利益息息相关的丰富的经验与活动,将使传统教育中顺从而被动的学习陷入重蹈覆辙的危险。②

另外,杜威做了题为《10年后的新教育》的演讲,在《新共和》第63期一文上发表了《新学校有多少自由》(1930)一文。其中,利用艺术教育的文脉背景,对进步学校所揭示的"自由"的意义与界限进行了详尽论述。杜威认

---

① Dewey, John, "Why Have Progressive Schools?," *The Later Works*, vol. 9, pp. 147–157.

② Dewey, John, "Shall We Abolish School "Frills"? No," *The Later Works*, vol. 9, pp. 141–146.

为，进步教育运动反对传统教育推进"固定统一的训练手段的束缚"，在批判"其形式主义与集中组织化"这一点上是共通的。还有，进步学校作为传统学校的对立面，表现出热衷于"更加自由、更加丰盈的教育"的欲望。这些学校在尊重"教育自由""美的享受与艺术的表现、个人发展的机会"上功勋显著，"与被动接受知识相比，更加推崇灵活主动的学习"[1]。在此基础上，关于进步学校艺术教育的实践，他指出以下内容。

> 总体来说，进步学校在促进音乐、绘画、图画、戏剧、诗歌在内的这些文学作品的艺术"创造性"上，取得了巨大的成功。这些目标的成功实现具有很高的价值。这表现在与陈旧事物、美感事物相比，进步学校更有助于孕育充满敏感与朝气的新一代，但仅仅如此还远远不够。如果仅做这些努力，那么这些东西也只能促进中产阶级上层的个人鉴赏罢了。可是，现在广为实施的表现方法却显得匮乏而无力，不利于满足现代产业社会中对审美的要求。再次重申，一方面，作为才智享受中对个人资源的一个附加，很多事情能够成功实现；但另一方面，关于科学与产业社会的关系，以及对未来发展规划的可能性上，却同样有很多事情不能去做。[2]

进步学校在"表现""活动""创造性"的教育中，杜威承认尊重"自由"的意义。他还认为，根据中产阶级的嗜好及"个人鉴赏"来推动这些实践，与"包括产业、政治文明弊端在内的社会现实"之间的联系还不充分。他所担忧的是，创造性艺术表现的活动并没有同社会、文化活动之间进行有机的

---

[1] Dewey, John, "How Much Freedom in New Schools？," *The Later Works*, vol. 5, pp. 319-320.

[2] Dewey, John, "How Much Freedom in New Schools？," *The Later Works*, vol. 5, pp. 324-325.

关联。①这一观点，让人再次想起鹤见俊辅的考察。鹤见俊辅在提及杜威"美学经验"的观念时，认为既不是将"艺术""非社会化、非政治化"，也并不是将其"过度社会化、政治化"，而是通过进入"其他活动"，以此把握"人的整体活动"。杜威认为，应从人类社会、文化活动整体相关的事物出发来认识艺术。从此角度出发，他把作为艺术教育推进主体的进步学校定位于政策的争议点上。

2　重新解释发展与学习的自然主义教育观

从19世纪末到20世纪初，进步学校的特征要素之一，就是以自然主义诠释教育的运动。比起把孩子的发展和学习与社会活动和文化实践相关联，进步教育更推崇把发展和学习从个人的自然性中消除。构建美国儿童心理学研究基础的斯坦利·霍尔以及进步教育协会的指导者们，倾心于自然主义的儿童观——从一个坚定的立场发挥了领先科学发展研究和学习研究的真正价值。日本学者森田尚人主张，"霍尔加强了心理学与教育研究之间的联系"，而其前提基于卢梭的"自然教育"这一理念。据森田所言，霍尔等主张的"自然主义教育改革论"认为，"城市儿童""因为远离自然生活"而产生的危机感，应尽可能从"城市"隔离"学校与儿童的生活"，该理论可与卢梭《爱弥尔》所提倡的促进"在脱离文明的乡村自然"中进行教育相提并论。②

围绕进步学校的此种状况，杜威与个人发展及学习自然化的想法划清了

---

① Dewey, John, "How Much Freedom in New Schools？，" *The Later Works*, vol. 5, pp. 319-325.

② ［日］森田尚人：《发展观的历史构成——遗传环境论争的政治技能》，见［日］森田尚人、藤田英典、黑崎勋、片桐芳雄、佐藤学编《教育中的政治教育学年报3》，第101-138页，世织书房1994年版。关于以斯坦利·霍尔为首的"心理学"与"教育研究"的结合，艾伦·拉格曼的研究比较详细。（Lagemann, Ellen C., *An Elusive Science: The Troubling History of Education Research*, op. cit.）

界限。霍尔是1884年杜威在约翰·霍普金斯大学取得博士学位时的心理学指导教授，对其影响颇深。但是，杜威仍逐渐与他的自然主义学习观渐行渐远。1934年11月，《家庭和学校中的新时代》杂志中刊登的论文《教育哲学的必要性》象征着进步教育中存在的分歧。杜威指出，卢梭与他的信奉者们认为，"教育类似于种子完成成长，如同植物的发展"。通过将教育比喻为"植物"的"种子"，引出了开"花"结"果"的"潜在能力"，通过这样的"相似性"，注重理解人类的成长与学习。据他所述，该特征被视为与"人为""成长管理"相对立的存在，形成了"自然发展概念"。杜威考察了"自然发展概念"所具有的两个界限：第一，比较种子"成长"与人类"成长"的界限；第二，植物的种子并非仅仅靠自身成长，也需要吸收阳光、空气与水分等。所以，植物的成长与"种子的外部各种各样的条件与力量"密切相关。

杜威并非根据人的自然性来阐释儿童的学习与成长，而是从其与各种环境、他人、文化之间发生"相互作用"的社会、文化的协同活动的观点出发进行阐释的。其逻辑基础是"人与人之间的联系"和"联盟""共有的共同生活"。[1]关于杜威的这种观点，布鲁巴克（John S. Brubacher，1898—1988）在《现代教育哲学》（1939）中，进行了较为鲜明的考察。诚如布鲁巴克所言，进步教育思想可以大约分为两大系统，即以"实用主义"哲学为基础的"实验主义"以及以卢梭为开端的"浪漫自然主义"这两大系统。尽管杜威教育思想的核心是前者的"实验主义哲学"，但许多进步教育家并不能理解其中的意义，反倒是在卢梭的延长线上把握杜威，从"浪漫自然主义"的角度进行解释与实践。[2]

的确，就如赫西在批判杜威自然主义中提到的，从杜威与伊夫琳的《明日之学校》肯定卢梭的这一点上，可以看出杜威自身观点中还存在一些模糊不

---

① Dewey, John, "The Need for a Philosophy of Education, "*The Later Works*, vol. 9, pp. 194-204.

② Brubacher, John, S. *Modern Philosophies of Education*, New York: McGraw-Hill, 1950.

清的地方。但在第1章的考察中，我们可以明确的是，在以人与人之间为媒介的相互行为与社会活动的外部，杜威的自然主义并不是与此相对的和谐的自然主义观念。他的自然观念扎根于人类行为与活动的具体状况，是以共同体与联盟为基础建立起来的。在百花齐放的进步学校中，杜威之所以会批判部分源流，就像布鲁巴克指出的那样，与其说那是受他自身自然主义的引导，不如说他继承了卢梭"自然发展"的思想。而且，那正是杜威的批判对象。[①]在这个意义上，赫西对杜威的解读是错误的。杜威把教育作为"文化传承和重构的过程"来把握。他对进步学校艺术教育重新解释的根本在于，把自然主义化的发展与学习的观念重新定位到围绕社会、文化协同活动的轴上。在他看来，之所以强调联盟，并不是从个人的自然性方面出发，而是从人与人之间的信赖关系和开拓网络关系的领域上进行重构。

进步学校还开展了自然科学研究运动的教育。1938年，进步教育协会，利用总结协会活动的形式，发表了《进步教育协会的发展：为美国青年的现代生活的教育程序报告》。在这份报告中提到，给自然科学研究运动带来影响最深的就是教育家约翰·杜威。尤其是杜威主张的适用于教育的"科学方法"以及他在芝加哥大学初等实验学校的实验，都被视为在引领进步学校方面起到了指导性作用。报告纵览了1919年3月在华盛顿召开进步教育协会第一次大会以后的历史经纬，总结了协会成立之初成员间达成的七点"教育信念"的共识，即尊重儿童"自然发展的自由"、重视提高儿童的"兴趣和学习动机"、"教师不是严厉的监督者而是引导者"、"促进儿童发展的科学研究"、"考虑影响儿童身体发展的所有因素"、"满足儿童生活需求，须学校与家庭的合作"、"学

---

① 布鲁巴克的研究发表于1939年。但是，就像在第1章中考察的那样，即使想起赫什对杜威的批判针对的是卢梭"自然发展"概念的继承，布鲁巴克的观点时至今日仍能给我们提供重要的启示。

校是作为教育运动指导者的进步学校"。①在进步教育协会的这份报告中，虽然提到儿童自然发展的观念与教育科学研究之间需要融合，但杜威主张的学习共同体与联盟相关的内容却被忽视。还有，在该协会创办后的第20年，也就是1938年，杜威发表了《进步教育哲学的总括声明》，对运动目标的方向性做了如下所述。杜威提到，将"个人"从"集体"中分离出来，关注"人类与社会之间的相互关系"，"教育"不是"为生活所作的准备"，而是将其视为"生活自身"，"教育的概念"不是"连续的过程"，而是"活动的过程"，面对"急速变化的世界"，强调"人类有计划地应对定位转变的责任"，引导"青年与成人发挥创造力与智慧以应对个人和社会问题"。进步教育协会的报告中指出，"教育的进化"需要"彻底的试验与研究"，协会的十位委员成为汇报的先锋。②

杜威针对进步学校的观点，在与进步教育协会报告同年出版的《经验与教育》中也有体现。他批判过度的儿童中心主义，特别是他曾尝试超越"进步教育"与"传统教育"之间存在的"课程"与"儿童"间的对立。他认为，不应该把教学置于"经验"之外。同样，儿童的"经验"也并非反对科目的体系。③按照诺丁斯所述，杜威并不是要废弃课程计划中的"传统科目"，而是"希望用成为真正教材的方法那样，教授传统的科目"。应该教授儿童"在面对问题时，有目的地利用""传统科目"，儿童在"探究实际利用的"时候，这些传统科目就成为"课程计划的一部分"。正如诺丁斯所言，杜威所说的课

① Progressive Education Association, *Progressive Education Advances*: *Report on a Program to Educate American Youth for Present-Day Living*, New York, London: D. Appleton-Century Company, 1938, pp. 1-7.

② Progressive Education Association, *Progressive Education Advances*: *Report on a Program to Educate American Youth for Present-Day Living*, New York, London: D. Appleton-Century Company, 1938, pp. 10-65.

③ Dewey, John, *Experience and Education*, op. cit., pp. 1-62.

程计划，并不是"教授之前明确的材料"，而是"教授与探究的过程中收集、利用、构成的材料"①。

　　此外，杜威是从合作交流及与共同体之间的关系出发，把握学习经验的。在《经验与教育》中，杜威主张人类的"经验"是"社会的"，是在与他人进行"接触与交流"中生成的。"经验"是以与环境及他人之间的"相互作用"为基础的，通过"灵活运用共同体中自然、历史、经济、职业等诸条件"来完成的。②其中，"相互作用"中的"交流"位于共同体学习的中心位置。关于这一点，诺丁斯是这样解释的：我们不是从"共同价值开始"，而是"构成了共同价值"；我们需要做的并不是"将特定文化的特定价值和知识注入学生身上，为可能的交流提供学生"，而是需要促使儿童学会"交流、探究、构成共同价值"。③杜威所说的"经验"是儿童在与周围的事物、环境及他人之间进行"相互作用"的过程中，赋予交流对话、讨论以活力，使学校以共同体的身份而复苏。推动学校改革进步的正是准备和组织这种探究性社会实践性的学习活动，这也与具有多样背景的大众构建互相交流的共同体空间相关联。

---

　　①［美］内尔·诺丁斯著，［日］宫寺晃夫监译：《教育哲学——从苏格拉底到谢林》，第64-65页，世界思想社2006年版。诺丁斯在《为了幸福的教育》（2003）中经常误认为杜威是"反唯理智论者"。根据诺丁斯所述，杜威确实推崇"实践的体验活动作为教育的中心""反对唯理智主义"。他所批判的"唯理智主义"，是指"与个人的实践经验相比更加重视抽象概念以及发散思考的态度"，"将事实与积累的固定技能与智慧相提并论"的思考方式。而且，如果针对想法与思考，继续对"理智的事物抱有兴趣"的话，"杜威绝不会反对唯理智主义"。此外，诺丁斯还指出，在限定"公正优良方式"的基础上，关于对"理智事物感兴趣的学生""应该采取怎样的教育方式"，杜威对此基本都未涉及。（［美］内尔·诺丁斯著，［日］山崎洋子、菱刈晃夫监译：《为了幸福的教育》，第272页，知泉书馆2008年版。）
　　② Dewey, John, *Experience and Education*, op. cit., pp. 21-22.
　　③［美］内尔·诺丁斯著，［日］宫寺晃夫监译：《教育哲学——从苏格拉底到谢林》，第59页，世界思想社2006年版。

第5章　审美经验与公共性的桥梁

第1节 巴恩斯基金会的艺术教育

从公共性的深处,是否能捕捉到艺术的存在并创新教育?作为美学经验与公共性的桥梁,艺术教育应如何予以引导?上一章以《作为经验的艺术》为中心,从理论方向试图解释这个问题。现以此为基础,在本章中,拟研究杜威在巴恩斯基金会中所开展的教育活动实践。杜威和巴恩斯以费城为舞台,倾心钻研如何通过民主主义来推进艺术教育。重要的是,将巴恩斯基金会作为教育设施,并以此作为出发点,探索如何在教育的脉络中构筑共同的网络。对于具体展现杜威和巴恩斯活动的资料,有巴恩斯基金会出版的著作和杂志《巴恩斯基金会研究》,南伊利诺伊大学卡本代尔分校杜威研究中心编辑的杜威书信集,宾夕法尼亚大学档案与记录中心收藏的《乔赛亚·H.彭尼曼记录集》,以及费城艺术博物馆档案室收藏的《菲斯克·金博尔书信集》和《菲斯克·金博尔记录集》等可供参考。以这些资料为基础,通过考察杜威和巴恩斯所进行的艺术教育改革的轨迹,从民主主义与教育相结合的自由主义再概念化的角度来概观杜威的思想,并使之能够从杜威对1940年伯特兰·罗素案和对教育控制的批判中得以明确。

1 巴恩斯和杜威

(1)二人的交流

巴恩斯自1892年在宾夕法尼亚大学获得医学博士学位后,在柏林大学和海德堡大学从事药学与实验化学的研究。巴恩斯通过在德国的研究活动,成功合成出被称为阿及罗的具有强力防腐作用的消毒药。回国后，他在费城成立了 A. C. 巴恩斯公司（A. C. Barnes Company），开展消毒药的生产与销售业务。借此获得巨额财富的巴恩斯在1922年12月于费城近郊的梅里恩创立了巴恩斯基金会。创立之初即强调基金会为教育设施。①

　　巴恩斯经常访问欧洲，购买并收集了印象主义和后印象主义绘画及非洲雕刻等。他的收藏中，包含雷诺阿（Pierre-Auguste Renoir，1841—1919）、塞尚（Paul Cézanne，1839—1906）、马奈（Édouard Manet，1832—1883）、德加（Edgar Degas，1834—1917）、莫奈（Claude Monet，1840—1926）、梵高（Vincent van Gogh，1853—1890）、马蒂斯（Henri Matisse，1869—1954）、毕加索（Pablo Picasso，1881—1973）、莫迪利安尼（Amedeo Modigliani，1884—1920）等人的作品。因此，巴恩斯成为著名的法国现代美术收藏家。他也热衷于美术批评，不仅在1925年撰著《绘画的艺术》②，还留下了与维奥莱特·德·梅齐亚（Violette de Mazia，1899—1988）合作完成的《法国的原始派艺术家和他们的艺术形式》（1931）③、

约翰·杜威（左）与阿尔伯特·巴恩斯（右）

---

① Barnes, Albert C., "The Barnes Foundation," op. cit., p. 65.

② Barnes, Albert C., *The Art in Painting*, op. cit.

③ Barnes, Albert C., de Mazia, Violette, *The French Primitives and Their Forms: From Their Origin to the End of the Fifteenth Century*, Merion, Pa.: The Barnes Foundation Press, 1931.

《亨利·马蒂斯的艺术》（1933）^①、《雷诺阿的艺术》（1935）^②、《塞尚的艺术》（1939）^③等著作。巴恩斯还参与拥护20世纪20年代的哈勒姆文艺复兴和美国原住民的文化与艺术，与人种平等的思想不谋而合。

杜威与巴恩斯进行了亲密的交流。他通过与巴恩斯的接触，对艺术有了更深的理解。《作为经验的艺术》中所讨论的雷诺阿的《浴女》、塞尚的《有桃子的静物》、马蒂斯的《生之喜悦》等作品，以及非裔雕刻及美国原住民的作品，均为巴恩斯基金会的收藏品。^④在该书的"序言"中，杜威如下所述表达了对巴恩斯的感谢之情。

> 我承蒙巴恩斯博士巨大的恩惠。博士逐章仔细阅读了本书。但是，关于这本书，博士对我的批评与启示，仅是我从他那里受到恩惠的一小部分。数年来，在与博士的对话中我受益匪浅。与博士的对话大多在他收藏那些无与伦比的绘画作品前。这些对话的影响，伴随着他的著作的影响，形成了我关于审美哲学思想的主要因素。如果本书有什么要说的话，那多亏了巴恩斯基金会所进行的伟大的教育事业，这是无论怎样表达都不过分的。^⑤

杜威和巴恩斯的交情可以追溯到20世纪初，二人间的交流起源于巴恩斯对杜威的《民主主义与教育》的感想。该书出版后的第二年，即1917年，巴恩斯得到了参加哥伦比亚大学杜威社会哲学研讨会的机会。巴恩斯之所以对杜威

---

① Barnes, Albert C., de Mazia, Violette, *The Art of Henri Matisse*, New York: Charles Scribner's Sons, 1933.

② Barnes, Albert C., de Mazia, Violette, *The Art of Renoir*, New York: Minton, Balch & Co, 1935.

③ Barnes, Albert C., de Mazia, Violette, *The Art of Cezanne*, Marion, Pa.: The Barnes Foundation Press, 1939.

④ Dewey, John, *Art as Experience*, op. cit.

⑤ Dewey, John, *Art as Experience*, pp. 7-8.

如此倾心，正是因为杜威针对民主主义和经验的哲学，以及教育的科学方法所提出的切中要害的主张。其中，有下述经历作铺垫。巴恩斯虽然在1913年购入了毕加索的《构图——农夫们》，但对所有的立体主义都抱有厌恶感。巴恩斯在1916年1月的《美术和装饰》杂志上发表了《立体主义——面向死者的祈祷》一文。巴恩斯批判立体主义的理由是因为立体主义像"在空谈中反复且平庸地死去的东西"。巴恩斯的艺术论深处，存在有"经验是连续的"[1]这一想法。在此立场下，不仅让他很难接受立体主义，同时也成为他接近杜威的经验哲学的契机。

巴恩斯为了出席每周一次在哥伦比亚大学举办的杜威社会哲学研讨会，每周从费城坐火车到纽约。通过参加社会哲学讲座，巴恩斯学习并吸收了众多内容，特别对世界形势、政治、教育等内容表现出兴趣。杜威的讲座，与巴恩斯所追求的自由主义想法的中心思想一致。在1917年11月7日巴恩斯写给杜威的信中，含有与前一天杜威讲座内容之间的共鸣，其内容是以"战争的理性起诉"为目的的"启发性自由思想的组织化计划"。为实际执行此计划，巴恩斯提出，提供"资金、事业的组织化、实务事宜执行者的援助等，能够使大学教授自由发挥的一些手段"。巴恩斯在给杜威的信中，提到希望下周日在费城自己家中招待他，并向他介绍曾在新任驻日大使罗兰·莫里斯（Roland S. Morris，1874—1945）的酒会中发表了精彩演讲的一位友人，同时还提议一起去听费城交响乐团的演奏会。[2]

此事虽未实现，但也对杜威和巴恩斯间友好关系的形成提供了契机。1918年1月，杜威在费城近郊的史瓦兹摩尔学院演讲期间，受巴恩斯邀请访问了他在梅里恩的家。巴恩斯在给杜威的信中，详细说明了自史瓦兹摩尔来的火

---

[1] Barnes, Albert C., "Cubism: Requiescat in Pace," *Arts & Decoration*, vol.6, January, 1916, p. 121.

[2] Albert C. Barnes to John Dewey, November 7, 1917, *The Correspondence of John Dewey*, vol. 1.

车换乘方法，甚至写了连电话簿中也未记载的自家电话号码；他还在信中告诉杜威，梅里恩"有我的家，那是一个非常清静的地方，你也会从不可预知会遇见谁的兴奋中完全解放出来"①。在访问后，杜威也转达了鉴赏巴恩斯绘画收藏的感想。杜威在1月22日给巴恩斯的信中写道，"非常感谢你带给我特别的体验。自周五开始，我一直感觉自己生活在被色彩点缀的环境中，感觉像在色彩中游泳一样"②，表达了沉浸在鉴赏杰出绘画收藏中的感受。

此外，1919年至1921年杜威访问日本和中国时，也数次写长信给巴恩斯，述及在访问日本和中国的经验和印象。在杜威写给巴恩斯的信中，记载了在访问中国期间的一个重要的邂逅——1920年冬天在北京与伯特兰·罗素的会面。杜威给巴恩斯的信中说，罗素也为了在湖南长沙的演讲而访问了中国。杜威告诉巴恩斯，罗素以对中国了解不足为由拒绝了有关中国社会重建内容的演讲请求。③对此，巴恩斯也写信给杜威说："我无论如何也无法认为罗素理解了实用主义。"④巴恩斯还在给杜威的信中讽刺地写道：他读过"伯特兰·罗素在你的怀中去世的新闻报道"，但1个月后才发现，"去世"的不是罗素本人，而是"他的婚姻生活"⑤。

在杜威给巴恩斯讲授社会哲学的同时，巴恩斯也引发了杜威对艺术的兴趣。杜威将《新共和》的编辑瓦尔特·李普曼和赫伯特·克罗利介绍给巴恩斯。那时，巴恩斯也向杜威妻子艾丽丝·奇普曼（Alice Chipman Dewey，1859—1927）写信说，"克罗利是我所见过的有杰出地位的人中最无聊的一位，而李普曼仅是一位用陈腐语言装饰而成的艺术家"⑥。对巴恩斯来说，杜

---

① Albert C. Barnes to John Dewey, January 10, 1918, *The Correspondence of John Dewey*, vol. 1.

② John Dewey to Albert C. Barnes, January 22, 1918, *The Correspondence of John Dewey*, vol. 1.

③ John Dewey to Albert C. Barnes, December 5, 1920, *The Correspondence of John Dewey*, vol. 2.

④ Albert C. Barnes to John Dewey, January 29, 1921, *The Correspondence of John Dewey*, vol. 2.

⑤ Albert C. Barnes to John Dewey, May 14, 1921, *The Correspondence of John Dewey*, vol. 2.

⑥ Albert C. Barnes to Alice Chipman Dewey, July 1, 1920, *The Correspondence of John Dewey*, vol. 2.

威已经是无人可与之比拟的存在。巴恩斯在1921年1月7日给杜威的信中，提及了他阅读《哲学的改造》（1920）一书后的感想。其中，巴恩斯认为该书"一点也不像哲学"，而像"在办公室或实验室、家里，我们之间的对话"一样既亲切又深奥，"从实用主义视角来看，当你找到方法，使人能够抵达无意识状态下的自己时，民主主义和教育既不是著作也不是哲学，而是会自发性满怀喜悦的生活"。[①]

（2）巴恩斯基金会的收藏

1922年巴恩斯基金会创立前后，巴恩斯将精力放在收集艺术作品上。1917年德加逝世及1919年雷诺阿离世后，他们的作品才面世。巴恩斯购入美术品后，会经常给杜威写信。每当这时候，他心情非常舒畅。1920年6月30日，巴恩斯向在中国访问的杜威讲述他从阿姆斯特丹美术馆购买了13幅塞尚的作品，并提到这些绘画是"稀少而有力度的杰作"，"对因战争而得到的意外好运，感到非常兴奋"，字里行间表达出喜悦之情。[②]巴恩斯在7月1日给艾丽丝·奇普曼信中，提到购入了雷诺阿和塞尚的作品，同时也表示"在20世纪的艺术中，我无法确定雷诺阿与塞尚哪一位才是最伟大的人物"。同时提到"塞尚对现实的洞察带有强烈的感情色彩，几乎可以用冷酷来形容"，与此相比，"雷诺阿具有让人神魂颠倒的魅力，富有人性的且抒情的"，具有"完整的美与感情"。[③]1921年1月29日，在巴恩斯写给杜威的信中写道，他已购买8幅德加的作品，这些作品在平常的价格在10万美元左右，但他仅以3万美元就买到手了。[④]他在5月14日给杜威的信中写到，已经收集了100幅以上的雷诺阿作品和30幅以上的塞尚作品，而在雷诺阿的作品中有1幅作品的价格为8万美元。[⑤]

① Albert C. Barnes to John Dewey, January 7, 1921, *The Correspondence of John Dewey*, vol. 2.

② Albert C. Barnes to John Dewey, June 30, 1920, *The Correspondence of John Dewey*, vol. 2.

③ Albert C. Barnes to Alice Chipman Dewey, July 1, 1920, op. cit.

④ Albert C. Barnes to John Dewey, January 29, 1921, op. cit.

⑤ Albert C. Barnes to John Dewey, May 14, 1921, op. cit.

从这些信件中可以看到，巴恩斯既满怀信心，又无意间流露出受挫的状况。对于巴恩斯的这种态度，杜威也表现得很宽容。杜威郑重地向巴恩斯表达："关于塞尚，请将你想写的都写出来。我们喜欢看你的文章"[①]。

巴恩斯任命居住在巴黎的经销商保罗·纪尧姆（Paul Guillaume，1891—1934）为巴恩斯基金会外国部门的负责代办，四处收购作品。根据1923年2月5日费城当地报纸《大众记事报》，巴恩斯的收藏作品中，有150幅雷诺阿作品和50幅塞尚作品，再加上毕加索、马蒂斯、德加、莫迪利安尼、马奈、梵高的作品，俄罗斯年轻画家苏丁（Chaim Soutine，1893—1943）的53幅作品，巴恩斯的高中同学宾夕法尼亚美术学院毕业的格拉肯斯（William Glackens，1870—1938）的作品，及留下众多费城题材画作的伊肯斯（Thomas Eakins，1844—1916）的作品，甚至非洲雕刻，涉及范围非常广。据新闻记载，在此前一年，巴恩斯迷恋近似梵高且笔力强劲色彩丰富的苏丁作品，他购买了所知晓的所有的苏丁作品。另外，通过纪尧姆收集了非洲雕刻。巴恩斯基金会的收藏，超过了布鲁塞尔美术馆和大英博物馆，为"世界最全"[②]。

这些绘画及雕刻拥挤地摆放在巴恩斯的家中。据1923年1月13日《大众记事报》记载，他的家中已无法确保充分展示作品，连浴室和储藏室的门上也装饰了作品。巴恩斯开始着手建设新的美术馆，为此投入了600万美元。巴恩斯从园艺家约瑟夫·威尔逊（Joseph Lapsley Wilson，1844—1928）处购入了沿梅里恩的北莱切大街扩展的12英亩土地。此买卖合同附有保存并有效利用威尔逊土地上的植物园的条件。承担建筑物建设的是出生于法国的宾夕法尼亚大学教授保罗·菲利普·克雷（Paul Philippe Cret，1876—1945）。据报纸新闻报道，是根据"巴恩斯博士关于美术馆将最终成为公共财产这一意

---

① John Dewey to Albert C. Barnes, December 5, 1920, op. cit.

② "African Art Work for Merion Museum Is Most Comprehensive in the World," *Public Ledger*, February 5, 1923, p. 3.

图"①而建成的。

2　作为教育设施的巴恩斯基金会

（1）巴恩斯基金会的创立

综上所述，巴恩斯属于成长中的新兴阶级，可以说是资本主义社会的天赐之子。巴恩斯基金会收藏作品的方式也明确传达出他自身就是这样的新阶层。但即使这样，得出他仅仅是庸俗的新阶层的结论也为时过早。因为创立基金会的意图既不是设立美术馆，也不是用于个人的鉴赏，而有其他意图，即为了艺术教育的发展。自创立之初，巴恩斯基金会就未想按所谓的传统意义上的美术馆来运作。前章所述的杜威对"艺术的美术馆概念"所做的批判，是巴恩斯基金会活动的基础。

1922年12月4日，宾夕法尼亚州对巴恩斯作为"教育设施"的基金会颁发"设立许可证"。许可证记载的基金会目的为"教育的发展和艺术作品的鉴赏"②。但基金会设立后，巴恩斯最先运作的是创设美术教育部门。1923年担任这个美术教育部门的第一任部长是杜威。③在基金会的教育设施内，学生们学习了艺术的历史和理论、方法等。杜威期待它能起到推进以民主主义及经验理论为基础的艺术教育的作用。担任美术教育部门副部长的是劳伦斯·巴迈耶、杰西·门罗、玛丽·马伦（Mary Mullen）三人。对于巴恩斯来说，马伦是在A. C. 巴恩斯公司时代就跟随巴恩斯的人员之一；门罗因为原是杜威在哥伦比亚大学所指导的学生，所以也深受信赖。④并且，巴恩斯和巴迈耶从1915

---

① "Dr. Barnes Gives \$6,000,000 for Art Museum in Merion," *Public Ledger*, January 13, 1923, p. 1.

② Barnes, Albert C., "The Barnes Foundation," op. cit., pp. 65-67.

③ "African Art Work for MerionMuseum Is Most Comprehensive in the World," op. cit., p. 3.

④ 将门罗介绍给巴恩斯的是杜威。巴恩斯表述，对当时门罗的印象是，具有"造型艺术和心理学美学相关的实践性知识"、"年轻"的"智慧之星"。（Albert C. Barnes to Josiah H. Penniman, April 18, 1924, *Josiah H. Penniman Records.*）

年开始一起从事研究"美学的心理学"和"实际中的应用"。①自那时起，巴恩斯开始迷恋巴迈耶所拥有的"稀世才能"。在基金会设立时期，巴迈耶在普林斯顿大学的合同任期期满，正在寻找下一份工作。巴恩斯在很早以前就向杜威传达了"我所认识的人中，巴迈耶是唯一一个适合你的哲学教育工作的年轻人"，并询问是否能够在哥伦比亚大学给他准备职位。②在普林斯顿大学，巴迈耶感觉到自己承受着"制约和宗教的压制"③。随着大学任期届满，他承担基金会教育部门的一部分业务，对巴恩斯来说，这是求之不得的机会。

1923年至1925年，巴恩斯基金会出版了3本著作：马伦的《对艺术的探讨》（1923）④、巴迈耶的《美学经验》⑤、巴恩斯的《绘画的技法》。马伦在《艺术的门径》中主张"艺术"和"生活"为"同义"。因为，"生活"与"感性的"相关联，而"艺术"是由"被丰富的感性"而展现出的"生活的片段"。她认为，"艺术"并非仅通过"神圣的仪式"才能达到超越"生活"的"生活场景"，其本身就是"现实的一部分"。具体来讲，"艺术"是"展示我们经验的感情内容，并以可感知的形式将其具体化，并带来新的经验"。马伦解释说，支持这种想法的是詹姆斯、杜威、罗素、乔治·桑塔亚纳（George Santayana，1863—1952）的心理学。⑥

巴迈耶还将"美学经验"与"人类活动的各种领域"结合起来论述。他批判道，通常人们容易将"艺术"与"枯燥的工作生活"割裂开，将其作为"孤立的现象"来考虑。经常将"艺术"联想成"书籍、音乐会、大厅、美术馆"或"欧洲旅行"等表达"放松""娱乐""消遣"的词汇，他对这种看法

---

① Albert C. Barnes to Josiah H. Penniman, January 27, 1924, *Josiah H. Penniman Records*.

② Albert C. Barnes to John Dewey, January 17, 1921, *The Correspondence of John Dewey*, vol. 2.

③ Albert C. Barnes to John Dewey, June 30, 1920, *The Correspondence of John Dewey*, vol. 2.

④ Mullen, Mary, *An Approach to Art*, Merion, Pa.: The Barnes Foundation Press, 1923.

⑤ Buermeyer, Laurence, *The Aesthetic Experience*, op. cit.

⑥ Mullen, Mary, *An Approach to Art*, op. cit., pp. 5-25.

表示疑问。巴迈耶认为，"艺术"并非普通人在"日常环境"中用于"闲暇休息"的对象，而是"构成生活所有方面"的事物。进一步讲，"美学经验"是指"混杂于通常无法用'艺术'这个词汇来联想的活动中"，是"十分活跃的事物"。对此，他还将目光转向"美学经验"和"科学的经验"的"类似性"。就是说，两者都以"潜在并浸透于生活之中"为出发点，通过"从大量的经验中提取、并精心提炼"而发展，从这个意义上看，具有"类似性"。而且，对与日常的生活经验密切相关的"艺术"的本质，从"表现""媒介""创造""道德""宗教"的角度进行了考察。杜威的经验概念将这种艺术与经验结合，并赋予其哲学方向。巴迈耶在著作的"序言"中对杜威和桑塔亚纳深表感谢，说他们对他自身的艺术思想带来了巨大的影响。①

巴恩斯写道，《绘画的技法》一书"献给约翰·杜威"。他表示，"杜威关于经验与方法和教育的设想，对本书的一部分研究成果起到了鼓舞的作用"②。《绘画的技法》由五个部分构成，是厚达500页的长篇著作，其中有122张绘画或雕刻的插图。这是关于"美学经验一般事项"的作品，并涉及"艺术鉴赏的问题"。据巴恩斯所述，作为"艺术的起源"的"美"，并非像磁力或引力那样在自然中不依赖于人类的欲望和兴趣而独立存在，而是以与"兴趣"和"真正的世界"相关联的人类生活经验的"心理学原理"为基础。从这个观点出发，巴恩斯论述了关于造型形式、色彩、描线、构图等"绘画的要素"，而且扩展到现代美术，对每个艺术家及作品都进行了介绍。巴恩斯在叙述中谈及意大利文艺复兴德国、佛兰德斯、荷兰、法国、西班牙的传统，以及印象主义、后印象主义、美国艺术等现代美术，甚至与毕加索和马蒂斯同时

---

① Buermeyer, Laurence, *The Aesthetic Experience*, op. cit., pp. 1–184. 巴迈耶和门罗在1923年还与哥伦比亚大学哲学专业的同事们一起出版了《反省式思考入门》。（Columbia Associates in Philosophy, *An Introduction to Reflective Thinking*, Boston: Houghton Muffin Company, 1923.）

② Barnes, Albert C., *The Art in Painting*, op. cit., p. V.

代的美术，涉及的作品数量庞大。[1]1925年1月27日，杜威在给巴恩斯的信中写下了《绘画的技法》的读后感。他称赞该书中有"我所读过的其他美术批评著作中没有的事情"，对希望克服"学识"和"感伤兴趣"间对立的人来说，这是"有用且实际上不可或缺的作品"。[2]

《对艺术的探讨》《美学经验》《绘画的技法》在巴恩斯基金会的教室被当作教材。基金会的美术教育课，是以作品鉴赏为中心的。根据1925年巴迈耶在《民族》上发表的文章《教育上的实验》可知，基金会作为教育设施，继承了从与"工作"相结合的"区域计划"中发展而来的经历，着重学习"艺术的见解"和"生活与艺术的关系"。巴迈耶说，对基金会教室的看法，"在所有方面都与杜威的见解相同"。对于到基金会上课的学生们，并不要求他们必须具备美术相关专业知识或能力。相反，以"极少接受空谈教育的人们"为对象。在授课内容上，也并非以提高绘画技巧或能力为目标。基金会在授课上，集中教授捕捉藏身于普通劳动者和公民的"生活"与"职业"深处的"艺术"的方法。巴迈耶强调"产业的民主主义"和"共同"的作用。就是说，在"产业"和"工作"之中渗透着"艺术"是指，"部下对上司的生硬服从"和"由专制的管理而产生的机械性效率"发生退化，并被通过"个性的自由表现"而将"机械的各部分组合在一起"的关系所替代，进而实现"有责任感的个人目的相互融合""更自由、更具想象力的精神状态"。他主张，"产业的领域"和"艺术的领域"并非隶属于不同的范围，如果"产业"成为"因知性而存在的人性化事物"，那么其将"简单且自然的"并且"不可避免的"向"艺术转变"。[3]发表在《民族》上的《美学经验》书评中，巴迈耶认为"艺术和理智

---

① Barnes, Albert C., *The Art in Painting*, pp. 1–522.

② John Dewey to Albert C. Barnes, January 27, 1925, *The Correspondence of John Dewey*, vol. 2.

③ Buermeyer, Laurence, "An Experiment in Education, " *The Nation*, vol. 120, no. 3119, April 15, 1925, p. 442.

是一致的"①。

巴恩斯基金会从"工作"和"产业"间的智慧关联的观点出发，捕捉"艺术"，并作为"人类的事物"重视两者间的关联，来源于基金会前身A. C. 巴恩斯公司的发展经历。对于这一点，约翰·安德森（John Anderson）介绍说，A. C. 巴恩斯公司的工厂非常具有人情味。在工厂每天8小时中，6小时用于生产，剩余的2小时被要求参加每天由巴恩斯主持的"研讨会"。工厂的劳动者数量一直控制在20人以下，不仅雇用男性还雇用女性，不仅雇用黑人还雇用白人，推进了人种的统合。在"研讨会"中，多数时间用来学习与威廉·詹姆斯的心理学、实用主义、宗教经验相关的主题，除此之外，也进行关于杜威、桑塔亚纳、罗素著作的讨论②。

根据巴恩斯1923年3月14日投稿给《新共和》的文章所述，自A. C. 巴恩斯公司时代的"区域计划"起，通过20年来的教育活动所得出的经验才是基金会"最宝贵的资产"。这意味着，工厂承担对在此工作的劳动者进行"成长、指导、个性发展的教育"的职能。巴恩斯介绍，承担此活动的主要有9名成员，其中白人女性5人、黑人男性3人、白人男性1人，学历上1名白人男性为大学学士、3名白人女性为高中毕业、2名女性和2名黑人男性为小学毕业、而另1名黑人中年男性除会写自己的名字外，不具备读写能力。③在这一点上，基金会的母体拥有多样化背景的劳动者。在巴恩斯基金会设立前的A. C. 巴恩斯公司时代，就已经开始准备劳动者教育了。通过这样的活动，形成了基金会作为教育设施的基本方针，并以不局限于是否受过空谈式教育的普通人群为对象。

（2）艺术·美学教育事业的推进

杜威受邀在1925年3月19日举办的巴恩斯基金会新美术馆揭幕式典礼上演

---

① Edman, Irwin, "Art as Intelligence," *The Nation*, vol. 120, no. 3112, February 25, 1925.

② Anderson, John, *Art Held Hostage: The Battle over the Barnes Collection*, New York: W. W. Norton & Company, 2003, pp. 23-24.

③ Barnes, Albert C., "The Barnes Foundation," op. cit., p. 65.

讲。在此前的3月14日，巴恩斯写信给杜威，转达了包含演讲内容在内的想要做的事情要点。据他所述，"以事物自身发展为目的，生活中每天发生的事情就是美学经验，并以此派生出我们对造型艺术的关注"。并且指出，"艺术"是"理性的、渗透到方方面面的经验，而非分流派的经验"。巴恩斯也向杜威转达，希望他强调基金会是"教育设施，而非《美学事物》的娱乐节目"。巴恩斯进一步写道，"只要是认真的人，那么任何人都能与我们进行联系"，"与我们接触，不需要非常富裕并具备杰出才能"。[1]

含宾夕法尼亚州、宾夕法尼亚大学、哥伦比亚大学的代表们在内，很多人参加了新美术馆的揭幕式。典礼中，费城交响乐团的指挥莱奥波德·斯托科夫斯基（Leopold Stokowski，1882—1977）和杜威进行了演讲。[2]受巴恩斯委托，杜威在演讲中强调了巴恩斯基金会作为教育设施的重要性。他表示，基金会的"艺术、美学教育事业"并非"狭隘的范围"。本质上，艺术并非"某种远离我们的事物"或"仅限于少数人的事物"，而是提供了在"所有生命活动中，终极接触到活动内涵与活动完成状态"的事物。杜威认为，艺术并非存在于特权阶级的个人兴趣中，而是与人类全部"生活活动"相关联。在这点上，新美术馆并非为"绘画收藏"的展示及"绘画相关知识的普及"的目的而修建。据杜威所述，"每天所有的生活活动"，其"在本质上都非常重要"，不仅仅限于"手"和"脑"，"艺术"作为与包含"感觉"及"感情"在内的"全部的人类存在"相关的"喜悦的源泉"，是"强烈信念的表现"。

杜威在演讲中还涉及非洲艺术的价值。据他所述，巴恩斯基金会所拥有的非洲艺术作品"在世界上是最好的藏品之一"。这些作品作为连姓名都没有的个人所留下的"美学活动记录"而流传后世，也是"两个人种，成功地在一

---

[1] Albert C. Barnes to John Dewey, March 14, 1925, *The Correspondence of John Dewey*, vol. 2.

[2] The Barnes Foundation, "Notes and Comments," *Journal of the Barnes Foundation*, vol. 1, no. 1, April, 1925, p. 47.

起共同工作的证明"。杜威的演讲还涉及公立学校的话题。他指出，认识艺术
在学校教育领域也能发挥重要的作用。据他所述，"公立学校教育制度的弱点
之一"偏重于"机械的、技术的事物的训练"，"没有接触到最具共通性、最
根本、最重要的公共认识"。因此，重要的是，探索"作为艺术本质的理性的
方法"和"自由享受因艺术存在而带来的结果的方法"，据此"认识支配所有
人类活动的场所"。杜威还指出，基金会的事业将会"用最深刻的语言来影响
教育"，对自己能够加入"这种真正值得纪念、划时代的尝试"中感到骄傲。[①]

第 2 节　杜威与巴恩斯开展的教育活动

1　设立美术教育中心的构想

（1）巴恩斯基金会和宾夕法尼亚大学的合作

巴恩斯准备着手推进巴恩斯基金会与宾夕法尼亚大学美术学院（School of
Fine Arts，University of Pennsylvania）合作创立美术教育中心，在费城实现与
艺术相关的教育与研究基地这一宏大计划。巴恩斯为实现基金会的目的，即
"教育的发展和艺术作品的鉴赏"，开始探寻具体的方法。他认为，在教育活
动中，可以有效利用基金会的绘画及雕刻或植物园的树木。特别是他坚信，在
适当的"教育机构"中发展性地学习"绘画和雕刻，或能够真正展现人类价值
的对象"，才是"更具兴趣、更重要、更有价值的"。而且，为使计划付诸实

---

① Dewey, John, "Dedication Address of the Barnes Foundation," *The Later Works*, vol. 2, pp.
382-385.

践，他建议基金会需要与大学和高等教育机构合作开发新的"课程"①。在巴恩斯看来，构筑基金会与大学、高等教育机构间的网络，并蕴含开展新的教育活动的可能性这一点，是值得关注的。

巴恩斯希望自己的母校宾夕法尼亚大学能与巴恩斯基金会合作。为此，他接触了宾夕法尼亚大学学长乔赛亚·H. 彭尼曼（Josiah H. Penniman, 1868—1940）和大学的美术研究所所长沃伦·莱尔德（Warren P. Laird, 1861—1948），并开始准备合作事宜。1924年1月27日，巴恩斯将《新共和》杂志刊登的基金会介绍和马伦的《对艺术的探讨》一起通过信件寄给了彭尼曼学长。在信件中，巴恩斯表达了想在宾夕法尼亚大学开设"现代美术"讲座，并在美术教育上希望大学和基金会合作的想法。他说，虽然普林斯顿大学、哈佛大学、哥伦比亚大学已经开设了"现代美术"讲座，但这些大学"因没有将教材转换成现实过程中所不可或缺的鲜活的绘画，而向其诉苦"。"在巴恩斯基金会中，现代绘画的收藏是最为重要的部分""我们的美术馆已能够在一年内开展实际的美术教育"。基金会拥有无须大学或州给予经济援助的"充裕的资金"。巴恩斯更提到，在基金会与大学的合作上，可否聘用巴迈耶作为宾夕法尼亚大学的教授，并安排每周两次在大学讲座及两次在基金会实地授课。②无论如何，巴恩斯对大学能够有效利用基金会的庞大资产和收藏品感到非常喜悦，非常期待大学能够采纳基金会的美术教育计划，在美术教育领域开展指导性的、开创性的教育活动。巴恩斯想将现代美术的相关教育计划引进大学，并形成综合研究及实践美术教育的基地。

宾夕法尼亚大学的理事会也回应了巴恩斯基金会的请求。在1924年4月4日大学写给基金会的信中，大学传达了希望"基金会和大学间可能达到的合作"，并以"更加紧密更加广泛的形式"得以实现。据信件所述，大学"充

① Barnes, Albert C., "The Barnes Foundation," op. cit., pp. 65–67.
② Albert C. Barnes to Josiah H. Penniman, January 27, 1924, op. cit.

分认识并关注基金会在现代美术收藏上的重要性"，授课应不仅仅在大学内进行，希望基金会也能够着手准备，以成为"提供学位的机构"。①通过此过程，巴恩斯基金会和宾夕法尼亚大学在1924年5月达成了协议。在5月2日大学写给基金会的信件中，确认了下述五项协商一致事项，即在1924年至1925年学期和1925年至1926年学期，开设现代美术讲座，大学的美术研究所接受基金会所任命的美术讲师，其职称为"巴恩斯基金会现代美术教授"。讲座由每周两次的讲座和实地授课组成，考核和其他详细事宜由基金会的教育部长和大学的美术研究所所长决定，大学将上述讲座作为选修课，包括基金会设置的课程在内，认定基金会为正规授课内容，收取的授课费由大学持有。在此基础上，大学同意接受巴迈耶和门罗担任讲师。②在5月3日，基金会召开理事会，决定批准合作，并转达给大学。③

　　在1925年1月，巴恩斯、杜威、巴迈耶、门罗这些基金会员工一起探讨了如何扩展基金会的教育活动。巴恩斯将此事通过信件转达给彭尼曼校长。他写道："正在从教育的角度思考扩大基金会价值的方法和手段"。据信件所述，教育部门会议所得出的结论是重新与哥伦比亚大学签订协议，开设与宾夕法尼亚大学相同的讲座。巴恩斯也向彭尼曼校长汇报，在合作期间，哥伦比亚大学教授杜威和约翰·科斯（John Jacob Coss，1889—1940）将承担主要责任，并转达了准备将门罗在宾夕法尼亚大学中承担的一门课程转由巴迈耶完成。④在此期间，杜威积极促进了巴恩斯基金会与哥伦比亚大学的合作。1月27日，杜威向巴恩斯表示，"期待你也能够满意门罗和科斯在哥伦比亚大学的工作准备状况"⑤。2月23日，巴恩斯在写给彭尼曼样长的信中提及，宾夕法尼亚大学

① Josiah H. Penniman to Albert C. Barnes, April 4, 1924, *Josiah H. Penniman Records*.

② Josiah H. Penniman to Albert C. Barnes, May 2, 1924, *Josiah H. Penniman Records*.

③ Albert C. Barnes to Josiah H. Penniman, May 3, 1924, *Josiah H. Penniman Records*.

④ Albert C. Barnes to Josiah H. Penniman, January 20, 1925, *Josiah H. Penniman Records*.

⑤ John Dewey to Albert C. Barnes, January 27, 1925, *The Correspondence of John Dewey*, vol. 2.

选修门罗的新课程约有30名学生，将从下周四起在基金会美术馆设立教室等，巴恩斯对以上情况表示满意。而且，巴恩斯也向彭尼曼校长表示，"这是最初的授课，是我们的项目的真正开始，希望你能在课堂上讲话，用5分钟时间即可"①。

从这点来看，这个时期是基金会活动最顺利的时期。1925年4月，基金会发行内部杂志《巴恩斯基金会研究》。根据该杂志第1期刊登的介绍，基金会的教育计划扩大下述内容：教室内的授课活动分别在宾夕法尼亚大学、哥伦比亚大学、基金会进行；门罗担任宾夕法尼亚大学的"现代美术"和哥伦比亚大学的"应用美学"授课；门罗的授课为"美学原理的学习"，旨在通过比较现代与传统的绘画和雕刻，分析具体的作品；门罗还承担在宾夕法尼亚大学开设的"现代美术研究问题"讲座，这是主要以硕士生为对象的讲座，准备研究绘画和雕刻领域的人参加了该讲座；巴迈耶承担在宾夕法尼亚大学的"美学经验"授课，具体内容为学习现代心理学、美术批评、文艺批评，解析艺术鉴赏和美学经验方面问题。

在梅里恩的巴恩斯基金会内开设的教室上，巴恩斯、巴迈耶、门罗、马伦及画家兼教师的萨拉·卡莱斯（Sala Carles）开展了研讨会、讲座、实地教授及授课等。听课的人不仅包括美术教师、画家、著述家、批评家、美术馆理事，而且还包括非专业的普通人群。在这里，召开了以美术专家为对象的高级研讨会，可以讨论美学的理论，也可以交流实际的绘画。②巴恩斯还运作费城艺术博物馆招聘门罗作为讲师。费城艺术博物馆起源于1876年在费尔蒙特公园召开美利坚合众国建国百年展会（Centennial Exposition）时设立的纪念

---

① Albert C. Barnes to Josiah H. Penniman, February 23, 1925, *Josiah H. Penniman Records*.

② The Barnes Foundation, "The Educational Program of the Barnes Foundation," *Journal of the Barnes Foundation*, vol.1, no.1, April, 1925, p. 1. Mullen, Mary, "The Barnes Foundation: An Experiment in Education," *Journal of the Barnes Foundation*, vol. 1, no. 1, April, 1925, p. 6.

堂（Memorial Hall），次年就创设了这个世界屈指可数的美术馆。①巴恩斯在写给费城艺术博物馆馆长费斯克·金博尔（Fiske Kimball，1888—1955）的信中，在介绍门罗的同时，他请求能够在美术馆中开设讲座。②金博尔愉快接受了巴恩斯的建议。③

巴恩斯基金会的影响越来越大。巴恩斯的《绘画的技法》、巴迈耶的《美学经验》、马伦的《对艺术的探讨》从东部地区的中心州到西部地区的加利福尼亚州，在35所大学和高等教育机构得到采用，在6个主要城市的公立学校中获准使用，更在卢浮宫美术馆和纽约的大都会美术馆（Metropolitan Museum）等开设的教室中作为教材或参考资料来使用。再加上基金会的植物园，在原土地所有者约瑟夫·威尔逊、巴恩斯的妻子并担任基金会副理事的劳拉·巴恩斯（Laura Leggett Barnes，1874—1966）及约翰·普林斯（John W. Prince）的指导下，开展了树艺和园艺的研究，具体培育花草和植物的新品种，并进行观察和研究。基金会的艺术教育活动范围越来越广泛。④

但是，巴恩斯对将基金会的收藏像美术馆那样向公众开放，感到为难。1924年10月22日巴恩斯在给莱尔德的信中写道，对于"接受公众"，迄今为止基金会进行了谨慎的探讨，因其有可能使"教育计划""蒙受巨大的损失"，决定"至少在之后的几年内"，避免公开收藏品。据巴恩斯所述，这个"全面的教育计划"是与杜威协商后得出的结论，他认为如果基金会的教育活动取

---

① 费城艺术博物馆官网上的《美术馆的历史》项目，http://www.philamuseum.org/information/45-19.html，2008年2月1日阅览。

② Albert C. Barnes to Fiske Kimball, October 5, 1925, *Fiske Kimball Records, 1908—1955*, Box 1, Folder 8, PhiladelphiaMuseum of Art Archives.

③ Fiske Kimball to Albert C. Barnes, October 7, 1925, *Fiske Kimball Records, 1908—1955*, Box 1, Folder 8, PhiladelphiaMuseum of Art Archives.

④ The Barnes Foundation, "The Educational Program of the Barnes Foundation, "op. cit., p. 1. Mullen, Mary, "The Barnes Foundation: An Experiment in Education, "op. cit., p. 7.

得成功，那将是"值得纪念且具有重要性的事情"。^①据此，莱尔德也以宾夕法尼亚大学美术研究所所长的身份表示了理解，"听到你的谨慎发言，我非常高兴"，关于是否公开这一"消极的决定也是合理的，有卓见的人应该会认同"。^②巴恩斯强调的是，基金会并非美术馆，而是教育设施。

（2）费城的公立学校改革

巴恩斯对教育的关注涉及费城的公立学校改革，他希望基金会的资源能够在费城的学校得到有效的利用。巴恩斯写信给杜威，希望与之探讨教育问题。1925年2月1日，杜威和巴恩斯在梅里恩会面。巴恩斯让杜威乘坐9点从纽约出发的火车，到西费城站后，会用自家车接站，并且所有客人的交通费用都由基金会承担。^③杜威每次来梅里恩，巴恩斯都周到接待。巴恩斯心中牵挂的是关于费城教育改革的必要事宜。3月2日巴恩斯在给杜威的信中写道："宾夕法尼亚州的官方教育制度已陷入危机境地"。当时的宾夕法尼亚州，在州长吉福德·平肖（Gifford Pinchot，1865—1946）的带领下，正在进行年金制度和退职制度的改革及州法的修正。巴恩斯请杜威帮忙牵线，以与州长的夫人柯尼丽娅·平肖（Cornelia Bryce Pinchot，1881—1960）协商。^④杜威接受了这一委托。^⑤3月15日，平肖夫人给巴恩斯寄去了信件。信中，她向巴恩斯表示，其对"约翰·杜威怀有最大的信念"，对"所有能将杜威的哲学付诸实践的计划都非常关注"。^⑥

但是，致力于基金会和大学间合作及公立学校改革的巴恩斯计划，遭到

① Albert C. Barnes to Warren P. Laird, October 22, 1924, *Josiah H. Penniman Records*.

② Warren P. Laird to Albert C. Barnes, October 27, 1924, *Josiah H. Penniman Records*.

③ Albert C. Barnes to John Dewey, January 28, 1925, *The Correspondence of John Dewey*, vol. 2. Albert C. Barnes to John Dewey, January 30, 1925, *The Correspondence of John Dewey*, vol. 2.

④ Albert C. Barnes to John Dewey, March 2, 1925, *The Correspondence of John Dewey*, vol. 2.

⑤ John Dewey to Albert C. Barnes, March 4, 1925, *The Correspondence of John Dewey*, vol. 2.

⑥ Cornelia Bryce Pinchot to Albert C. Barnes, March 15, 1925, *The Correspondence of John Dewey*, vol. 2.

费城美术教育众多相关人士的反对。其中，激烈指责基金会的是在费城公立学校担任美术教育指导主事的西奥多·迪拉韦（Theodore Milton Dillaway，1874—? ）。根据1924年5月20日费城当地报纸《北美洲人》所刊登的新闻《美术批评家猛批巴恩斯基金会》，迪拉韦批判巴恩斯关于现代美术教育的手法是"非常有害的"，会招致"无政府倾向"。①

　　巴恩斯迅速给予了回应。在备受瞩目的《巴恩斯基金会研究》第1期的论文中，他选择的主题是《费城公立学校的耻辱》（1925）。巴恩斯批判费城公立学校的课程内容"落后于时代"，特别是美术课程，缺少"理性的目的"，丧失了"秩序"和"方法"。据巴恩斯所述，其批判的对象在高等学校女学生的美术课上，虽教授服装设计和室内装饰等"工艺"，但都是凭借"机械的手法"而轻视了"美学方面"；在素描和绘画用具的授课上，仅采用"按文字临摹"，或仅教授"寻找故事间的关联"。在这里，几乎看不到"对个人关注及自我表现的诉求"。巴恩斯认为，这种"落后于时代的系统"的责任在于迪拉韦的教育观。而且，一边介绍刊登在《北美人》杂志上的迪拉韦对基金会的批判，一边将迪拉韦有关"现代美术引起学生混乱、使有教养的人受到驱逐"的见解，鲜明地定义为"完全不理解艺术本质价值"的人的观点。巴恩斯表示，鉴赏的内容非常丰富，例如，通过雷诺阿观察希腊的传统，通过马蒂斯解读波斯和印度教的传统，通过毕加索观察佛罗伦萨的传统，通过苏丁观察埃及和威尼斯的传统。而且，他将迪拉韦提出的"现代美术的作品会导致'无政府'状态"的观点定义为"对待新事物的封闭心"和"敌对心"的外在表现。在巴恩斯看来，迪拉韦对教育的想法，相对于"教育"甚远，更接近于"煽动"。②

　　① "Art Critics Flay Barnes Foundation, " *North American*, May 20, 1924.

　　② Barnes, Albert C., "The Shame in the Public School of Philadelphia, " *Journal of the Barnes Foundation*, vol. 1, no. 1, April 1925, pp. 13-17.

　　因为在费城公立学校改革上未找到突破口，巴恩斯数次通过信件与杜威沟通，并请其提供适当的建议。在1925年4月1日给杜威的信中，巴恩斯写道："所有对巴恩斯基金会的攻击，都应由迪拉韦负责。"而且表示"我们的立场是完全清晰的"。巴恩斯对杜威写道，这并非"个人意欲针对迪拉韦"，如果能够保证"共同与自由的纯粹的精神"，那么，为了费城教育的发展，愿意与他"共同"推进。[1]杜威在4月21日与迪拉韦会面，谈了约30分钟。据杜威给巴恩斯转述，他直接与迪拉韦、巴迈耶和门罗见面，建议一起协商如何"共同"推进，对此迪拉韦愉快地表示同意。杜威向巴恩斯表示，"迪拉韦并非强硬的人，表面上是中立的人"，"迪拉韦没有提到任何不满，并且正想改变学校的方法和条件"。[2]

　　但是，事态并未那么容易好转。这也是巴恩斯批判创立图形素描俱乐部美术教师塞缪尔·弗莱舍（Samuel S. Fleisher，1871—1944）的原因。弗莱舍1898年在费城市内班布里奇大街422号的某个建筑内，为周围贫困孩子开设教室，是美术教育先驱者之一。之后搬到凯瑟琳大街的该教室，被冠名为"图形素描俱乐部"，免费提供美术授课，不仅面向儿童，还面向成人。[3]巴恩斯指出，弗莱舍的教育观类似迪拉韦那种对现代美术的偏见。理由是，在20世纪20年代，众多美术教师在图形素描俱乐部的教室里学习。[4]巴恩斯在给杜威的信中提及，类似迪拉韦"对所有新事物都存有极端的偏见"，会"明显妨碍基金会和公立学校间的合作效果"，迪拉韦这种想法是受"为培养商业画家而为生活贫困者提供免费食堂的弗莱舍"的影响而形成的。[5]巴迈耶完美地反映了巴

---

[1] Albert C. Barnes to John Dewey, April 1, 1925, *The Correspondence of John Dewey*, vol. 2.

[2] John Dewey to Albert C. Barnes, April 21, 1925, *The Correspondence of John Dewey*, vol. 2.

[3] 塞缪尔·S. 弗莱舍艺术纪念碑（Samuel S. Fleisher Art Memorial）的主页，http://www.fleisher.org/about/fleisher-bio.php，2008年2月1日阅览。

[4] Barnes, Albert C., "The Shame in the Public School of Philadelphia," op. cit., pp. 16-17.

[5] Albert C. Barnes to John Dewey, April 1, 1925, *The Correspondence of John Dewey*, vol. 2.

恩斯的见解，开始批判弗莱舍。据其所述，图形素描俱乐部的目的虽为"普及艺术鉴赏"，但弗莱舍的美术教育是"惯例主义的堡垒"，"其对真正的教育，没有作出任何实质的贡献"。[①]

总之，巴恩斯是一个喜欢辩论的人，他推动了对美术馆和美术教育相关者的批判。例如，巴恩斯指责，作为哈佛大学教授的画家兼波士顿美术馆理事的登曼·罗斯（Denman W. Ross，1853—1935），认为他的教育是无视"科学与艺术"、损害"人性"的方法。[②]巴恩斯这种挑衅性发言也针对了美国画家杰伊·汉比奇（Jay Hambidge，1867—1924）和瓦尔特·帕赫（Walter Pach，1883—1958）、大都会美术馆教育活动负责人休格·埃利奥特（Huger Elliott，1877—1948）。[③]面对美术界及美术教育领域的权威势力，巴恩斯逐一发起了批判。

门罗具体解释了巴恩斯基金会对教育的基本构想。在《巴恩斯基金会研究》发表的文章《美术教育的建设性计划》（1925）中，他详细解释了涵盖大分类9项和小分类55项的美术教育实践原理。他所强调的大分类为下述内容。为"逐步提高自身的能力"，"美学能力"要求"个人在思考和感觉上的自由"，通过"纯粹且合理的规制与分析"推进"美学活动"和"其他活动"之间的"相互关联"。"特别的价值"和"兴趣"不同，是以"自然的成长"为基础，尊重"授课的阶段连续性"，对"顺序"的"体系"不过于严苛要求，将初等、中等、高等教育列入"艺术教育的阶段"，执行"实践性的应对"以达成"公立学校制度改革"。据门罗所述，其所追求达成的"理性的美术教

---

① Buermeyer, Laurence, "The Graphic Sketch Club and Art Education," *Journal of the Barnes Foundation*, vol. 1, no. 1, April, 1925, pp. 18-25.

② Barnes, Albert C., "Art Teaching that Obstacles Education," *Journal of the Barnes Foundation*, vol. 1, no. 2, May, 1925, pp. 44-47.

③ Barnes, Albert C., "Art Teaching that Obstacles Education," *Journal of the Barnes Foundation*, vol. 1, no. 3, October, 1925, pp. 41-48. "Educational Disorder at the Metropolitan Museum," *Journal of the Barnes Foundation*, vol. 2, no. 1, January, 1926, pp. 45-48.

育"，与其说是"学校制度的变化"，不如说是"每个教师的精神、目的、方法的变化"。进一步讲，线描、手工、工艺、室内设计装饰等已有的课程得到延续，但应引入的"规则"并非采用"习惯性的公式"，而是"刺激学生的自发性"的新方法。为此，他主张"学校的行政官员"必须放弃"压制教师的信念和方法"，通过提供"最好的艺术鉴赏"和"关于教育的科学方法的知识"，立即进行教师教育的改革。[①]

门罗倡议进行大学美术教育的改革。在《高等教育机构的美术授课——其失败和反复》(1925)一文中，他指出，例如在哲学部的美学授课上，没有进行与绘画和雕刻相关的"具体的实例观察"，以"完全抽象的形式"进行授课，就是现今美术教育的"失败"。在美术史授课中，总是以"艺术家的名字和年代"和那个年代的"趣闻"为焦点，过度强调分数、考试、学分，使"自由的思考"受到压制，而"鉴赏所必需的具体的基本条件"却被忘却，初等教育正在进行"错误的教育"。门罗认为，需要"自发性的活动"而非"被动的吸收"，需要"具体的问题"而非"间接的抽象"。"艺术"既不是"强制性的事物"也不是"无政府的事物"，而是通过"原本的喜好和性质"来引导的，伴随有"经验的推广、普遍性、集中"的事物。据此，门罗主张，承担美术教育的大学不可避免地需要开设"理性的历史的讲座""美学心理学"等"美学一般性讲座"，开设以"造型设计上的连续性和变化"为目的的"美术史讲座""现代美术""实践性美术"和"一些更专业的讲座"。[②]

巴恩斯基金会的美术教育以推行民主主义原理为目的而得以实施，马伦对此表述了其形态。在初次授课时，一名学生提问，"美是什么"。最初，一些听课学生的回答中含有"模糊、混乱、错误的见解"，但他们通过表达"自

---

① Munro, Thomas, "A Constructive Program for Teaching Art, " *Journal of the Barnes Foundation*, vol. 1, no. 1, April, 1925, pp. 26-38.

② Munro, Thomas, "College Art Instruction: Its Failure and a Remedy, " *Journal of the Barnes Foundation*, vol. 1, no. 2, May, 1925, pp. 34-43.

己的意见"，对分享"一般性讨论"作出了贡献。最终，在那节课上，如果能够对"美"作出定义，那就应是以"被客观化的喜悦""与某些人的经验相关联"并且是"具体化的事物"的见解而结束了这个话题。暂不论这个定义是对是错，马伦强调，并非向外界强行索求"可接受且不容置疑的定义"，而更重要的是为达成"共同的理解"而开展的"自由讨论"。她认为，"意见的交换"是"真正的教育中最重要的手段之一"，其理由是"意见的交换"与妨碍"理性发展"的"封闭空谈的精神"相反，是"向社会"开放的，而且"其教育本身"也是"社会性事物"。马伦主张，通过在教室里的授课，使"艺术鉴赏"成为"真正的纯粹的个人能力"，进而成为"理性能力"。①

　　在《巴恩斯基金会研究》上也发表了杜威在基金会新美术馆揭幕式的演讲稿②和他的文章《经验、自然与艺术》（1925）③、《个性与经验》（1926）④、《在逻辑和绘画中有情感地思考》（1926）⑤。在《个性与经验》中，杜威指出，不仅仅限于艺术，学校历史的发展也像"钟摆在极端事物之间摇摆"一样，即"钟摆摇摆"于"来自外部的注入"和"自由的表现"这"两个极端"之间。杜威不仅指出像这样的对立性架构方法是错误的，还对其解决方法是寻找"两个极端的中间点"这一观点提出异议。杜威主张，"真正需

　　① Mullen, Mary, "A First Requisite in Art Education," *Journal of the Barnes Foundation*, vol. 1, no. 2, May, 1925, pp. 31-33.

　　② Dewey, John, "Dedication Address," *Journal of the Barnes Foundation*, vol. 1, no. 2, May, 1925, pp. 3-6.

　　③ Dewey, John, "Experience, Nature and Art," *Journal of the Barnes Foundation*, vol. 1, no. 3, October, 1925, pp. 4-10.《经验、自然与艺术》不仅发表在《巴恩斯基金会研究》上，在杜威的《经验与自然》第9章也有同名标题，并进行了详细讨论。（Dewey, John, *Experience and Nature*, op. cit., pp. 266-294.）

　　④ Dewey, John, "Individuality and Experience," *Journal of the Barnes Foundation*, vol. 2, no. 1, January, 1926, pp. 1-6.

　　⑤ Dewey, John, "Affective Thought in Logic and Painting," *Journal of the Barnes Foundation*, vol. 2, no. 2, April, 1926, pp. 3-9.

要做的事情"是引导"行为的方向性变化"。他否定了对"规则""习惯""传统"的固有解释。他还认为,"自由"和"个性"不应被看成"本来的所有物和天赋",而应被看成"取得并渐渐达成的状态"。这可以理解成"用来共同感受并认识过去发生的事情和事情发展方法的""知识"发挥了重要作用。杜威放弃了教育"两个极端"的思考方式,而是提出超越这些看法的学校改革的必要性。①他还不厌其烦地表达了基金会活动的积极意义。据他所述,从"绘画"中所发现的"艺术"和"理性的鉴赏"是"统合后的经验",是"在巴恩斯基金会活动中不断反映的事物"和"对绘画真正的理性的理解",不仅是"综合研究绘画的特定要素",而且是通过设定"标准"、形成"其他所有经验的习惯"后才能具备的"完全整合且深邃永存的经验"。②杜威通过《巴恩斯基金会研究》对基金会的做法表示了支持。

（3）形成共同网络的困难性

从这个时期起,在势不可当的巴恩斯基金会活动推进过程中,开始出现了阻碍。巴恩斯倾注全力,构筑基金会与大学、城市、高等教育机构间的共同网络,推进费城的教育改革。但是,他所计划的通过巴恩斯基金会和宾夕法尼亚大学合作来形成尖端的美术教育研究基地却没有进展。不仅如此,基金会的计划也一直停滞,基金会与大学的关系本身暗流涌动。原本就无法确定是否只要给予充分的时间和准备,就一定能达成基金会与大学间关于教育计划的合作。再加上巴恩斯基金会对迪拉韦及图形素描俱乐部的批判,也让宾夕法尼亚大学感到棘手。之所以这样说,是因为如果容忍指责对市内学校具有影响力的个人和教室,将有可能损害大学的社会信用,并影响其作为教育机构的威信。巴恩斯基金会所进行的大多数批判攻击行为,都不是宾夕法尼亚大学所能认同的。对于此事,宾夕法尼亚大学通过与巴恩斯同一高中毕业的大学教师埃德

① Dewey, John, "Individuality and Experience," op. cit., pp. 1-6.

② Dewey, John, "Affective Thought in Logic and Painting," op. cit., p. 9.

加·辛格（Edgar A. Singer Jr.）私下传达给了基金会。①

不管怎样，巴恩斯还是经常挑起辩论。先不论巴恩斯的好辩是否适宜，不难想象，他的构想本身已被孤立，相互间的怀疑也被扩大，他已陷于更大的迷茫之中。但是，即使不考虑此类事件的发生，在20世纪20年代的时代条件下，想与传统权威势力或学院派合作，也绝不是一件简单的事情。马伦与门罗具体解释了其困难性。据马伦所述，宾夕法尼亚美术学院一些教授数次带着学生来基金会鉴赏藏品。位于费城中心的宾夕法尼亚美术学院成立于1805年，是全美最古老的美术学院。美术学院的教授们请基金会负责教育的人向学生进行作品解说。宾夕法尼亚美术学院一位非常有名的教授建议，为充实对学生"绘画的理性探讨"的指导，希望深化巴恩斯基金会和美术学院间的"共同"计划，但"学院从未试行过像这样的计划"，"自己只是提出合作建议，就有可能被学校解雇"。②

门罗再次发表了《美术学院与现代教育》（1926）一文，表达了与学院派合作过程中的苦恼。据他所述，宾夕法尼亚大学美术学院和纽约美术学生联合会（The Art Students League of New York）的学生在授课中来基金会鉴赏作品。对此，门罗向美术学院和美术学生联合会写信，表示巴恩斯基金会并非"公立的美术馆"，而是具有自己的课程和入学资格的"教育设施"，并因此建议构筑开设"定期在我们美术馆学习的课程"的"合作"。但是，据门罗所述，宾夕法尼亚大学美术学院和纽约美术学生联合会都未作出任何回应。根据此经历，门罗指出，对"承诺达成有价值的结果的所有合作"，为实现这种合作，"不想关闭合作之门"，"但合作的条件很难达成"。③

---

① Edgar A. Singer to Albert C. Barnes, April 10, 1925, *Josiah H. Penniman Records*.

② Mullen, Mary, "Learn to See, " *Journal of the Barnes Foundation*, vol. 2, no. 1, January, 1926, pp. 8–13.

③ Munro, Thomas, "The Art Academies and Modern Education, " *Journal of the Barnes Foundation*, vol. 2, no. 2, April, 1926, pp. 36–37.

　　与此同时，杜威也对大学和学校及学院派间合作的困难性表示了理解。察觉到巴恩斯苦衷的杜威为支持基金会的活动继续提供了建议。在1925年4月16日写给巴恩斯的信中，杜威对增加基金会"教育影响力"的想法表示理解，同时指出为强化基金会和大学之间的联系，必须寻求"理性的"战略。他对基金会进行的各种批判和辩论感到痛心。杜威在信中警示，基金会"否定性批评的策略""只会使作为教育设施的基金会陷于孤立的境地"。"你与迪拉韦的辩论牵涉到宾夕法尼亚大学"，这与"大学的规则完全相反"。据信件所述，"这些也许是非常无聊的规则，但的确存在着，而且任何大学对卷入外部辩论都会很敏感"。杜威本人既是大学的教师，也是基金会的教育部长，建议基金会"更为重要的是专注考虑与大学间的合作"。

　　针对回应批判的巴恩斯，杜威以强烈的语调提出了忠告。他请巴恩斯仔细考虑"因辩论而导致失去与大学间的合作，导致与州的教育相关人士间的决裂、与当地公众的决裂、与费城的决裂，及给他们的友人及相关人士带来的后果和影响，如再继续这样的行为，将会造成什么样的结果。最终，基金会想与谁合作、想怎样合作呢？"①杜威已经看到，巴恩斯挑起的辩论对基金会或教育相关人士及当地公众没有任何益处。杜威在当天又给巴恩斯写了一封信，建议应探寻稳健的解决方式。他表示，基金会不应该在"不必要的辩论上浪费时间与精力"，而应"积极发挥长处"，推进"重大且有建设性意义的课题"。这并不是向对手的"妥协""迎合"，而是探寻"正确的前进方向"。杜威建议，重要的是基金会应通过"奖励并促进"这种"方向"，以便在"在发展和教育中切实地累积成果"。②

　　收到杜威的信件后，巴恩斯也给他回信了。据他所述，"我最欣赏你下述两点"，其一是"你的话语直率，并以理性的方式让我认识到人性的弱点"；

---

① John Dewey to Albert C. Barnes, April 16, 1925, *The Correspondence of John Dewey*, vol. 2.

② John Dewey to Albert C. Barnes, April 16, 1925, *The Correspondence of John Dewey*, vol. 2.

其二是"虽然你个人性格怯懦"，但在"重大事情上完全不缺乏勇气"。[①]但是在此基础上，他也未忘记在其他信件中回复，基金会的活动是"在礼仪的名义下，使处于空谈中的努力得到解放和自由的活动"[②]。杜威着手实施他个人认为对基金会发展有益的想法。他写信给宾夕法尼亚大学的埃德加·辛格，表示巴恩斯很在意"宾夕法尼亚大学和基金会的关系"。而且，根据巴恩斯在《巴恩斯基金会研究》上发表的文章，承诺"将督促他在发表和回应时遵守礼仪"[③]。杜威还向与巴恩斯交流紧密的美术批评家利奥·斯坦（Leo Stein，1872—1947）表示，巴恩斯基金会的教育方法要求的并非"被动盲从的态度"，而是认为培养"学生的挑战性态度"是"有价值的"。巴迈耶在他的著作中也表示，"美学心理学"是"最好的"，以求事态平静化。[④]

巴恩斯1926年还在寻找继续发展与宾夕法尼亚大学美术学院合作的方法。但是，该计划延期并陷于停滞毫无进展的状态。针对两年期限届满的合同更新事宜，5月20日宾夕法泥亚大学致信巴恩斯基金会提出协议，而且表示，如果基金会愿意将合同从1926年起延长两年，那"大学会愉快地接受"。[⑤]但是，大学对基金会的应对方式并不认同。巴恩斯的意图是，重新构筑大学和基金会的关系，形成美术教育的尖端研究基地。为此，5月21日，巴恩斯向大学提出了一个大胆的建议。其内容是，准备考虑在他去世后将基金会拥有的资产转让给宾夕法尼亚大学，由大学予以管理。基金会所提出的资产，包括梅里恩的土地和建筑物、当时价值超过600万美元的藏品以及每年60万美元的收入。他希望据此找到构筑与大学间合作关系的出路。此外，巴恩斯也向大学表示，通过基金会和大学间的合作，"使美术教育走出混乱"这一最初的目的，但现

① Albert C. Barnes to John Dewey, April 16, 1925, *The Correspondence of John Dewey*, vol. 2.

② Albert C. Barnes to John Dewey, April 20, 1925, *The Correspondence of John Dewey*, vol. 2.

③ John Dewey to Edgar A. Singer, December 1, 1926, *Josiah H. Penniman Records*.

④ John Dewey to Leo Stein, February 22, 1926, *The Correspondence of John Dewey*, vol. 2.

⑤ Josiah H. Penniman to Albert C. Barnes, May 20, 1926, *Josiah H. Penniman Records*.

在还没有达成"理想的结果"。巴恩斯希望构筑可以敞开胸襟与大学沟通的关系。为此他表示,"贵校的哲学课程和我们的艺术课程进行合作这一计划是有价值的,但并不能改变美术学院的状况"①。巴恩斯不仅对现有的组织没有任何想作出改变的意愿而感到失望,而且无法接受基金会和大学间的合作仅仅是在恢复学分和学位层面上。他希望通过和大学的合作,能够在新美术教育的实践中领先全美而成为核心,并决心为此付出全力。

即使面对巴恩斯想提供基金会庞大资产的建议,宾夕法尼亚大学也未作回应,巴恩斯的建议因此而无效。历经半年时间却未收到回复,巴恩斯基金会于1926年11月27日宣布中断与大学间的合作。巴恩斯基金会向大学表示,"在学期中途,如实际中断合作,将会给需要上课的无辜学生带来损害,所以希望在本学期结束前,每周四下午进行的大学定期授课仍在美术馆进行"②。辛格向巴恩斯表示,合作"触礁","对个人是遗憾的,对大学整体也是应感到悲痛的"。③莱尔德的回复自始至终采用了委婉的表达方式。虽然写有"关于基金会和大学在艺术鉴赏发展上合作的建议"的5月21日信件,立即被转到莱尔德手中,但对此建议的内容,需要"审慎的讨论",需要时间才能回复,而并非"你所认为的无故拖延"。④宾夕法尼亚大学采取的回避策略是诱使基金会提出中断合作,在顾及费城的学校和教育相关人员成为基金会的批判目标的同时,转移对巴恩斯的攻击。

焦躁中的巴恩斯未能掩饰对宾夕法尼亚大学的不满,并向杜威表达了对大学做法的不满。他表示,大学对基金会抱有"敌对心和猜疑心","整个学校中,具有教养且受到教育的人,一个都没有"。"虽然门罗对计划进行了深化,也欢迎批判,并恳求合作,但却未收到任何回复"。他进而指出,虽数次邀请

---

① Albert C. Barnes to Josiah H. Penniman, May 21, 1926, *Josiah H. Penniman Records*.

② N. E. Mullen to Edward W. Mumford, December 10, 1926, *Josiah H. Penniman Records*.

③ Edgar A. Singer to Albert C. Barnes, December 21, 1926, *Josiah H. Penniman Records*.

④ Warren P. Laird to Albert C. Barnes, December 4, 1926, *Josiah H. Penniman Records*.

彭尼曼校长来基金会，但他却全无回应，学生连心理学的基础知识都不具备，大学仅想着"自我防御"①。就这样，宾夕法尼亚大学和巴恩斯基金会的分裂已成事实。失去了大学这一后盾，巴恩斯基金会受到打击并陷于苦境。而巴恩斯有关费城的学校能够有效利用基金会藏品这一构想，也因此受挫。

巴恩斯不仅对宾夕法尼亚大学，而且对费城艺术博物馆也采取了强硬的态度。在此时期，费城艺术博物馆已经深受美术相关人士的信赖，在当地拥有广泛的影响力，例如，图形素描俱乐部的弗莱舍表示，自己去世后会将教室的不动产和计划管理转让给费城艺术博物馆。②巴恩斯对美术馆也没有让步。他向馆长金布表示，基金会是"教育设施"，对于不符合"指定目的"的"休闲性质访问者"，"无论多么有名的人物"，都拒绝其访问。③对此，金博尔在表示"我们的确不知晓基金会对访问者的方针和实际措施"的同时，也回复说"对未能事前向我们转达基金会的为难之处，感到遗憾"，这也是"有损我们当初的友好关系的做法"。④巴恩斯基金会和费城艺术博物馆的关系产生了裂痕。当时，杜威已经辞去巴恩斯基金会美术教育计划的部长职位，因此，对基金会的事情并未能逐一了解。⑤巴迈耶1926年以纽约大学招聘助理教授为契机辞去了副部长职位。《巴恩斯基金会研究》也在1926年4月的第2期第2卷后停止了发行。杜威虽辞去了巴恩斯基金会教育部长职位，但在那之后，他仍支持巴恩斯在费城的活动，并为基金会美术教育的发展而尽心尽力。

① Albert C. Barnes to John Dewey, December 24, 1926, *The Correspondence of John Dewey*, vol. 2.

② 塞缪尔·S. 弗莱舍艺术纪念碑的主页，http://www.fleisher.org/about/fleisher-bio.php，2008年2月1日阅览。

③ Albert C. Barnes to Fiske Kimball, October 27, 1926, *Fiske Kimball Records*, 1908-1955, Box 1, Folder 8, Philadelphia Museum of Art Archives.

④ Fiske Kimballto Albert C. Barnes, October 28, 1926, *Fiske Kimball Records*, 1908-1955, Box 1, Folder 8, Philadelphia Museum of Art Archives.

⑤ John Dewey to Edgar A. Singer, December 11, 1926, *Josiah H. Penniman Records*.

2 公共性实践中的艺术教育

（1）巴恩斯基金会教育活动的扩张

巴恩斯喜欢带领学生们参观欧洲的美术馆。他热衷于让学生鉴赏绘画原作。1925年6月至9月期间，巴恩斯基金会以春季学期的听讲学生为对象，开始在欧洲开办教室，担任授课的是巴恩斯、门罗、马伦、巴迈耶。门罗负责从拜占庭艺术、乔托（Giotto di Bondone，1267—1337）、米开朗琪罗（Michelangelo Buonarroti，1475—1564）到雷诺阿、塞尚、毕加索、苏丁等相关讲座；马伦负责访问西班牙、法国、意大利、英国，分析从文艺复兴初期到现代的主要画家们的"造型形式"的高级教室；巴迈耶负责在巴黎、马德里和托莱多的教室，学习意大利文艺复兴时期绘画之基础的"美学原理"及其给西班牙的传统及现代艺术发展带来的影响。巴恩斯基金会从马伦所负责的高级教室的学生中选出两人，提供奖学金。获奖学生由史瓦兹摩尔学院教授布兰奇·克劳福德（Blanche Crawford）和萨拉·卡莱斯选拔。获奖学生会出席在巴黎索邦（Sorbonne）的美学授课，所以会得到在法国、西班牙、意大利、英国的美术馆学习绘画的机会。[1]杜威也偶尔加入巴恩斯基金会一行。在巴黎宾馆停留期间，他在给巴恩斯的信中写道，非常期待能出席巴恩斯在卢浮宫美术馆举办的讲座。[2]除巴黎外，杜威也在访问马德里、维也纳、哥本哈根等地时，参观了那里的美术馆。回国后，他向巴恩斯表达了感激之情，说被英国康斯特布尔（John Constable，1776—1837）的风景画感动了。[3]

在1926年2月的《新共和》杂志上，杜威发表了《教育中的艺术和艺术中的教育》[4]。他首先列举英国哲学家、哈佛大学教授阿弗烈·诺夫·怀

---

① The Barnes Foundation, "Notes and Comments," op. cit., p. 46.

② John Dewey to Albert C. Barnes, May 29, 1925, *The Correspondence of John Dewey*, vol. 2.

③ John Dewey to Albert C. Barnes, September 21, 1925, *The Correspondence of John Dewey*, vol. 2.

④ Dewey, John, "Art in Education and Education in Art," *The Later Works*, vol. 2, pp. 111–115.

特海（Alfred North Whitehead，1861—1947）的著作《科学和近代世界》（1925）[1]，该书关注了"生活和教育的结构中包含有美学鉴赏"的观点。据杜威所述，其认为"美学鉴赏"本来就不是"真实世界的附加物"或"奢侈品"，而是在"自然和人类世界中理解每个要素的唯一方法"。他批判在"科学和产业所支配的现代"偏重进行"专业主义"和"技术训练"的"教育"，而将"艺术的美学鉴赏"边缘化。他表示，在此情势下，巴恩斯基金会以"教育设施"为名进行的活动具有重要的意义，而且提出疑问："是绘画艺术与教育疏远，还是教育需要远离艺术"，又或者"艺术本质上是教育性的吗"。杜威再次引用怀特海的哲学，解答说"答案是明确的"。艺术成为"制度化的美术馆的习惯"和"专业批评的习惯"，乃至偏离了"完全统合在一起的所有关于事物经验的内存价值"和"日常人们所不断需要的事物"，对此状况，他进行了批判。杜威还认为，巴恩斯基金会的意图在于"绘画所呈现的艺术，本质上就具有教育性"这一点。即基金会所强调的是"被艺术唤起并给予方向指引的美学鉴赏是普通人正当且紧要的需求"；同时，其"方法和理性并非归少数批评家所有"，而是"通过教育，所有人都能获取的"。因此，杜威支持巴恩斯的尝试，并探寻将艺术和教育结合在一起的方法。[2]

1928年，杜威在访问欧洲时，与女儿伊夫琳和儿媳伊丽莎白·杜威（Elizabeth Dewey）一起访问了众多美术馆及博物馆。在访问伦敦、巴黎、柏林、列宁格勒期间，他印象最深的是列宁格勒的艾尔米塔什美术馆（Hermitage）。据戴克威曾所述，杜威与"普通人不同"，是"沉迷于美术的观察者"。例如，杜威对绘画抱有兴趣，在画作前专心入迷，有些时候连续鉴赏绘画，连午饭都顾不上吃，以致女儿们必须将父亲拖拽到外面。而且，杜

---

[1] Whitehead, Alfred North, *Science and the Modern World*, Cambridge: CambridgeUniversity Press, 1925.

[2] Dewey, John, "Art in Education and Education in Art，"op. cit., pp. 111-115.

威所着迷的并不仅仅是美术作品，还研究众多到访美术馆的人们的多样性。如
农民或劳动者、年轻人到成年人，各个阶层的人访问美术馆，及美术馆的"文
化事物"受到各类人群的支持，对这些他感触颇深。①艺术并非一部分特权阶
级才能享受的，而是扎根于各阶层公众的经验和文化之中，通过与巴恩斯基金
会的关联，杜威也立志实现此目标。杜威通过访问艾尔米塔什美术馆，切身感
受到了艺术所担负的公共作用及艺术教育实践应走的道路。

　　1929年，杜威、巴恩斯、巴迈耶、马伦、维奥莱特·德·梅齐亚②通过巴
恩斯基金会出版部门出版了《艺术与教育》。③该书中，也刊登了杜威发表于
《巴恩斯基金会研究》的论文《经验、自然与艺术》和《个性与经验》。而
且，在《艺术与教育》中，加入了巴恩斯的《绘画的技法》和巴迈耶的《美学
经验》。在第一版的"序言"中，对于基金会推进的艺术教育的方向性，巴恩
斯作出如下阐述。

　　　　从最开始，基金会的目的就不仅仅是对在教室和其相关设施中上课
　　的每位学生提供授课，而是将经过实验验证的艺术教育方法和这些教育

---

①［美］乔治·戴克威曾著，［日］三浦典郎、石田理译：《约翰·杜威的生平与精神》，
第341-342页，清水弘文堂1977年版。

②德·梅齐亚自这时起，成为巴恩斯不可或缺的存在。据约翰·安德森介绍，德·梅齐亚
是个"非常神秘的人物"。她1899年出生于巴黎，在布鲁塞尔长大后，1921年或1922年期间搬家
至费城。然后，1925年作为巴恩斯基金会的学生入学，1927年被巴恩斯任命为导师。《法国的原
始派艺术家及他们的艺术形式》《亨利·马蒂斯的艺术》《雷诺阿的艺术》《塞尚的艺术》是以巴
恩斯和德·梅齐亚二人合著的形式出版的。安德森推测，"德·梅齐亚或许是阿尔伯特·巴恩斯的
情人，或许不是"。总之，自1966年劳拉·巴恩斯死后，基金会中就再没有人能成为德·梅齐亚
的"对手"，拥有近乎"她就是巴恩斯，巴恩斯就是德·梅齐亚"的影响力。(Anderson, John, *Art
Held Hostage: The Battle over the Barnes Collection*, op. cit., pp. 54-56.)

③ Dewey, John, Barnes, Albert C., Buermeyer, Laurence, Mullen, Mary, de Mazia, Violette, *Art
and Education*, op. cit.

应有的轮廓展示在公众面前。①

　　巴恩斯基金会意图将艺术展现给公众，但并不是以公立美术馆的方式将作品公开。这件事所强调的是，从人类本源的社会生活和经验的角度来捕捉艺术，而且将基金会作为教育设施，探寻其能够承担的教育上的可能性。因此，即使在教室的实践中，也不是单纯地向参加授课的学生传授美术鉴赏或理论，而是以将其成果的"轮廓""展现在公众面前"为目标。据此，巴恩斯在探索将杜威的民主主义思想付诸艺术教育实践的方法的同时，也通过巴恩斯基金会的活动，将杜威的公共性构想以新的方式得以推行。

　　（2）如履薄冰的巴恩斯基金会

　　20世纪20年代末，巴恩斯基金会的活动取得了一些转机。1928年9月22日《纽约客》杂志发表了以《梅里恩的美第奇家族》为题的关于巴恩斯基金会的新闻，并搭配了巴恩斯头像的插图。据其所述，巴恩斯的"费城的A. C. 巴恩斯公司通过阿及罗工厂赚了数百万美元，并被医疗专家们所熟知"，同时，"梅里恩的巴恩斯基金会为美术耗费数百万美元，在美术界也是尽人皆知"。基金会所拥有的作品是"除莫斯科那富裕的美术馆之外，世界上最了不起的现代美术收藏"。新闻中言及，巴恩斯从心底里对杜威的哲学着迷，为了出席他的讲座，每周都会去纽约，即使现在，世界上唯一能令巴恩斯言听计从的只有杜威。"杜威辞任教育部长职位，有两位教师离任，大学的讲座也无法再持续"，基金会的现况"虽有些讽刺，但几乎又返回到最初在巴恩斯博士的工厂举办研讨会"的状态。巴恩斯虽然是"不落俗套且具备能力的费城的医生"，但最近除了与夫人外出听宾夕法尼亚交响乐团的演奏会之外很少再外出，也几

---

① Barnes, Albert C., "Preface to First Edition, " Dewey, John, Barnes, Albert C., Buermeyer, Laurence, Mullen, Mary, de Mazia, Violette, *Art and Education*, op. cit., p. ix.

乎没有接待客人，生活的大部分时间用于读书和研究绘画。①

　　1928年11月，巴恩斯与在费城的公立学校美术教育上深度对立的仇敌迪拉韦之间开始了对话。这是在担任费城美术指导副主任艾伦·弗里隆（Allan Randall Freelon，1894—1960）的斡旋下出现转变的征兆。弗里隆毕业于宾夕法尼亚大学，是费城学校教务处第一个黑人职员，同时为学习美术而到巴恩斯基金会上课。其问题是，在公立学校的工作时间内参加作为学校以外机构的基金会的活动，是否适宜。11月28日，巴恩斯在写给杜威的信中，汇报了通过弗里隆与迪拉韦沟通之事。巴恩斯向杜威转达，"公立学校的问题超出想象的得以好转"。据他所述，在公立学校的负责人士之间，既有人对教师在学校的工作时间内参加外部活动表示不认同，也有人认为应当废除这样的规定。迪拉韦支持后者的主张，对弗里隆在基金会学习的行为给予了支持。巴恩斯向杜威转达，"弗里隆可以继续成为我们教室的成员"，该问题的解决也许只是"一时的胜利"，但"我们将尽最大努力为迪拉韦和弗里隆提供有益的讲座"。②

　　在此期间，巴恩斯几乎所有活动都用于服务基金会。1929年，巴恩斯开始从A. C. 巴恩斯公司的事业中退出。7月，巴恩斯将阿及罗的工厂出售给佐尼特产品公司（Zonite Products Corporation）。其出售金额为600万美元高额，3个月后纽约股市暴跌，实为万幸的结局。工厂出售完成后，巴恩斯理应专心于美术世界，但事态并未如预想那样进行。次年，地方税物管理部门命令巴恩斯基金会缴纳在费城斯普路斯大街4525号地开设的新办公室所在建筑物的财产税。在工厂出售之前，阿及罗工厂的办公室作为基金会办公室使用，因出售而从40号大街搬迁至此。对5万美元购置的一个砖瓦风格的3层建筑物，要求缴纳的税额为756美元。但是，巴恩斯并未纳税，而是选择在法庭上与政府争论

---

① Shaw, A. H., "De Medici in Merion, " *The New Yorker*, September 22, 1928, pp. 29-34.

② Albert C. Barnes to John Dewey, November 28, 1928, *The Correspondence of John Dewey*, vol. 2.

基金会是否应缴纳。巴恩斯的理由是，基金会的目的是发展教育和艺术鉴赏，因此不应被征税，并特别提出办公室是用于基金会发行出版物的工作场所。而费城市认为，其不符合免征财产税情况。地方税务管理部门作出此判断的根据是，斯普鲁斯大街的建筑物远离基金会教育设施所在地梅里恩，不仅是工作场所，而且还配备了厨房、浴室、电箱等住宅性质的设备。①

　　巴恩斯请杜威作为证人出席法庭。证言的要点是希望杜威强调基金会作为教育设施所发挥的作用。巴恩斯在写给杜威的信中写道："如你所知，我们所执笔的所有文章都是在那个旧的车间里完成的。我们从那里搬出后，自然需要能继续工作的地方，在40号大街所进行的写作就意味着那些工作"②。实际上，办公室是撰写基金会出版物所不可或缺的场所。基于巴恩斯的要求，9月30日杜威出庭为基金会辩护并提供证言。在法庭上，不仅杜威，而且巴迈耶和德·梅齐亚也出庭了。巴恩斯谈及计划与德·梅齐亚撰写的《法国的原始派艺术家及他们的艺术形式》，并详细说明了办公室内设备的必要性，并解释选择远离梅里恩基金会的费城市区，是因为这里更适合。基金会财产税纠纷的相关内容，被发表于10月1日《费城问询报》，并被世人所知。③同一天，巴恩斯将新闻剪辑与信一起寄给杜威，表达了谢意。巴恩斯表示，"非常感谢你出色的援助"，并很有气势地说，如果此次胜诉，一定也能引导其他众多因对立中的权力和支配而受阻的"公共问题"走向胜利。④这样的活动是否奏效呢？民事诉讼法院的法官驳回市政府一方的请求后，上诉至宾夕法尼亚州高等法院和最高法院，最终判决巴恩斯胜诉。杜威写信给巴恩斯祝贺取得的结果："看到

　　① Meyers, Mary Ann, *Art, Education, and African-American Culture: Albert Barnes and the Science of Philanthropy*, op. cit., pp. 165–166.

　　② Albert C. Barnes to John Dewey, September 19, 1930, *The Correspondence of John Dewey*, vol. 2.

　　③ "Foundation Fights Tax; A. C. Barnes Protests City Levy on Property in Suit, " *Philadelphia Inquirer*, October 1, 1930, p. 3.

　　④ Albert C. Barnes to John Dewey, October 1, 1930, *The Correspondence of John Dewey*, vol. 2.

你胜诉的新闻，非常高兴。实际上，对本次诉讼你准备得非常充分。我希望你的证言报告能成为永久的记录并得到出版。那是珍贵的历史记录"①。

（3）马蒂斯、杜威、巴恩斯

1930年，巴恩斯基金会发生了另一件大事。法国画家马蒂斯（Henri Matisse）到访了梅里恩的基金会。当时马蒂斯正在美国，担任在匹兹堡举办的卡内基国际展览会（Carnegie International Exposition）的审查员。很久以前便痴迷于马蒂斯作品的巴恩斯向其介绍了基金会的藏品。杜威还与马蒂斯一起度过一段时间。住在纽约广场酒店的马蒂斯邀请杜威来自己的房间，并为他画肖像平版画。该平版画尺寸为高24英寸，宽19英寸。马蒂斯绘制的杜威肖像被纽约现代艺术博物馆（The Museum of Modern Art，New York）所收藏。②1930年12月26日，杜威在给巴恩斯信中写道："我和马蒂斯度过了一段非常愉快的时光"。杜威将马蒂斯的素描画放在眼前，对巴恩斯表达了感想，"看他的手随心而动，非常有趣"③。

马蒂斯在梅里恩期间，巴恩斯计划请他实施一项辉煌的工程——请马蒂斯制作基金会中央展示室的壁画。这幅壁画必须能覆盖高11英尺、宽47英尺、延伸至两层的展示室空间。除了空间宏大外，中央展示室还展示有塞尚的《玩纸牌的人》《戴帽子的塞尚夫人》、雷诺阿的《家族》、乔治·修拉（Georges Seurat，1859—1891）的《摆姿势的模特》这些伟大的作品，马蒂斯被这宏伟不可预测的工程震惊到。而且，墙面下部的空间，还展示有毕加索的《构图》和马蒂斯本身的《坐着的摩洛哥男子》等杰作。巴恩斯承诺，在壁画制作过程中，给予马蒂斯绝对的自由。这个建议对马蒂斯来说，是从欧洲进入美国不可多得的机会。经过谨慎的考虑，他接受了基金会的委托。马蒂斯所选择的

---

① John Dewey to Albert C. Barnes, February 20, 1931, *The Correspondence of John Dewey*, vol. 2.

② 纽约现代艺术博物馆（MOMA）主页，http://www.moma.org/collection/browse_results. php?object_id=34789，2008年2月1日阅览。

③ John Dewey to Albert C. Barnes, December 26, 1930, *The Correspondence of John Dewey*, vol. 2.

壁画灵感是1909年和1910年的名作《舞》。自1931年起，他花费一年时间绘制作品。但是，因委托人转达墙面尺寸有误，马蒂斯又重新构想了与正在制作中的想法不一样的主题，并继续绘制作品。直至1933年5月，中央展示室墙面三面的半圆壁，挂上了马蒂斯的作品《舞》。①

基于巴恩斯的委托，中央展示室挂上了马蒂斯巨大壁画，这使得基金会的威信得到提高。巴恩斯在此期间也参与了关于马蒂斯其他作品的辩论，这次的对手还是费城艺术博物馆。事件的起因是，费城艺术博物馆希望借用巴恩斯基金会所拥有的埃尔·格列柯（El Greco，1541—1614）的作品而被巴恩斯拒绝。但是，辩论直接的导火索却是1931年2月巴恩斯的旧友费城现代美术部部长斯特吉斯·英格索尔（Sturgis R. Ingersoll，1891—1973）与他所进行的商谈。费城艺术博物馆希望购入马蒂斯1917年的作品《三姐妹》。《三姐妹》是英格索尔和金博尔曾在纽约瓦伦汀·杜登欣（Valentine Dudensing，1901—? ）的美术馆鉴赏过的作品。

对于购买事宜，英格索尔希望熟知马蒂斯作品的巴恩斯给予建议。英格索尔问巴恩斯可否一起在米德（Midday）俱乐部吃午餐。②同意探讨该作品的巴恩斯承诺会全力帮助美术馆。巴恩斯也提出由其承担英格索尔曾说过的无法短时间筹集到的15000美元。但是，他也表达了该选择的期限过短。在期限前的2月25日，未能筹集到费用的英格索尔与巴恩斯沟通，问是否可将支付期限延长一周左右。但是，巴恩斯回复，经销商杜登欣要求尽快支付，无法延期。期限当日的26日，英格索尔和金博尔获得公积金信托公司（Provident Trust Company）的支持，紧急筹集到了费用。③英格索尔立即给巴恩斯打电话。但

---

① Meyers, Mary Ann, *Art, Education, and African-American Culture: Albert Barnes and the Science of Philanthropy*, op. cit., pp. 173-193.

② R. Sturgis Ingersoll to Albert C. Barnes, February 17, 1931, *Fiske Kimball Records, 1908—1955*, Box 26, Folder 7, PhiladelphiaMuseum of Art Archives.

③ Valentine Dudensing to Albert C. Barnes, November 22, 1934, *Fiske Kimball Records, 1908—1955*, Box 26, Folder 7, PhiladelphiaMuseum of Art Archives.

是通过电话得知，巴恩斯已经购买了《三姐妹》，并拒绝将其转让给美术馆。金博尔在另一电话中听到巴恩斯和英格索尔的通话后，将其通话内容胡乱写在旁边未使用过的信封上。

> 英格索尔："我们要购买这幅画。"
>
> 巴恩斯："（沉默之后）已经太晚了。杜登欣说马上就要现金，所以我已经支付了。"
>
> 英格索尔："但是，巴恩斯博士。"
>
> 巴恩斯："画在我手中。"
>
> 英格索尔："能请您转让给我们吗？"
>
> 巴恩斯："这绝对不行。"
>
> 英格索尔："那太遗憾了。"
>
> 巴恩斯："这是了不起的画作。如我所说的那样，我没有那个义务。昨天，你不是说过无法筹集到钱吗？"
>
> 英格索尔："的确，您是说过大门已经关闭。"
>
> 巴恩斯："就是这样的。"
>
> 英格索尔："我自己的桌上，就有您要求的15000美元。"
>
> 巴恩斯："对此，我无能为力了。"①

　　因购买马蒂斯作品的这件事，巴恩斯成为费城艺术博物馆的敌人。巴恩斯掌握先机，从杜登欣手中购入了绘画。听到他的回复，英格索尔非常狼狈，表达了对基金会的不信任。据霍华德·格林菲尔德（Howard Greenfeld）所

---

① Kimball, Fiske, "Conversation Between R. Sturgis Ingersoll and Dr. A. C. Barnes," February 26, 1931 Regarding Matisse & Three Sisters," *Fiske Kimball Papers, 1874—1957*, Box 160, Folder 17, Philadelphia Museum of Art Archives.

述，美术馆也认为事情的真相不在于此。英格索尔之所以向巴恩斯索求建议，其真正的原因是想向基金会泄露美术馆的情报，希望他购买马蒂斯的作品后再赠予美术馆。①但是，美术馆的想法以失败告终。在此事件上，双方互相揭短，甚至准备起诉。在费城，对巴恩斯的评价越来越差。因为美术馆的名誉受到严重伤害，有些公众心中迸发出怒火。巴恩斯向相关人士发表声明，指出"我'背叛'了英格索尔这一传闻"是"虚假的"。②而其作者马蒂斯已经回到法国尼斯，并未卷入争论。

巴恩斯得到《三姐妹》后，很是自豪。他立即写信给杜威，汇报其购入了马蒂斯的作品："前些时候，我在纽约购入了马蒂斯的优秀作品……为了展示这些作品中体现的生理学、心理学上的价值，我需要您的帮助。"③巴恩斯曾向英格索尔表示，他严格遵守了2月26日这一选择期限并购入了绘画。但是，在给杜威的信中，内容却与巴恩斯向英格索尔转达的内容相反，未遵守自己所设定的期限，欺瞒了购买事宜。之所以这样说，那是因为在信中，写的是比选择的期限还早两天的1931年2月24日，而这个日期要早于英格索尔未能筹集费用、向巴恩斯提出宽限一周的请求时的日期。在给杜威的信中显示，英格索尔提出延期时，巴恩斯已经购入了绘画。从此事中，即使无法猜测巴恩斯是否已掌握了美术馆的想法，但足以证实，他在对英格索尔承诺的日期前，已经购入了该作品。这意味着，故意泄露情报以谋求巴恩斯基金会赠予，费城艺术博物馆的处理方式是一个阴谋，但巴恩斯的做法更为卑劣。

在有关马蒂斯的一系列辩论后，杜威和巴恩斯的友谊得以更牢固的维系。在信件中，互称"杰克"（Jack）和"阿尔"（Al），非常亲密。杜威的

---

①［美］霍华德·格林菲尔德著，［日］藤野邦夫译：《被称作恶魔的收藏家——一个创建了巴恩斯基金会的肖像》，第210-211页，小学馆1998年版.

② Barnes, Albert C., "To Whom It May Concern," November 26, 1934, *Fiske Kimball Records, 1908—1955*, Box 26, Folder 7, Philadelphia Museum of Art Archives.

③ Albert C. Barnes to John Dewey, February 24, 1931, *The Correspondence of John Dewey*, vol. 2.

《作为经验的艺术》一书1934年出版，巴恩斯读过该书后，从拼写错误到内容予以修正，通过信件转达了他自己的意见。[①]出版的两天后，巴恩斯还在基金会的一些成员面前提及该书，基金会购买了50余册。约三周后，巴恩斯开始聆听购入者的读后感，并将收到的意见告诉杜威。据其所述，读过该书的所有人都回答"有帮助"，且其中很多人都感觉在"未把握中心思想前，读得很辛苦"。据此，巴恩斯向杜威表示，像其在《民主主义与教育》那样，每章都添加"简介"，也许会增强"可读性"。"难的，不是书，而是因世界而变得混乱的内心状态"[②]。

对于20世纪30年代的艺术教育实践，杜威和巴恩斯一起开展了活动。1936年4月，杜威访问了克兰普的阿萨代尔社区学校，他向巴恩斯谈及了对学校的印象。据杜威向巴恩斯的表述，华盛顿的政策变得非常糟糕，作为新政的一个环节的"宅地，但该学校是我在这个国家所见过的所有学校中最好的"[③]。杜威在给巴恩斯的信件中，对罗斯福总统执政时期联邦政府推行的《宅地法》所带来的惨状给予了强烈的批判，但对由克兰普在被选为宅地的阿萨代尔推进的学校改革尝试给予了很高的评价。

（4）艺术与教育之友和联邦艺术计划

在此时期，费城开展了艺术与教育之友这一社团活动。该组织的办公室设置在市中心核桃大街旁大厦的一个房间，目的是促进和发展费城市民的文化、艺术和教育。艺术与教育之友除了由杜威担任名誉会长、巴恩斯担任会长外，副会长由罗伯特·格瓦思米（Robert Gwathmey）担任，秘书由亨利·哈特（Henry Hart）担任。1937年12月13日，巴恩斯向杜威传达他投稿给《民族》杂志，以《觉醒的费城》一文介绍社团活动，并写道"如果他们出版该论

---

① Albert C. Barnes to John Dewey, March 29, 1934, *The Correspondence of John Dewey*, vol. 2. Albert C. Barnes to John Dewey, April 2, 1934, *The Correspondence of John Dewey*, vol. 2.

② Albert C. Barnes to John Dewey, April 16, 1934, *The Correspondence of John Dewey*, vol. 2.

③ John Dewey to Albert C. Barnes, April 12, 1936, *The Correspondence of John Dewey*, vol. 2.

文，艺术与教育之友的计划将获得不可辩驳的依据并唤起公众的反响"①。但是，《民族》杂志拒绝刊登巴恩斯的文章。巴恩斯向杜威表达了其不可思议的感觉。他在信中表示，自己的文章是"迄今为止落在该区域的舆论中心，最具冒险性且最具包容性的"，拒绝刊登该文章的理由"是荒谬的"②。1937年12月27日，杜威给巴恩斯回信，表示将积极支持艺术与教育之友的活动，该团体"连接着艺术与教育，没有比这更好的方法"，"拥有伟大的未来"，"我相信你会有伟大的未来，同时对担任组织的名誉职位，我感到非常荣耀"。③

通过这些经历，巴恩斯在1938年1月31日写给杜威的信中，披露了正在开展的费城改革计划。巴恩斯表示，将通过艺术与教育之友的活动，再加上对"美术馆以艺术和教育的名义进行侵害的行为"和"地区的公共事业振兴署（WPA）艺术计划的缺陷"的分析，来验证费城市"教师工资被彻底削减"的问题，以及公共性制度中"排斥非裔美国人"的问题。巴恩斯希望杜威能参加1938年2月18日召开的艺术与教育之友第一次会谈。④但杜威表示，女儿简·杜威（Jane Mary Dewey，1900—1976）在佛罗里达州基维斯特购买了住宅，他也待在那里，所以无法参加。⑤

巴恩斯全力着手的是对罗斯福政权公共事业振兴署推进的艺术家救济项目的攻击。在大恐慌下，为了救济数百万失业者而设立的公共事业振兴署是新政核心的事业之一。其中，为救济艺术家而推出的联邦一号计划（Federal Project Number One）由联邦音乐计划（Federal Music Project）、联邦戏剧计划（Federal Theatre Project）、联邦作家计划（Federal Writers' Project）、联邦艺术计划（Federal Art Project）四个部分组成。这是政府通过在文艺、音乐、

---

① Albert C. Barnes to John Dewey, December 13, 1937, *The Correspondence of John Dewey*, vol. 2.

② Albert C. Barnes to John Dewey, December 24, 1937, *The Correspondence of John Dewey*, vol. 2.

③ John Dewey to Albert C. Barnes, December 27, 1937, *The Correspondence of John Dewey*, vol. 2.

④ Albert C. Barnes to John Dewey, January 31, 1938, *The Correspondence of John Dewey*, vol. 2.

⑤ John Dewey to Albert C. Barnes, February 22, 1938, *The Correspondence of John Dewey*, vol. 2.

舞台艺术、视觉系艺术等领域积极促进就业，同时对艺术团体和活动的赠予行为采用减税制度，给予艺术家经济性扶持的大规模的政策。联邦音乐计划是在高峰期雇用16000名音乐家，管弦乐队每周能招揽达300万名观众；联邦戏剧规划是雇用12700名剧场相关人员，每月针对100万观众公演1000场以上；联邦作家计划是在1936年雇用6686名作家，截至1941年出版800部350万本书籍；联邦艺术计划是在1936年一年内雇用5300名艺术家和专家，其中的90%从艺术家救济明细的登记人员中雇用。对雇用的艺术家，根据其技术委托相应的工作，一周能得到23美元至25美元的报酬。[①]该计划意图通过此项目所制作的壁画、海报、绘画、雕刻等作品来增加公众接触艺术的机会，并装饰大厦的墙面和学校、政府、车站、图书馆、邮局、医院这些公共设施。

巴恩斯最初支持罗斯福和新政。在此点上，他的立场与杜威不同。对艺术家救济项目，巴恩斯表示理解艺术家的贫困状况，并给予了一定的评价。但是，针对在费城开展的该项目计划，批判的言论越来越多。艺术与教育之友为此成为活动据点。巴恩斯的真正想法与在基金会时相同，是想让费城市内的美术教育受到强烈的批判。1938年该基金会所发行的出版物标题是《针对费城的名誉损害》《费城的耻辱——对费城联邦艺术计划中的反美行政管理部门的分析》《费城艺术博物馆的进步性腐败》等。《针对费城的名誉损害》是巴恩斯在被《民族》杂志拒绝刊登的《觉醒的费城》内容基础上增补修正的。他的这两篇文章，分别由记者且担任秘书的亨利·哈特和律师哈里·富伊曼（Harry Fuiman）执笔。哈特是巴恩斯的友人，富伊曼有过在巴恩斯基金会学习的经历。实际上，哈特和富伊曼的文章，是对巴恩斯主张的代笔。针对《费城艺术博物馆的进步性腐败》，有人怀疑是巴恩斯亲自执笔，但富伊曼明确给予

---

① [日] 工藤安代：《公共艺术政策——艺术的公共性和美国文化政策的推移》，第39—42页，劲草书房2008年版。

了否定。①

在这些出版物中，艺术与教育之友表示抗议的是根据联邦艺术计划而在市内开展的各种各样的活动。具体表现是，杜威和巴恩斯作为代表者签名，抨击费城的宾夕法尼亚联邦美术计划，矛头对准负责该计划的长官玛丽·柯伦（Mary Curran，1885—1976），指责她是"反美国的行政官"②，"妨碍了本地区真正的艺术运动"③。哈特批判柯伦采用"非人类的、无效率的"方法，认为"应该解聘"她的长官职位。之所以这样说，那是因为在宾夕法尼亚联邦艺术计划中，要求艺术家们平日白天需要在指定的工作室工作，这不仅限制了他们自由的创作活动，而且也使他们无法参加巴恩斯基金会教室的授课。柯伦原来是高中的英国文学课教师，在1926年2月参加巴恩斯基金会的教室时，因其他学生指出她的行为妨碍了教室的有序运营，而被基金会予以开除处分。此后，柯伦与年轻女性劳动者结成了新的联盟。1928年，新的联盟成为该联盟的主体，随着费城独立艺术家展览会的举办，而成立了现代美术小美术馆。小美术馆开在与巴恩斯基金会同地段的市中心的斯普路斯大街。

以此为契机，柯伦开始了在费城的艺术事业。柯伦也与费城艺术博物馆的金博尔关系密切。1933年12月，在美国财政部启动，民用工程管理局资助的美术计划公共事业（Public Works of Art Program）中，金博尔担任费城地区的

① Barnes, Albert C., *A Disgrace to Philadelphia*, Philadelphia, Pa.: Friends of Art and Education, 1938. Hart, Henry, *Philadelphia's Shame: An Analysis of Un-American Administration of the Federal Art Project in Philadelphia*, Philadelphia, Pa.: Friends of Art and Education, 1938. Fuiman, Harry, *The Progressive Decay of the PennsylvaniaMuseum of Art*, Philadelphia, Pa.: Friends of Art and Education, 1938. *Fiske Kimball Papers, 1874—1957*, Box 160, Folder 19, PhiladelphiaMuseum of Art Archives.

② Hart, Henry, *Philadelphia's Shame, An Analysis of Un-American Administration of the Federal Art Project in Philadelphia*, op. cit.

③ Friends of Art and Education, "Program of Friends of Art and Education," *1212*, vol. 2, no. 2, The Artists' Union 1212 Walnut St., Philadelphia, Pa. March, 1938, pp. 22–23, *Fiske Kimball Papers, 1874—1957*, Box 160, Folder 19, Philadelphia Museum of Art Archives.

主席，柯伦负责事务局，为救济艺术家推进了在市内公共建筑物装饰壁画、绘画、雕刻的计划。1934年1月，他再次举办了独立艺术家展览会；4月，在林肯-自由大厦举办了展示600幅作品的展览会。美术计划公共事业在1934年6月结束，由联邦政府的公共事业振兴署继承。通过该事业，市内的政府、商场、学校、图书馆等要装饰1200幅作品，但艺术与教育之友批判柯伦的做法并不能推进费城"真正的艺术"的发展。

实际上，柯伦的艺术事业带有与巴恩斯基金会和费城艺术家联盟（Philadelphia Artists Union）对决的色彩。1937年初，艺术家联盟向柯伦申请举办展览会时，她干脆地予以拒绝。但令人惊讶的是，当年春季，她开始举办展览会，却未采用费城著名艺术家们的作品。在该展览会上，限定仅展示与柯伦有深交的四位艺术家的作品，因此被称为"四人展览会""柯伦的宠物商店"等。柯伦对巴恩斯基金会的手段也很严厉。例如，对出席宾夕法尼亚美术学院授课的查尔斯·加德纳（Charles Gardner），每月支付240美元的工资并延长雇用期，但对每周一次参加巴恩斯基金会教室的查宁（A. L. Chanin），却以与基金会有关联为理由，解除了其在民用工程管理局的工作。之后，从联邦艺术计划中排除出入巴恩斯基金会教室的艺术家已成常态。对此，哈特指出，柯伦的"不公平和歧视"是非常明显的，倡议"应立即解聘"。巴恩斯并没有静观。当被问及柯伦是否能够正确判断艺术作品、具备运营艺术事业的能力时，巴恩斯表示，"柯伦不仅对艺术作品的构成非常无知，而且在让普通人参加推进项目这一经验上也是失败的，精神上也背负着不利条件"。虽未明言，但不难想象，该"失败"指柯伦曾受到巴恩斯基金会教室的退学处分一事。①

1938年2月，作为宾夕法尼亚联邦艺术计划的一环，柯伦和金博尔计划举办展览会，而艺术与教育之友攻击其为"莫大的资金浪费"，"是对公众的欺诈

---

① Hart, Henry, *Philadelphia's Shame: An Analysis of Un-American Administration of the Federal Art Project in Philadelphia*, op. cit.

行为"。他们认为，美术馆作为"公共的教育设施"，担负的"第一主要责任"是扩展"公众的视野"和"公众的世界观经验"，但柯伦的计划，却没有担起"对公众的责任"。艺术与教育之友批判，推进该计划的委员们既没有学习美术与绘画相关的知识，也不理解"真正的艺术作品与赝品间的区别"。柯伦认为，费城艺术博物馆所承担的艺术计划事业是"有害的欺诈"，是"教育上的犯罪"，具有"根本性的缺陷"。[1]这是以费城的浮雕为中心的展览会。据内部观赏过展示品的艺术评论家多萝西·格雷夫利（Dorothy Grafly，1896—1980）所述，展览会的"整体水平，比浮雕之外的很多展览会上展示的作品还要高"[2]。

　　但是，同年2月13日的傍晚，巴恩斯召集艺术与教育之友和费城艺术家联盟成员60余人在举办展览会的费城艺术博物馆入口附近开展抗议活动[3]，理由是针对参与制作作品的艺术家，要求在作品上签署"我不是艺术家联盟的成员""我不希望艺术家联盟来代表我"的请愿书正在扩散中。对该署名的要求，虽然公共事业振兴署的费城事务局下令搁置，但柯伦的所作所为鲜明地展现了其反联盟的立场。柯伦彻底地批判联盟成员的作品，指责联盟的声明。[4]在费城艺术博物馆前，巴恩斯所率领的抗议队伍拉着"纽约一周举办36场美术展，而费城仅仅10场"的横幅前行。巴恩斯也向媒体指出，"对以法西斯方法举办展览会表示抗议"[5]。

　　对此，美术馆的金博尔也打破沉默，开始批判基金会。金博尔回言，巴恩斯的"阿及罗仅仅是无用的东西"，这加大了巴恩斯的怒火。他在费城的急

---

① Fuiman, Harry, *The Progressive Decay of the PennsylvaniaMuseum of Art*, op. cit., pp. 7–14.

② "Art," *Time*, February 14, 1938, pp. 43–44.

③ "Art," *Time*, February 14, 1938, pp. 43–44.

④ Hart, Henry, *Philadelphia's Shame: An Analysis of Un-American Administration of the Federal Art Project in Philadelphia*, op. cit., p. 7.

⑤ "Art," *Time*, op. cit., pp. 43–44.

进派论坛上煽动，"如果大家真的关注绘画，那么请到美术馆大声抗议"。但是，在通往美术馆的林荫大道的相反一侧，宾夕法尼亚美术学院无视喧嚣，积极准备第133届美国艺术展览会。[①]事到如今，巴恩斯基金会无论与费城艺术博物馆，还是与宾夕法尼亚美术学院的关系都已无法修复。而柯伦受要求降低她地位的抗议活动的影响，1938年7月从费城负责人的职位被调往宾夕法尼亚州的首府哈里斯堡，同年9月又降职为匹兹堡的副市长，并于12月离任。面对这一系列事情，巴恩斯向杜威表示，"我们工作成功了"[②]。杜威也寄信给巴恩斯，回复称"对艺术与教育之友的繁荣，感到非常高兴，如果我在附近，也会一起参加"[③]。但是，艺术与教育之友在这些活动之后遭到了解散。

作为任期到1943年的新政的中心政策之一，在全美实施的联邦艺术计划在大规模雇用失业艺术家的同时，通过将众多艺术作品装饰于各处的公共设施，扩大了普通公众接触艺术的机会，让美学经验来到公众身边。据担任联邦艺术计划主席的霍尔格·卡希尔（Holger Cahill，1887—1960）所述，该项目并非宣扬艺术是"天才享有的计划"，而是作为"文化计划"来推进"艺术"的运动，以创造所有人都能参与艺术活动的环境为目的。卡希尔所进行的活动是连接艺术与生活，清除横亘在艺术家和公众之间的壁垒。在此点上，联邦艺术计划与杜威的艺术论相接近。实际上，卡希尔虽是纽约大学毕业，但曾在哥伦比亚大学听过杜威讲座，并受到很大影响。

联邦艺术计划的具体活动主要分为三类。第一类是美术作品的制作。图形艺术部制作了24万幅版画、35000种共200万张海报，壁画部门为装饰医院、学校等，制作了2500幅以上的壁画，绘画部门完成了108099幅绘画作品，雕刻部门完成了17744件作品。第二类是推进艺术教育。在全国成立了社区艺术中

---

① "Art, " Time, op. cit., pp. 43-44.

② Albert C. Barnes to John Dewey, January 31, 1938, op. cit.

③ John Dewey to Albert C. Barnes, February 3, 1938, *The Correspondence of John Dewey*, vol. 2.

心，实施社区的艺术教育计划。第三类是进行美国的设计调查，将日常生活用品的设计绘制成插图，共完成了20000张目录卡。项目资金上，由联邦政府承担一部分费用，剩余部分通过地区的资金援助来补充，项目在美国48个州得以实施。艺术家在美术馆或从美术馆走出来，通过壁画及海报、公共建筑的雕刻等，着手装饰及设计城市公共空间，将公众的社会生活与艺术连接在一起，成为所谓公共艺术（public art）的源头。[1]

联邦艺术计划不仅对艺术家，也给艺术制作者和教育相关人士带来了巨大影响，并改变了社会的艺术观念。艺术家不再仅以一部分爱好者为对象制作作品，而不得不考虑放置作品的社区及社会普通人的感受。但是，这种转变给艺术带来了两种机能。一方面，艺术被定位成公共财产，通过引入行政支援艺术文化的政策，给世界性恐慌中人们日益扩大的社会不安带来希望，并产生积极的作用；另一方面，开辟了通过艺术控制地方的途径，政府能够轻易介入日常生活中。实际上，邮局及学校等场所的壁画作品的表现内容也是由政府控制，虽然不多，但也构筑了审查系统。对于作品制作，既然投入了公共资金，自然需要说明责任，艺术被当成传播政治意识形态的手段并被利用。[2]在费城，也有通过宾夕法尼亚联邦艺术计划，将艺术家联盟自救济对象中移除的倾向。长官柯伦不仅从根本上否定了艺术家联盟成员的作品，而且说服了联盟成员中的一人，让其"指责联盟的声明"，并强制要求"表明与自己想法相反的意见"。[3]

这意味着，与杜威所表达的艺术公共性构想完全相反的政策路线已准备

---

① ［日］工藤安代：《公共艺术政策——艺术的公共性和美国文化政策的推移》，第40-41页，劲草书房2008年版。

② ［日］工藤安代：《公共艺术政策——艺术的公共性和美国文化政策的推移》，第46-49页，劲草书房2008年版。

③ Hart, Henry, *Philadelphia's Shame: An Analysis of Un-American Administration of the Federal Art Project in Philadelphia*, op. cit., p. 7.

就绪。杜威批判的内容之一，是事态发展成"艺术"沦为"维持权力的宣传工具"，沦为获取"公众的忠诚"的手段。他期待从人类生活活动整体中捕捉艺术，以美学经验为基础批判社会，但通过联邦政府推行的项目，艺术带有浓厚的政治色彩。但是，在联邦艺术计划继续执行过程中，通过艺术与教育之友进行的杜威和巴恩斯的批判和活动，虽然在费城取得了一定的成果，但未能达成迫使罗斯福政府重新考虑艺术事业政策上的胜利。

约翰·杜威和阿尔伯特·巴恩斯
(*The Correspondence of John Dewey*,
vol. 3, 1942.)

巴恩斯和杜威的信赖关系继续维持下来。1939年杜威80岁生日时，巴恩斯对此致以衷心祝福。在有志者们为表达敬意而出版的《普通人的哲学——祝贺约翰·杜威80岁生日纪念论文集》中，巴恩斯也撰著了《美学的方法》的一文。他希望大家注意到，杜威的"艺术"观念是以"日常经验"为基础，连接了"知性"与"科学"。巴恩斯的理解是，在"经验"中，"生物"与"客观的状况"存在着"紧密的相互作用"。因此，"思考、感觉、行为"与"状况"间具有关联，这些只有通过"经调整的相互作用"来促进"必要的对环境的适应"，才能"理性地"工作。据巴恩斯所述，杜威"理性"概念的核心是"通过经验的行为，有目的的再组织化"，"理性"和"经验"在杜威的《作为经验的艺术》中也是"理论的根源"。①

---

① Barnes, Albert C., "Method in Aesthetics," *The Philosophy of the Common Man: Essays in Honor of John Dewey to Celebrate His Eightieth Birthday*, New York: G. P. Putnam's Sons, 1940, pp. 87-105.

　　巴恩斯向1939年《教育新领域》第13期投了文章。他的文章题目采用了与杜威著作相同名称的《作为经验的艺术》。据巴恩斯所述，"基金会的原点"是杜威的"成为人类思想的观念"，从"他的启发和建议"中所得到的经验无法估量，通过基金会"17年的教育实践"，对"杜威的设想和原理的价值有了更深层次的理解"。从巴恩斯的解释中可知，"艺术的价值"超越了"由实际艺术作品的经验所带来的满足"，"艺术作品"的本质在于以最佳的形态展示"经验是什么"，展示"敏感的洞察、适当的行动能力、自己与世界相结合的可能性"。而且，主张"真正的美学经验"需要"长期持续的努力"，"对通过有效的心理学知识的观点所形成的体系性方法的应用"，"整体个性的再组织化"，"艺术教育的工作"是"帮助寻找再组织化的方向性"。[1]1940年，劳拉·巴恩斯设立了巴恩斯基金会的植物园学校（Arboretum School），在10月1日进行了初次授课。担任授课的除劳拉·巴恩斯之外，还有宾夕法尼亚大学的约翰·福格（John M. Fogg，1898—1982）、美国景观设计师协会（American Society of Landscape Architects）的弗雷德里克·佩克（Frederick W. G. Peck），授课内容以植物、园艺、设计等为中心。[2]

　　巴恩斯基金会想推进以民主主义为基础的艺术教育。但是对所拥有的藏品，基金会限制公开。巴恩斯基金会的不幸之一是，虽然拥有世界前列的作品和丰厚的资产，但在基金会意图进行的费城教育改革中，这些未能得到充分有效的利用。这是因为在基金会内部没有人怀疑巴恩斯的能力，除杜威外，没有人能够向他谏言。巴迈耶、门罗、马伦等人不仅未能阻止巴恩斯的攻击行为，反而火上浇油。也许受这些事情的影响，悉尼·胡克表达了对巴恩斯的轻蔑。[3]哥伦比亚大学哲学教授兼美术批评家阿瑟·丹托（Arthur Danto，1924—

① Barnes, Albert C., "Art as Experience," *The Educational Frontier*, no. 13, 1939, pp. 13-25.

② Meyers, Mary Ann, *Art, Education, and African-American Culture: Albert Barnes and the Science of Philanthropy*, op. cit., pp. 238-239.

③ Hook, Sidney, *Pragmatism and the Tragic Sense of Life*, New York: basic Books, 1974, p. 108.

2013）指出，巴恩斯的功绩是消除"现代美术与传统美术间的裂痕""纯粹艺术与实践艺术间的裂痕"和"原始艺术与西方艺术间的裂痕"，并"将高级艺术与装饰的区别"还原为"程度问题"，但这些都是杜威理论的派生。丹托评价巴恩斯本人是"极度脱离常轨的人"①。

巴恩斯具有偏执的一面，疑心重，易发怒，原本就与权力阶级相对立，与美术界的主流相抗争蒙受着"社会的恶评"②。不可否认，这些恶评缠绕着巴恩斯并难以消除，以致基金会和杜威都受到摆弄，陷入更深的困扰。但是，对巴恩斯的这种性格，杜威给予宽容的接受，二人的友情一直延续到1951年7月巴恩斯因交通事故去世。作为巴恩斯的支持者，杜威继续拥护基金会在费城的教育和文化活动。从巴恩斯和杜威的一系列挑战能够看出，推行艺术与公共性结合的教育活动过程中，出现了各种各样的阻碍。杜威和巴恩斯筹备作为"公共性事物"渊源的艺术和教育活动，并希望其能够实现，但在尝试过程中，遇到了诸多困难。

（5）艺术和公共性的桥梁

从20世纪20年代至30年代期间，杜威开始探索以"公共性事物"为基础的艺术实践方略。杜威对艺术的制作与鉴赏、生产与享受、看得见的事物与能看到的事物之间的差异日益扩大深感忧虑，并对艺术从人们的日常经验世界中被孤立出来的状况给予批判。他对此敲响警钟，认为这将会割断经验，使地区文化解体。如序章所述，哈贝马斯从"讨论文化的公众"向"消费文化的公众"转变的角度来解释这种对立格局的出现引起的公共性衰退。桑内特主张，"个性"侵入"公共领域"时，"公共性人群的个体同一性"一分为二，其一是在"公共场合"继续"能动的自我表现"，维持"像明星一样的个人形象"

① Danto, Arthur, "Every Straw Was the Last, " *New York Times Book Review*, November 22, 1987.

②［美］霍华德·格林菲尔德著，［日］藤野邦夫译：《被称作恶魔的收藏家——一个创建了巴恩斯基金会的肖像》，第381-385页，小学馆1998年版。

的少数"娴熟的演员"，其二是相比"参与公共生活"，更愿意在那里静静观察的大多数"看客"。桑内特非常关注在19世纪中期出现的这种"分裂现象"，认为人们从在"公共领域"展现"个性"转变为向以私生活为中心的"亲密的社会"逃避，是"公共性的丧失"。①相比悲观地看待艺术，杜威更关注如何使人们重新认识艺术所具有的力量和艺术教育的重要性。舒斯特曼认为，超越经验的二元对立来捕捉艺术时，会发现杜威实用主义的意义。据舒斯特曼所述，杜威所说的"艺术""是制作，同时也是开放的包容"，"是受限制的结构，同时也让人心动沉醉"，能够让双方的经验"在同一的双重过程之中连接在一起"。②

　　杜威研究了艺术与民主主义社会及文化间的联系。但是，这不是指本杰明从法西斯中观察并批判的"政治生活的审美化"。杜威极力避免艺术作品消失于民族主义和市场原理之中，并且认为在"旧个人主义和新个人主义"基础上对产业主义的批判，与对阿多诺文化产业论基础的"统一性"的批判如出一辙。③杜威所苦恼的艺术与公共性之间的结合，具体体现在巴恩斯基金会的活动中。巴恩斯和杜威明确指出了基金会作为教育设施的意义，但回避了以美术馆那样的形式来展示作品。与将艺术作品华丽地装饰起来以招揽观众的展览会的方式不同，巴恩斯基金会的活动，是通过捕捉潜藏于日常教育中的生活经验，以呈现看起来很朴素的挑战姿态。也许正因为如此，巴恩斯和杜威所希望达成的艺术教育活动，不仅没有席卷全美，即使在费城也未获得充分的肯

---

　　① ［美］理查德·桑内特：《公共人的衰落》，第275-307页，晶文社1991年版。

　　② ［美］理查德·舒斯特曼著，［日］秋庭史典译：《实用主义美学》，第38页，劲草书房1999年版。

　　③ 以阿多诺和本亚明为首的法兰克福学派也讨论了教育学性质的问题设定。对该点的论述研究参照如下。（［日］今井康雄：《瓦尔特·本亚明的教育思想——媒体之中的教育》，世织书房1998年版。［德］拉萨恩·鲁道夫著，［日］平野智美、佐藤直之、上野正道译：《德国教育思想的源流——教育哲学入门》，东信堂2002年版。）

定，而且基金会和学院派及公立学校间的合作仍然处于搁浅状态。

如巴恩斯和简·杜威原本所指出的那样，无法断言杜威在艺术作品和纯粹艺术的知识上造诣深厚。[①]实际上，《作为经验的艺术》一书中所述的众多的作品分析，大部分都是依据巴恩斯的解释。不可否认，这个事实也是杜威艺术论社会影响力"短命"[②]的原因之一。仅仅靠听来的见解，对杜威自身来说，美学经验和教育公共性的桥梁不会显现在其已完成的讨论及展望中。其主题的性质不如说是提出了通过详查这些基金会活动而最终窥视到的待解决的课题。值得注意的是，杜威并未将这些疑问体系化并予以解决，而是扩大了其范围。

虽说如此，但不能因此贬低杜威艺术论的意义以及他的杰出的着眼点。他通过与巴恩斯的对话和反复实践，获得了丰富的经验和构思。在《作为经验的艺术》中，杜威不仅引用了巴恩斯《绘画的技法》的一些文章，而且还对基金会所收藏的雷诺阿、塞尚、马蒂斯的作品及非洲雕刻作品，附上插图予

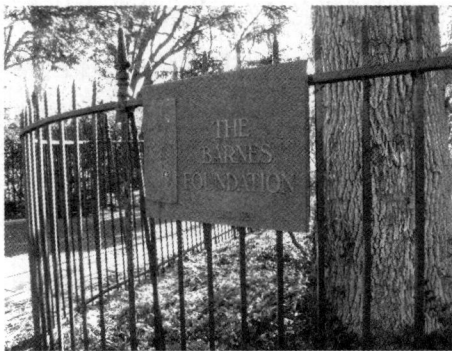

费城附近梅里恩的巴恩斯基金会
（2008年2月，著者拍摄）

以分析。杜威的考察并未停留在传统的绘画及雕刻、文学作品、古典音乐，他将帝国大厦及克莱斯勒大厦、大都会塔等这个时期在纽约竣工的建筑物也列为被讨论的对象。[③]杜威通过与巴恩斯的交流，深刻理解并洞察到艺术在生活中

---

① [美]霍华德·格林菲尔德著，[日]藤野邦夫译：《被称作恶魔的收藏家——一个创建了巴恩斯基金会的肖像》，第90—91页，小学馆1998年版。

② [美]理查德·舒斯特曼著，[日]秋庭史典译：《实用主义美学》，第xiii页，劲草书房1999年版。

③ Dewey, John, *Art as Experience*, op. cit., pp. 140—141.

承担的公共意义和可能性。

　　杜威认为，艺术与人类的经验世界和生活活动的全部都有关联，他从艺术和教育的关联进行探究的理由也是由此而来。据他所述，"艺术家"会"创造出交流的观众"，而"艺术作品"是"在经验被界定区域，充斥着深渊与障碍的世界中，能够让人与人之间无遮掩的完美沟通的媒体"。①这里，艺术被解释成"完美的交流媒体"。他在《公众及其问题》中，也将"艺术家"视为"新闻的真实提供者"，当与"自由的社会探索完全令人感动的交流艺术"相结合的时候，那"民主主义将达成"。②艺术被理解为与人们日常经验的关联，与推行民主主义的社会性文化性的共同实践活动联系在一起。从人们的经验世界的交集和追求经验共享的区域中，杜威看到了作为公共性形成之渊源的艺术所带来的可能性。因此，他所进行的艺术教育相关的实践，在解释民主主义和公共性的基础上，承担了重要的作用。

第 3 节　民主主义与教育的结合

1　民主主义的推广与教育的发展

（1）关于公民自由的教育

　　杜威在批判传统的自由主义的同时，也进行了推广民主主义观念、发展与教育相结合的学校系统的尝试。该构想的具体实践表现在巴恩斯基金会的教

---

① Dewey, John, *Art as Experience*, op. cit., p. 110.

② Dewey, John, *The Public and Its Problems*, op. cit., p. 350.

育中。杜威对巴恩斯计划在基金会与大学、学校及城市之间构筑共同的网络、开设尖端的美术教育中心的举措表示赞同,并积极参与其中。他与巴恩斯一起,开展费城公立学校的改革,并且以发展面向公众的艺术和教育为目的,与名为艺术与教育之友的组织相结合。构成杜威活动的脉络,是批判由传统自由主义构成的"粗犷朴实的个人主义"、拥护通过多样化的代理机构间的合作和共生而形成的网络。对于这种主张,他在20世纪30年代以自由主义为题花费精力予以论述。其成果是,通过在1935年12月至1936年2月内发表的《自由主义的含意》《自由主义与平等》《自由主义与公民自由》《一个自由主义者谈自由主义》等文章中得以体现。

杜威在《一个自由主义者谈自由主义》一文中,研究了自由主义传统的源流。他认为,"自由主义,作为攻击意识形态的运动",在英国以"两个不同的趋势合并成一个"的形式而出现,即根植于18世纪后期的"人道主义"和"博爱主义"的源流,以及从"生产的自由"与"交换的自由"中派生出的"自由放任主义原理"。但是,作为社会性政治性的运动,"这两个源流虽达成和解,但并未合并",其原因可以解释为"最初开始的内在分裂"。对此,杜威以体现该"分裂"的代表人物19世纪思想家杰里米·边沁(Jeremy Bentham,1748—1832)为例予以说明。虽然边沁主张"最大多数的最大幸福"原理来自"博爱主义的、人道主义的运动",但涉及实现该主张的具体方略时,他却推进了"自由放任主义的自由主义"。而在欧洲大陆,自由主义被理解为"在政治上能够代表庞大的产业、银行及商业"。

杜威进而开始研究美国的自由主义现状。在20世纪30年代的美国,政府为实现"富人和穷人,特权阶层和非特权阶层间条件平等化"而介入公正政治和新政的源流,并借此来避免分裂成被指责为"假装的激进主义"的自由放任主义。此外,他仍认为,这种自由主义的"显著的冲突"带有"最大限度的个人自由"这一"共通的终极的理想与目的"。杜威主张自由放任主义和新政拥有相同的基本原理,两者不同的是"范围上,最重视哪种自由和个人"和"其

实现的手段"。在此基础上，他强调需要有能够让自由放任主义和新政在发展
层次上有所不同的"社会管控"[①]。

> 自由主义，并非利用社会的力量来改善现有系统所带来的恶，而是
> 需要在利用社会的力量来改变系统这一点上再激进一些。[②]

但是，这里主张的"激进"指什么呢？这不是指众多敌对者所设想的
"通过暴力颠覆改变现有的系统"的运动。与之相反，是追求"引发社会变化
的民主主义方法"。在此，"自由"不是"外界给予的天赋"，而是需要"个
人参与其获取过程"才能实现，"既是目的，也是手段"。据杜威所述，对于
"引发社会变化的民主主义方法"，他主张以与其他人"自发的合作"和"个
人的推动"为基础，通过缓慢的过程进行推进。[③]

杜威在《自由主义的含意》一文中进行了深入研究。其中，引人关注地
列举了"自由主义教育"和"自由主义艺术"一方和另一方的"公共学校"的
关系。他注意到，"自由主义教育"和"自由主义艺术"中的"自由主义"用
词，作为具有与"职业的训练"相对立的"自由人的教育"含义的独立语言，
很久以前就已被使用。杜威批评"自由主义"所指的"自由人"的对象只限于
"上层社会阶层"的做法。传统上，"自由主义教育"和"自由主义艺术"意
指与"下层阶级"界线分明的"上层阶级"的教育。杜威强调美国存在着被称
为"免费和公共的学校"（free and common schools）这一"公立学校"传统。
这是"为所有人开办的，通过公共税收资助的学校"，也是旨在培养"真正自
由的男女"的学校。他认为，该理念是希望将与"自由主义教育"和"自由主

① Dewey, John, "A Liberal Speaks Out for Liberalism," op. cit., pp. 282-287.
② Dewey, John, "A Liberal Speaks Out for Liberalism," op. cit., p. 287.
③ Dewey, John, "A Liberal Speaks Out for Liberalism," op. cit., pp. 287-288.

义艺术"传统性质相异的"自由主义其本身的含义"现实化的源流,是"与民主主义同步扩大的新精神"的反映,以"经济制度和政治发展的激进变化"为基础。杜威主张有效利用"由社会所创造的,社会性管控和代理机构",并必需保障"相互结合在一起的所有个人的自由"。他在解读"自由主义教育和自由学校的主题,和新自由主义的关联"过程中,继承了"公立学校"传统。①

但是,对"为所有人开办的"学校这一理念,也提出了希望将教育的"自由"和"平等"并存的课题。在《自由主义与平等》一文中,加入了主张"因自由和平等不能并存,所以自由主义并非可能达成的社会哲学"的社会思想学派的相关讨论。据杜威所述,该学派主张"自由"和"平等"相对立,因为"如果自由是处于支配地位的社会的、政治的目的,因与生俱来的才能差异引起的自然的多样性,必然会产生社会的不平等",而"如果平等是目的,行使自由权必然会对平等形成严重的制约"。杜威认为,"自由和平等的对立"这一思想发展的理由在于"自由与自由放任主义同等看待的自由主义"。

至此,杜威的结论不难想象,即与既往的对自由放任主义的批判相重合。他批判以前的"自由和平等的对立"看法是"非常形式化的、狭义的自由概念","完全以抽象的方式解释自由"。而且,他认为,不是以"抽象的形而上学的方法"将"自由理解成在经济领域将个人的行为不加制约地最大化",而是以"个人在政治经济诸条件平等化上的实际自由"为目标的"机会与行为上实际而具体的自由","自由"和"平等"的实现,与能够保障民主主义生活的社会系统相关。②

该主张在《自由主义与公民自由》一文中,从"公民性"确立的观点得以展开。据杜威所述,"公民自由"观念于1689年英国制定的《权利法案》

---

① Dewey, John, "The Meaning of Liberalism," op. cit., pp. 364-367.

② Dewey, John, "Liberalism and Equality," op. cit., pp. 368-371.

（*Bill of Rights*）中被明文规定，在1791年美国宪法第一修正案第1条至第10条中添加了"权利法案"的保障规定，并包含了该观念。杜威整理了贯穿"公民自由"观念的两个原理。一个是以"优先于政治制度，并从政治的权威中独立出来的个人权利"理论为依据，主张"良心的自由、信条的选择、言论和出版自由"的看法。在此，强调"个人"内在的"自然权"。另一个是通过"一方的'公民的'这一词语，和另一方的'自然的'和'政治的'这一词语间的对比"而展现出的看法。杜威认为，"公民自由"是"直接与公民性观念相关联的"，不同于"自然状态下个人应有的自由"和"类似参政权的政治权利"；"自由主义唯一的希望"是意识到"自由"是"从社会制度和配置中独立出来的本来已有的个人所有物"，同时为了保障含"公民自由"在内的"个人自由"而创立"社会管理"。①

（2）民主主义的扩张和教育

综合上述讨论的诸要素，又回到怎样理解民主主义和教育的关系这一问题。对该问题，从《对教育的民主主义挑战》（1937）一文中会得到启示。该文章以1936年11月13日在纽约举办的进步教育协会大会的演讲稿为基础，发表于《进步教育》第14期上。杜威拒绝以固定的确定性的方式理解民主主义，认为对民主主义理解的"最大错误"将其认定为"某种固定的事物"。贺拉斯·曼（Horace Mann，1796—1859）称公立学校为"伟大的发明"，他所提倡的理念是"为保障并维持民主主义的生活方式，自由的公共教育是必不可少的"，对此杜威给予了高度评价——使用普通税收成立以所有儿童为对象的公立学校制度和设立师范学校的理念。但是，即使在杜威所处的时代，这一理念也未能完全实现。

应牢记的是，民主主义社会是一个持续的创造与再创造的过程。"民主主义"是"不断进行新的探索""发现并再发现""创造""不可能有其他可比拟

---

① Dewey, John, "Liberalism and Civil Liberties," op. cit., pp. 372-375.

的相同存在"的事物，在此点上，"民主主义正向教育发起挑战"。"民主主义社会的学校"必须在包含所有"学生和教师的相互关系"及"其他区域生活"的基础上，承担教研、教学法、行政的"再组织化"作用。杜威认为，如果不是这样进行的话，那学校将丧失保障民主主义生活所必需的"力量的理性方向"。只有当学校以学习"社会的力量变动和方向变化"、社会的要求和资源相关的理性"理解"为目的时，教育才能"应对民主主义的挑战"。

在此需注意的是，杜威使用了"理解"一词来替代"知识"。与"知识"经常让人联想到"信息"相比，"理解"是与"行为"相关的词汇。据他所述，"理解"是与"事物变化的方法和使事物变化的方法"相关的词汇，其性质与"行为"紧密相连。而单纯的"信息"，却与"行为"相分离，是"在各处偶然发生的行为"的扩散。杜威认为，"学校的孤立"是在追求将"知识"从"行为"中切割出来。"社会生活"是"现在正在进行中的一些结果"和"创造现在的各种各样的活动"的"合成物"，但学校却一直阻止这种"社会生活"与"行为"间发生关联，学校通过"共生法则"所创造的是人与人之间沟通的行为和公众之间合作的活动。①关于学校的这种理想状态，杜威在伦理文化学会（Society for Ethical Culture）出版的小册子中，发表了《今日世界中的民主主义和教育》（1938）。

> 民主主义和教育的关系，明显是互惠且相互作用的。民主主义本身就是教育的原理、教育的方针和教育的政策。②

杜威认为，"民主主义"和"教育"之间具有"互惠的"且"相互作用

---

① Dewey, John, "The Challenge of Democracy to Education," *The Later Works*, vol. 11, pp. 181-190.

② Dewey, John, "Democracy and Education in the World of Today," *The Later Works*, vol. 13, p. 294.

的"关系。关于这一点,诺丁斯进行了如下解释。杜威所说的"民主主义",既不是"被给予的事物",也不是"一系列语言和习惯所共有的结果",而是"在渴望交流的欲望和一起合作探索的意愿的基础上,所希望达成的事物"。"共享的语言、习惯和价值"是"通过为实现民主主义所作出的努力,而所达成的结果的痕迹",实现"民主主义",需要"多方面思考,抛弃个人偏见进行评价,发现错误立即修正,通过理性的协商和妥协的过程,决定之后应如何进行"。据诺丁斯所述,对杜威来说,"同样的建议"也用在"教育"上,即"教育也还在构筑"。严格地说,"教育"并非在"吸收已经被尝试、真实的、准备好的事物",而是"通过被称为教师的专家所进行的有价值的支持,其过程是开展各种尝试、评价、修正、比较、共有、交流、构筑、选择"。其中,并不存在"最终的成果"与"理想的教养人",仅有"能够持续成长的各种各样的人","共享"并非"来源于正确的经历",而是通过"鼓励反省的批判和修正,伴有创造和再生的诸价值"的"发展过程而达成"。①

诺丁斯的理解想明确表达的是"民主主义"和"教育"之间的互惠性。这与杜威主张的"民主主义"本身就是"教育的原理、教育的方针和教育的政策"一致。据他所述,如果家庭和学校缺少"自由的教育",那么"民主主义的持续和发展将无法实现"。他认为,学校是"在任何社会集团中,都是为达到尊重该集团的价值和目的所不可或缺的传播代理机构"。学校必须"更加认真地接受民主主义观念",才能成为"自由的个人在参与自由的社会过程中的代理人"。学校既是"价值和目的"的"传播代理机构",也通过该传播成为引导"理性的参与"社会的"公共代理机构"。

为此,杜威提出了两个视角。第一,需优先在"教室工作原理"中导入"民主主义作为教育过程的意义"。在教室中,"仅仅教科书和教师才有发言

①[美]内尔·诺丁斯著,[日]佐藤学监译:《学会关心——教育的另一种模式》,第296-297页,ゆるみ出版2007年版。

权时"，"不会带来理性和性格的发展"。而且，只有当孩子们"通过自身的经验获得一定的机会"时，由社会性共同"参与"并"通过互惠互利进行经验和观念的交换"才能肯定"所有个人都受到了教育"。第二，培养尊重"自由的探索"和"自由本身"的"宽容"态度，从"与生活间的所有关系"中形成"公共的精神"和"善意的公民性"。他指责20世纪30年代意大利和德国的政治势力是"法西斯、极权主义者、独裁者"所控制的政治，批判该政治下对"人种的不宽容"。而且，针对"强制性力量"所控制的"夸张片面的民族主义"，研究了以形成"理性和理解的方法""善意和相互的同感""自由""宽容"为志向的民主主义学校。从这个观点出发，杜威进一步进行了考察。他重视"个人尊严和价值道德"，强调必须建立"相互尊重、相互宽容、互惠互利、积累经验"的社会形态。并据此，推进"个人的个性"和"他人的个性"在人们相互的"共生"实践之中共存。在发展民主主义并使其与教育结合的尝试中，需要开设学校并将之作为社会性合作的"代理机构"。民主主义作为不断创造、修正、试验的观念被提出，"公共的精神"和"善良公民性"的涵养被定位成实现该目标的方略。民主主义和公共性的形成过程，是以学校这一"代理机构"概念为中心得以表现出来。[1]

1939年10月20日和21日，策划在宾夕法尼亚酒店举办杜威80岁生日祝贺会，成立了以主席霍勒斯·卡伦牵头、由15名委员组成的策划委员会。但是，杜威因其家庭原因未能出席。最终，该祝贺会的出席者达2000人。卡伦代为宣读了杜威的论文——《创造性的民主——我们面对的任务》[2]。此外，杜威得到了另一个接受来自友人及学生们生日祝福的机会，根据与杜威友人们之间的对话，出版了《普通人的哲学——祝贺约翰·杜威80岁生日纪念论文集》（1940）。该书的执笔者署名中，除卡伦外，还有伊利诺伊大学的阿瑟·墨

---

[1] Dewey, John, "Democracy and Education in the World of Today," op. cit., pp. 294-303.

[2] Dewey, John, "Creative Democracy: The Task Before Us," op. cit.

菲（Arthur E. Murphy，1901—1962）、哥伦比亚大学的欧内斯特·内格尔
（Ernest Nagel，1901—1985）和约翰·小兰德尔（John Herman Randall，Jr.，
1899—1980）、阿尔伯特·巴恩斯、耶鲁法学院的沃尔顿·汉密尔顿（Walton
Hamilton，1881—1957）、西德尼·拉特纳（Sydney Ratner，1908—1996）。
卡伦对杜威表达了敬意，称杜威可以比肩托马斯·潘恩（Thomas Paine，
1737—1809）、杰斐逊、爱默生、威廉·詹姆斯，将"美国人的生活道德观
念"以"最高贵的形式"表现了出来。[1]拉特纳也表示，发行该书的作者们的
"希望"是让大家理解"周密思考了所有问题的起源和含意，从普通人的生活
和命运的观点出发并提出解决方法的美国哲学家的思想"。[2]

　　同样，1939年10月20日《纽约时报》的社论上，也发表了祝贺杜威生日
的文章《美国最受欢迎的哲学家》。社论中介绍，杜威作为"真正的美国哲学
家"，"传播了永恒的真理"，他的"信仰"的中心思想是"自由及其可能性和
责任"。社论引用杜威的原话，宣布了"民主主义的方法，即适用协议、说
服、交涉、沟通、合作的理性的方法"，并且赞颂杜威"即使已经80岁，仍然
沉稳且保持批判精神，为了人类自由的复活，满怀热情地注视着未来"。[3]此
外，西北大学的保罗·希尔普（Paul Arthur Schilpp，1897—1993）编辑并出版
了《约翰·杜威的哲学》（1939），这带有祝贺杜威80岁生日的目的。[4]该书
中，除简·杜威以传记形式介绍其父亲外，也发表了约瑟夫·拉特纳（Joseph
Ratner，1901—？）、兰德尔、伯特兰·罗素、乔治·桑塔亚纳、斯蒂芬·佩

① Kallen, Horace M., "Freedom and Education, " *The Philosophy of the Common Man: Essays in Honor of John Dewey to Celebrate His Eightieth Birthday*, op. cit., p. 15.

② Ratner, Sidney, "Foreword, " *The Philosophy of the Common Man: Essays in Honor of John Dewey to Celebrate His Eightieth Birthday*, op. cit., pp. 7-8.

③ "Philosophy of Americanism, " *New York Times*, October 20, 1939, p. 22.

④ Schilpp, Paul Arthur, (ed.), *The Philosophy of John Dewey*, Chicago: Northwestern University Press, 1939.

珀、约翰·蔡尔兹等人撰写的关于杜威的文章。此外，悉尼·胡克也出版了《约翰·杜威——理性的肖像》（1939）。[1]

2 1940年教育公共性的成果

（1）伯特兰·罗素案

到了1940年，杜威对教育和公共性的关注又面临了新的难题——民主主义的危机之燃眉之急。当时的世界形势因法西斯和纳粹主义的扩张，已经非常紧张。1939年9月1日，纳粹德国入侵波兰。9月3日，英国和法国对德宣战，不稳定的征兆变成了现实。德军的侵略行为覆盖了欧洲诸国的广大领土。1940年6月，巴黎沦陷，希特勒进入巴黎。在这紧张的国际形势下，美国社会受到震撼。当初，罗斯福政府强调，不应重蹈覆辙，造成类似第一次世界大战时所发生的对民主主义和权利的蹂躏，以及导致对公民自由的压制。[2]在战争扩大为世界大战之前，美国社会充满了保守的论调。其中，对大学和学校的施压显现出这种倾向，教育机构面临着稍触即发的事态。

此外，通过伯特兰·罗素案，民主主义危机越发表面化。这个事件起源于1940年2月纽约高等教育委员会（New York's Board of Higher Education）发表了招聘以芝加哥大学和加利福尼亚大学客座教授名义访美的罗素担任纽约市立学院哲学教授的计划。罗素不仅在逻辑学、数学和哲学领域声名显赫，还出版了《社会重建原则》（1916）、《婚姻和道德》（1929）、《幸福的获得》（1930）等著作，同时频繁开展关于面向真实生活的恋爱、结婚、离婚自由的主题讨论。[3]但是，在当时宗教权威发挥强势作用、受传统婚恋观所支配的时

---

① Hook, Sidney, *John Dewey: An Intellectual Portrait*, New York: John Day Company, 1939.

②［日］上杉忍：《二次世界大战下的"美国民主主义"》，第18-60页，讲谈社2000年版。

③ Russell, Bertrand, *Principles of Social Reconstruction*, London: George Allen and Unwin, 1916. *Marriage and Morals*, New York: Liveright, 1929. *The Conquest of Happiness*, London: Unwin Books, 1961.

代背景下，罗素关于恋爱和结婚的思想是崭新且具有冲击力的。基督教会开始指责和攻击纽约高等教育委员会所作出的决定。纽约圣公会主教威廉·曼宁（William T. Manning，1866—1949）公开指责罗素是通奸的容许者，是破坏宗教、搅乱道德的人。因此，以天主教、新教的、犹太系、爱尔兰系为中心，开展了对罗素的激烈攻击，并在美国爆发了要求撤回任命的反对运动。①

反对罗素的潮流，在身为天主教教徒且女儿正在上学的琼·凯（Jean Kay）向纽约最高法院起诉纽约高等教育委员会时，到达了顶点。纽约最高法院主审法官约翰·麦吉汉（John E. McGeehan，1880—1968）支持了原告主张的正当性，判决撤回对罗素的任命。该判决的依据是，罗素对婚前性交、婚外性交和裸体的相关看法是淫乱且猥琐的，他在大学执教也许会有损学问的品位，从道德角度看是明显不适宜的。将他的纽约市立学院任命，解释成是对纽约公民的侮蔑。②但据爆料，实际上麦吉汉主审法官本身是爱尔兰系的天主教教徒，纽约市政当局也受到天主教的很大影响，该判决是在利益关系一致基础上的内部交易。罗素对美国的情势感到惊讶，听到判决后不寒而栗，上诉却被驳回，对他的市立学院任命也因反对势力而受阻。③

在罗素案上，支持他的活动也在盛行，诉说任命正当性的行动也非常活跃。与罗素有深交的杜威第一时间作出反应，对支持纽约市立学院的任命起到了核心的作用。除杜威外，爱因斯坦、罗伯特·赫钦斯、怀特海、霍勒斯·卡伦、阿尔伯特·巴恩斯、德国小说家托马斯·曼（Thomas Mann，1875—1955）、英国小说家奥尔德斯·赫胥黎（Aldous Huxley，1894—1963）等也表明了支持。此外，与大学相关的联盟和与哲学相关的学会、纽约市立学院学生和教师们也支持对罗素的任命。他们主张的要点是，对来自外部的政治性

---

① ［日］日高一辉：《罗素——恋爱和结婚》，第23—25页，河出书房新社1974年版。

② "Decision of Justice McGeehan," *The Bertrand Russell Case*, Dewey, John, Kallen, Horace M.，（ed.），New York: Da Capo Press, 1972, pp. 213–225.

③ ［日］日高一辉：《罗素——恋爱和结婚》，第25—27页，河出书房新社1974年版。

的、宗教性的干涉提出异议，从这种压制中保护教育的自由和大学的自治，绝不能容忍学问沉寂及教育的自由屈从于外部压力。

在1940年6月15日《民族》第150期上，杜威发表文章，支持位于批判风暴中心的罗素。关于罗素案，他提出两个问题。第一，招聘罗素任教的机构是高等教育委员会，此机构是依据纽约州而设立的行政委员会。但法院却做出了撤回聘任罗素的审判结果。试问法院的判决是否越权？法律的权威何在？第二，关于能否以"以在著作中论述社会上非常重要的问题为理由而剥夺"著者"在高等教育机构任教的权力"问题。他指责说，关于第一点，假定法院拥有这样的"权力"，那么对教育行政机关来说，不仅"权力"，而且连"责任"也会被剥夺。关于第二点，如果支持麦吉汉主审法官的判决，那么对与授课内容的专业性没有直接联系的主题，"大学教师应闭嘴"。而且，对罗素实际上主张了什么，在什么样的本意下他才这样主张的这一"疑问"，没有进行足够的调查和询问。据杜威所述，罗素关于"新的性伦理"的讨论是成功的，其"本意"是"重要的"。杜威所尊重的是学问的自由和思想、言论及表现的自由，是关于教育自治的权限问题。他表示，从个人角度，对罗素的哲学既有"赞同"的一面，对相比于"社会的、道德的主题"更重视"数学"的罗素"逻辑学"；也有"无法赞同"的内容。但即使这样，他强调这种"结论的不同""不能成为将对方逼入不利局面的理由"。据他所述，对"结论的不同"，不应"排除"，而应使之发展成"公共的讨论"（public discussion）。杜威认为，"唯一应排除的，是禁止讨论的教条主义和不宽容"①。

1941年，杜威和卡伦合编的著作《伯特兰·罗素案》得以出版。对其内容作出贡献的有杜威、卡伦、巴恩斯、胡克等10名研究者。据撰写该书"序言"的杜威所述，策划出版的是巴恩斯，巴恩斯在梅里恩的巴恩斯基金会曾雇用罗素作为西方哲学的讲师，而将罗素引荐给巴恩斯的是杜威。杜威在"序

---

① Dewey, John, "The Case for Bertrand Russell," *The Later Works*, vol. 14, pp. 231–234.

言"中表示，罗素在巴恩斯基金会的讲座，让所有出席者都非常满意。此外，对纽约最高法院在罗素案上的判决，巴恩斯认为不能仅仅追求"宗教的宽容和理性的自由"，还应保留与事件相关的"公共记录"。杜威表示，正是在巴恩斯的建议下，才公开发行了书籍。虽然作者对出版作出了贡献，但是选择作者的不是巴恩斯，而是文化自由委员会的代表们。巴恩斯也没有对作者们应主张的内容给予建议或意见，而是希望该书在"不同的哲学和社会立场"的基础上完成。杜威对巴恩斯的这种姿态给予很高的评价。即使如此，该著作的出版意图是提供"理性的、科学的方法"，用来"替代"弹压及强制言论走向的"全体主义的某一侧面和范围"。①

　　巴恩斯执笔了"前言"。巴恩斯认为，该书的目的不是为罗素"辩解"和保护"学问的自由"，"仅仅是对这个事件事实的研究记录"。据他所述，法官"没有给民主主义、也没有给罗素提出自我辩护的机会"，那是"对理性、正义、公共福利的一个拙劣的模仿"。巴恩斯主张，处于"危机"中的是"民主主义的活力源"，是"从独裁者的专制行为中解放出来的所有个人的权利"。②杜威认为，罗素案已超出了"对罗素个人的不正义"和"对他所提出的特定见解的长处和短处的问题"范围，在其基础性疑问的重大分歧上，几乎可以匹敌1857年作出否认黑人公民权的判决的"德雷德·斯科特案"（Dred Scott Case）。杜威呼吁，必须通过"科学的方法"和"公共的责任感"，唤起"对道德问题采取公共性讨论的重要社会信念"，确立"人类的精神自由和民主主义的生活方式"。③杜威执笔了《社会现实与政治法庭虚构》，从罗素的著作中引用他关于性和结婚的表述，并进行了严密的分析。据他所述，重要的不是"鉴别罗素特定的见解的准确度和不同点"，而是"对关于性和结婚的

---

① Dewey, John, "Introduction," *The Bertrand Russell Case*, op. cit., pp. 7-8.

② Barnes, Albert C., "Foreword," *The Bertrand Russell Case*, op. cit., pp. 11-12.

③ Dewey, John, "Introduction," *The Bertrand Russell Case*, op. cit., pp. 8-10.

公共性讨论做出区别或不做区别"的问题。杜威确信，麦吉汉主审法官的判决是通过含有侮蔑罗素内容的"政治法庭的虚构"而作出的。①

卡伦也发表了《伯特兰·罗素案的背后》。他所关注的"事件的背后"是影响判决的宗教力量的背景。卡伦注意到，"攻击"罗素的人不是"科学工作者"，而是"教会的人"。而且，批判了以麦吉汉主审法官和原告凯夫人为首，法官与天主教及教会相关人士间所策划的谋略。卡伦认为，大学和学校是"在民主主义之中恰当的保障机会的场所"，是"在最小限度的社会性风险和最大限度的社会性利益基础下，自由地学习新的思想"的空间，是"能够严密且自由地思考"的空间。他还认为，罗素案的悲剧是对这种民主主义根本原理的损毁和抛弃。②巴恩斯和杜威彻底回避了对罗素案采取教条性解释和在见解上的强制，而是希望以对学问的见识和社会的事实为基础，探索其本质。20世纪20年代至30年代，以费城为舞台承担艺术教育改革的巴恩斯，围绕1940年的罗素案，开展了整体性实践活动。数年后，罗素回顾了当时陷入绝望境地的美国生活，并对在事件发展过程中被聘为巴恩斯基金会讲师的记忆，作出如下表述。

> 很多具有进步思想的教授们为我进行了抗议。但是，他们所有人无一例外地认为，我是伯爵，并继承了遗产，肯定会过着富裕的生活。只有一个人在实际上进行了帮忙——他就是巴恩斯博士……他给了我在巴恩斯基金会担任哲学讲师5年的合同，将我从非常强烈的不安中解救出来。在他给我这个承诺前，我不知道如何才能走出当时的艰难境地。我无法从英国筹钱，即使想走，也不可能回到英国。即使我拿到能让三个

---

① Dewey, John, "Social Realities Versus Political Court Fictions," *The Bertrand Russell Case*, op. cit., pp. 55-73.

② Kallen, Horace M., "Behind the Bertrand Russell Case," *The Bertrand Russell Case*, op. cit., pp. 13-53.

孩子回到英国的船票，我也无法下决心让他们冒着闪电战战争的风险回国。而且，即使能买到船票，也需要相当长的时间才能拿到手。因这样那样的事情，我认为有必要让约翰和凯特从大学退学，依靠好心的朋友们的慈悲，尽可能省吃俭用地生活。在这样的关键时刻，巴恩斯博士把我从困境中解救了出来。①

围绕罗素案，杜威和巴恩斯相互配合展开了行动。罗素关于恋爱、结婚、离婚的见解，打破了学问道德性相关约定俗成的解释，被打上了威胁公民的社会生活安宁的标签，并被当成理应唾弃的内容对待。对罗素的攻击，反映了在紧迫的社会形势面前公民们所无法缓解的不安，因此而取消了罗素在纽约市立学院任职。而杜威、巴恩斯、卡伦、胡克等则继续主张法官的不当性。他们所担心的是，受恐惧支配的公民会丧失批判性的思考和判断，以致损害正义。这意味着，漠然的思考停止状况会让他人溶解于同质的空间，并造成清除和消灭相异主张和思想的事态。对此，杜威尊重民主主义政治和伦理，希望树立没有封闭的开放的公共性，从而支持了罗素。

（2）对教育的审查控制和被蹂躏的权利

对学校教育的压力和攻击有越来越扩大的倾向，起到包围并划定界线作用的铁丝网被安装在教育现场的各个角落，诱发纷争的火种在任何地方都能看到。杜威关于公共教育的挑战，开始面临危机。1940年5月6日，他向《纽约时报》和《纽约先驱论坛报》投寄了名为《教育调查》的文章。"在面纱掩饰下展开的对公共教育的攻击借'调查'的形式"渐渐扩大。他举例说，纽约州的赫伯特·莱曼（Herbert H. Lehman，1878—1963）州长在议会上，以审查公立学校为名通过了3万美元的预算案；在华盛顿，众议院的担任非美活动调查委

①［英］伯特兰·罗素著，［日］日高一辉译：《罗素自传Ⅱ 1914—1944》，第293-294页，理想社1971年版。

员会（House Committee to Investigate Un-American Activities）主席的马丁·戴斯（Martin Dies，1900—1972）决定"调查教科书执笔者在政治和社会上的归属"，强化对教育的审查。但是，杜威并不认为"调查"本身是无用多余的。他表示，无论是纽约的学校调查，还是对教科书编写者的调查，"调查"支持了创造"最好的教育实践"，担负着"明确的目的"，只要对"调查者本身能够没有偏见及喜好"进行调查，就"没有异议"。他主张，通过选举而选出的人，拥有调查"使用公众税收运营的学校"的"教育方法和实践"的权限，对此没有异议，但在"调查教科书编写者时"，不能通过"不当的权利侵害"作出结论。

但是，"调查"的制度化，现今已完全走向了"不同的目的"。据杜威所述，"今天，能够追溯的是'破坏分子性质'的活动、'破坏分子性质'的教科书""问题是如何决定哪些是'破坏分子性质'，哪些不是"发表有马克思、列宁、托洛茨基们的《国家和革命的理论》的教科书，被贴上了"事实上的'破坏分子'"标签，这本身就是有"问题"的。杜威警告，像这样以"调查"名义所进行的攻击，会带来"通过设定关于意大利、德国、苏联这些集体主义国家的条件，以致美国的学校制度屈服"的危险。[1]

杜威的担心，已经转化成现实。成为导火索的事件是1939年前后所开始的针对教师高等教育机构哈罗德·拉格的社会科教科书的弹压。受指责的对象是涉及小学3年级学生到高中12年级学生使用的拉格的社会科教科书系列《人及其变化的社会》全14卷。[2]在1929年至1939年的10年间，拉格的社会科教科书系列售出了1317960本，练习册售出2687000本，普及于世。[3]但是，对该教科书的弹压却毫不留情。特别是，称拉格的广告浪费广告经济资源、诱发物价

---

① Dewey, John, "Investigating Education," *The Later Works*, vol. 14, pp. 370-371.

② Rugg Harold, *Man and His Changing Society*, Boston: Gin and Co, 1929—1939, 14 vols.

③ Winters, Elmer, "Man and His Changing Society," *History of Education Quarterly*, no.7, 1967, p. 510.

上升。①受此影响，拉格的社会科教科书系列被企业、金融业、广告业打上了"破坏分子"的标签。1940年4月，纽约州宾厄姆顿采取了禁止使用措施。杜威强烈反对这个禁止决定。但是，以宾厄姆顿的措施为开端，要求"学校清除拉格的著作并让拉格主动服从"的运动扩散到全美。在弹压过程中，也出现很多"受到同样迫害的牺牲者"，煽动清除"破坏分子"的运动"达到了顶点"。杜威表示，调查如果"可以引起学生和公民深思、有利于理性批判精神的发展"，那将非常欢迎，但如果是由"偏见、痴迷和无知"所控制的"歪曲自由教育制度的人们"进行的改革，或者要求"公立学校"直接表达"施压团体"的意见，对此将表示强烈抗议。②

　　进而，在1940年5月10日《纽约时报》上，杜威发表了《不受欢迎的审查制度》。他指出："无论是正统的事物还是非正统的事物，都具有极为多样的意见，对于这一点，学校所能提供的最好的守护是让学生们在教室里与理性的教师一起讨论，以避免因各个教义所进行的不法宣传导致学生误入歧途。"对于学生来说，与"在某处阴暗且不健全的场所研讨被禁止的事物"相比，在"教室这一开放的氛围中，直面需要辩论的问题"具有更为重要的意义。杜威辩称，"如果思想被禁止，自然不存在危险的思想"。在他看来，让被认定为"非正统"的人主动服从，是不能容忍的事情。他指责说，在"正统""非正统"之间设立牢固的界线，在归纳"正统"的背后，隐秘地进行对"非正统"的排除和弹压，蹂躏少数人的权利，这些事正在世间横行。③与罗素案相同，他认为，"禁止开展议论的教条主义和不宽容"本身才是"唯一应该予以排除的"。从这个角度出发，杜威控诉了对拉格的攻击的不当性。

---

　　①［日］松村将：《杜威派教育者的研究》，载《京都女子大学研究丛刊》1997年，第188-190页。

　　② Dewey, John, "Investigating Education," op. cit., pp. 371-372.

　　③ Dewey, John, "Censorship Not Wanted," *The Later Works*, vol. 14, p. 373.

（3）向作为共生之手段的民主主义发展

20世纪30年代，杜威从自由主义批判和再概念化角度出发，推进构筑学校系统，以推广民主主义观念并使之与教育结合。他认为，在日益宏大的市场和国家的领域中，人们之间开展的相互对话关系遭到无视，这是"自由主义的空白"。他希望通过形成人与人之间的关系和以信赖为基础的公共空间来填补这一"空白"。杜威研究了"再生自由主义"，即作为开放民主主义讨论和社会参与的"激进主义"。他将民主主义的观念扩大为"共生共存的手段"或者"社会的或个人的一个生活方式"，强调以"面对面"为主体的"沟通"。美学经验是这种沟通的基础。之所以这样说，是因为他认为"沟通"终究与"艺术"的领域相关，"艺术"是跨越"经验的深渊和壁垒"，达成"人与人之间畅通无阻的沟通的媒体"。杜威认为，"艺术"是"公共的""沟通性的事物"，是"共同的公共世界"结构中"最普遍的自由沟通形态"。他的公共性构想的渊源就是这种美学经验的观念。

从这个角度出发，杜威开展了学校改革。在他的构想中，准备并创造了多样化的教育实践，但没有涵盖以进步主义自夸的学校所有的那种模棱两可的改革方案，他批判那些从个人之中寻找浪漫主义自然概念的进步学校。进而，在肯定进步学校在创造性教育方面所作出的功绩的同时，对这些脱离社会生活、生产和科学而开展的美学教育也提出了警告。而且，开始推进超越进步主义教育和传统教育之间对立的改革。在他的学校改革展望中，贯穿着民主主义和公共性的哲学。杜威富有卓见的主张需要形成联盟，以共同构筑社会实践性的教育网络。美学经验被定位成该联盟的基础，并通过巴恩斯基金会的教育活动、罗素案和参与拉格的辩论，在拥护民主主义对话空间、确保教育公共性的战略之中准备就绪。

但是，杜威所进行的挑战，并非直线前进，而是遇到了各种各样的困难，过程跌宕起伏。针对他的批判性关注，学校通过审查和控制，要求其遵守单一化的价值指标和规范，将教育空间的自由和多样性排除在视野之外，并使之自然枯竭。这意味着，使异质的思想溶解于同质的包围圈中，消灭他人的存在。罗素案和对学校的审查控制，反映出在高度紧张的世界形势下，深受不安的煽动及恐惧驱使的普通公众所感受到的迷茫。这种恐惧，转变成意欲封锁教育的自由和自律性、针对教育机构发起的无情攻击。将罗素和拉格认定成"破坏分子"的想法扩散到全社会，他们受到世人的集中炮火打击。这一系列的状况，让人们丧失了批判性思考与判断的能力，杜威开始寻找将人们从被遮挡的视野及封闭的要塞中解放出来的途径。对于他来说，保障教育的自由和民主主义，通过公众之间没有羁绊的讨论和对话来实现开放性的正义，是公共的事务。杜威的一系列社会活动将"公众的消灭"重生为"清晰的公众性"、为开拓"民主主义"扩展为"共生共存的手段"的途径指明了实际方向。杜威的构想与学校改革和公共性相关，在追求民主主义和教育结合的过程中逐渐清晰明朗。他所开展的大部分实践活动，都是为了牵制这种"激进主义"的具体化改革，并且留下了有力的证据。

终章　学校的公共性与民主主义

第1节 自由主义的局限与改造

1 对教育公共性的重新定位

学校的公共性是什么？在当今公共教育危机与转换的背景下，再次探讨这个问题具有重要的意义。二战后，主导教育学领域的是19世纪的自由主义思潮，这在20世纪80年代以后发生了变化，转为新自由主义。新自由主义提出依靠市场的自律性，主张以自由竞争为基轴、讴歌市场经济，在气势上取得了绝对的胜利。这一立场批判了20世纪30年代以后的自由民主主义，力求将市场原理导入学校教育，引起了教育的私人化、自由化。新自由主义将自由民主主义作为批判对象，是因为以福利国家的民主主义建设为目标的这种体制将学校教育引向了官僚主义化、专门主义化和国家系统化。弗里德曼及查布和特里·莫的教育改革提议对自由放任主义表示支持，成为宣扬从政府到市场权限让渡的新自由主义的开端。20世纪80年代以后，选择、竞争、服务等市场原理用语突破了二战后教育学的框架，构成了引导现代教育改革的中心概念，并大大限制了当今学校和教育的环境。

20世纪80年代以后，在后现代主义的兴盛下，近代教育学批判和二战后教育学批判也展开了活跃的争论，但对同一时期抬头的新自由主义改革却未能展开有效的批判。二战后教育学批判的流派，对于促使教育近代性的相对化、打开教育研究等方面作出了巨大的贡献，同时在结果上，它也破坏了现存的学校和教育的立足点，以此推动了市场化及民营化的教育改革。①时代迎来了新的局面，2008年的金融危机所导致的世界范围的大萧条，暴露了新自由主义的局限。冷战格局结束20年后，看似掌握和主导世界霸权的新自由主义也陷入了闭塞的发展趋势。在社会经济系统迫于重组的环境下，推动对罗斯福新政自由主义进行重新审视和思考的动向在不断扩大，2008年7月发布的《绿色新政》(*A Green New Deal*) 等，也促进向积极的财政政策转换。新自由主义还是新政，在这两种不同的政治系谱表现出分歧的情况下，人们对于教育公共性也增加了新的关注。

但是，在1929年的世界性经济危机发生前后，美国社会从自由放任主义向新政过渡的时期，杜威提出了性质不同于自由主义主流的公共性原型。他探讨了从主流自由主义中解放民主主义的可能性，并探索了作为自由主义批判领域的学校公共性的形成道路。在他看来，自由放任主义和新政立足于相同的基本原理之上，却构成所谓的反面镜像。杜威回避两者的桎梏，明确揭示了向共同体和联合体扩张的民主主义与公共性的概念。他的学校改革与公共性的展望，形成于这种多样的自由主义主题间竞争的歧路之中，构建于标志着公共性概念新阶段的转换期。在他看来，学校的公共性并非充斥着均等的价值和关注的闭塞空间，而是以人称关系开放的多元性为指向，并以联合体中的社会性协同活动和关系网的形成作为基础。杜威以扩大民主主义概念、结合教育的学校系统的创建为目标，他通过艺术寻求走向学校公共性形成与扩大的方案，并且在他担任教育部门主任的巴恩斯基金会中，他与巴恩斯共同参与了费城的教育改革，推动扎根于民主主义的艺术教育。20世纪20年代至30年代，关于杜威的学校改革与公共性的研究主题所具有的意义，正是围绕学校和教育的这些思想与历史状况。

---

① [日] 广田照幸：《人文学科——教育学》，岩波书店2009年版。《社会运动与思想运动——旁观教育思想史学会的步伐》，载《近代教育论坛》2009年第18期，第111-121页。

　　本章将在前面各章内容的基础上，就以下的四个课题尝试进行综合性探讨。第一个课题是，将杜威的"公共产品""公共行为""公众"等概念作为"公共性"理论抽出，对作为自由主义批判领域的"公共性"概念的构成和实践进行考察。第二个课题是，对将"自由主义改造"的"第一目标"视为"教育"的过程进行叙述，通过民主主义与教育的结合展示作为"公共行为机构"的学校形象。第三个课题是，从杜威与开办进步学校的克拉普和米歇尔等的关系，论述他的学校改革与实践的关联与影响。第四个课题是，概括杜威在公共性基础中把握艺术的主张，在巴恩斯基金会的艺术教育中对其实际情况进行论述。由此，本书将对以民主主义与公共性为基础的杜威学校改革的展望与实际，在以审美经验和公共性桥梁为指向的巴恩斯基金会的活动情况中进行说明。

　　总的来说，这个领域的研究尚不充分的理由可以考虑为以下三点。第一，虽然当今日本国内外有大量关于杜威教育思想的研究，但是大多是以他的学校论及课程论、19世纪90年代的芝加哥大学实验学校实践，以及1899年的《学校与社会》、1902年的《儿童与课程》或1916年的《民主主义与教育》作为考察对象的。因此，对20世纪20年代以后杜威所探究的学校公共性构想，及与此相结合的课程和教学方法的研究，仍然是一个遗留课题。尤其是从教育观点对审美经验与公共性的关系出发的研究，尚不完善。

　　第二，这一时期杜威的学校论，即以发表于《社会前沿》杂志为主的许多小文章都比较分散，与他的早期理论相比，关于学校改革的主题并未进行系统性展开。因此，即使提到20世纪30年代杜威的学校论，其中大多数研究仅从早期的实验学校以来的框架进行论述，这一时期他的许多论文也都停留在被片面介绍的程度。特别是对于杜威在巴恩斯基金会的实践，几乎没有进行综合性论述。

　　第三，教育学研究本身缺乏政治学、经济学观点。诚如佐藤学所言，主导战后日本教育学的是标榜来自国家权力的"自由"与"中立"、促进"学校的脱离政治化"的19世纪自由主义思想。①这一倾向在20世纪90年代以后的二战后教育学批判中也未能得到克服。正如广田照幸所指出的那样,二战后教育学批判的思潮在"明确近代教育思想批判"的目标下取得巨大成果的同时,也将"教育"限定为"面对面的社会关系等于教育关系",这导致引起"教育关系"成立和变化的"法律及政治、财政及制度"等方面,在与对现实教育改革给予很大影响的"教育思维"不同的"政治思维"及"经济思维"之间的斗争,表现出了回避的倾向。②杜威从公共性角度走向学校改革的主题,从他的政治学及经济学的关系对其进行论述的研究并不完善,其理由也与覆盖教育学学科领域的隐含前提有关。

对此,本书明确了在20世纪20年代至30年代杜威在当时的政治、经济状况中,是如何展望学校公共性、如何引导与政治经济制度与政策相结合的现实学校改革的。其中,通过艺术的审美经验对学校公共性的形成回路进行论述,并分析了费城的巴恩斯基金会具体进行的教育活动。参考资料使用了南伊利诺伊大学出版的杜威著作集,其中有杜威本人的著作,以及刊载于各种学术杂志和团体杂志中的论文、报纸、演讲、书评,我对它们进行了梳理;除此以外,还用到以下的研究资料,即关于杜威的思想和行动的内容中,有教师、研究者、记者的著作、评论、新闻报道、演讲和他的学生实践者们的著作和论文,以及我对杜威和与他有亲密交往的人们之间来往的书信进行的解析。特别是有关巴恩斯基金会与杜威的关系的论述中,使用了巴恩斯基金会出版的著作及《巴恩斯基金会研究》《乔赛亚·H. 彭尼曼记录集》《菲斯克·金博尔书信集》《菲斯克·金博尔记录集》等迄今为止未在研究中进行充分探讨的资料,本书以它们作为对象进行了考察。

---

① [日]佐藤学:《课程评价——走向公共性的重建》,第289-292页,世织书房1996年版。
② [日]广田照幸:《社会运动与思想运动——旁观教育思想史学会的步伐》,第111-119页,岩波书店2009年版。

2　20世纪20年代至30年代的发展过程

通过本书各章节的考察，可以将上述课题概括如下。

首先是杜威的公共性概念与框架的问题。20世纪20年代，杜威对传统的自由主义进行批判，展示了以民主主义和共同体为基础的关于学校公共性形成的思考。杜威在《公众及其问题》中提到，不应从产生于行为的假说原因出发，而应从行为机能的结果出发，对"公共产品"与"私人产品"的关系进行把握。对于公共性与私人性的考察，并未将其界限划分至以实体化的先验的规范领域中，而是在多元的多层次的空间中对其进行定义；而且，并非通过两者间关系的对立概念，而是通过对连续性的解释提出私人产品同时具有公共性的观点，这与自由主义的传统立场不同。杜威所说的公共性，是公众活动的交流空间，其基础是通过"面对面关系"构成的协同的共同体和联合体。他的公共性概念是领域和空间的概念，同时也在构建与再构建过程中的时间概念中成立。由此，杜威将创造出市场与产业资本的匿名社会空间，重新定位为构建政治与伦理的有人称的对话空间。他对瓦尔特·李普曼以官僚和专家的管理为目标的主张进行批判，提倡从"公众的缺失"到"清晰的公众性"的苏醒。杜威所说的公共性并不是包含私人性的概念，也不是自然产生的空间。对于公众缺失、交流丧失和忘却等危险问题而言，公共性是积极创造交流、谋求解决的政治和伦理的空间。

20世纪20年代，杜威在《新共和》和《纽约时报》中发表了许多文章，深化学校公共性的具体内涵。从哈定、柯立芝到胡佛的共和党政府中，消费社会的经济繁荣不断扩大，自由放任主义得以延续的同时，《紧急配额法》与《移民法》的制定等社会保守化趋势也更加明显。这时，杜威强调了教育发挥的积极作用，并探索了通过公众的讨论和争论，以学校作为协同的共同体进行改革的途径。他将与创造出"旁观者"的"独白"区别开来，强调了创造出"当事人"的"对话"的重要性。"独白"是在断绝与他人关系的基础上成立的"有破绽的不完全的思考"，与此相对，"对话"则是以相互倾听的关系为基础，创造"社会才智"的活动。杜威呼吁认识到教育丧失批判精神和意识，指出不加批判地顺应主流的价值观和媒体的"宣传"的危险。他排除了宗教性、种族的"狭隘"和"不友好"蔓延的"伪善"，谴责了导致人们停止思考和判断的"群众和宗教"的"民族主义"。对此，他主张以协同社会实践讨论对话为中心，形成"批判精神"和"公共精神"的必要性。另外，他还将学校的地位理解为使多样的文化、传统、宗教、语言交织的"粘合剂"（cement）或者将"缝线"以整体形式编织成形的梭子。他认为，公共性的问题领域是通过协同的学习活动，在维护教育的"异质复杂因素"的同时，形成多元的结点。对于展示"教育科学"的"科学"概念，他指出不应通过基于标准固定的"基准"进行"量"的测量，而应从追求"质量的过程与结果"的"质"的方面进行考虑。"教育"构成了"本质上没有终结的循环或螺旋形"，"活动"被解释为"它本身便包含着科学"。

20世纪30年代，杜威在《自由主义与社会行为》中将"自由主义改造"的"第一目标"设为"教育"。他力求对于从洛克时期到自由放任主义、罗斯福新政的自由主义的发展进行激进的重建。他提出，向着协同创造概念扩张的民主主义概念，应扎根于宣扬"共同生活的方式"的"普通人的信仰"之中。其中，杜威还重视对共同体和联合体的参与。他将"排除参加"理解为"巧妙形式下的压抑"，并通过"排除"与"压抑"的对抗形式对多样的公众"参加"和"讨议"的方式进行探索。

杜威的这些展望，在20世纪30年代的社会和时代状况中走向成熟。杜威在独立政治行动联盟、人民院外游说团、文化自由委员会等团体中担任职务，推动第三政党的结成与活动。接着，他向胡佛总统呼吁针对经济危机实行彻底对策的必要性。1932年的总统选举中，罗斯福以压倒性的胜利就任第32任总统，实施新政，杜威仍对其不断进行批判。他还对李普曼将民主主义政治还原至立足于"个人权利与义务"之上的"法制"确立的主张进行批判。杜威将李普曼眼中处于劣位的"人与人之间的羁绊关系、相互依存关系"视为"比法律制度更加高级的法"。在他看来，后者的"法"的存在构成了"自由主义的空白地带"。他所探究的问题是，从以人与人之间的行为为媒介的协同的关系性领域中对自由主义的局限进行把握，并通过联合体的协同活动的观点填补其"空白"。

然而在杜威看来，学校改革的关键指标之一是拥有以创造活动的协同的学习为中心的教室。他将注意力转移到"读书"与"学习"的不同，指出"读书"是对"限定某一学科""被积累和传达的知识集合"的掌握，而"学习"是对作为"有用的、传播方法及知识的教材"开展"相互参照、相互依存、不断发展"的活动，二者有明显的差异。也就是说，"学习就是学会思维"，其"最好的方法"是通过"反省式思考"得以完成。另外，杜威还力推组织活动的学习共同体，其构想之一便是他在哥伦比亚大学师范学院的学生埃尔茜·克拉普所进行的社区大学实践。

世界经济危机之后急剧的社会变化，突出了与学校社会机能相关的主题。在教育学研究中，哥伦比亚大学师范学院作为其中心研究据点发挥了作用。师范学院的教授阵容中，有在1930年杜威退休后也深受其影响的克伯屈、纽伦、拉格、康茨、蔡尔兹等人。他们在进步教育协会中发挥了指导性作用，但在20世纪30年代的时代状况下，却展开了将教育与社会改造相结合的论战，其开端就是1932年康茨发表的《学校敢于建立一个新的社会秩序吗？》。1934年10月，克伯屈及康茨等人创刊了《社会前沿》，杜威被选为理事。他们的目标是，推动学校进行社会改造。

杜威还在《旧个人主义与新个人主义》及《自由与文化》等文中，对自由放任主义的"经济个人主义"进行了批判。一方面，他对于"个人主义"的"终结"表达了异议。而且，他还从"文化的传承与重建的过程"中把握"教育"，并非通过中立观点，而是通过教育与政治和社会的关联对其进行理解，这一点与《社会前沿》产生了共鸣。另一方面，他对于将教育与政治问题的解决及社会改造的论点直接联系起来的主张也表现得非常谨慎。康茨等人进步主义左派的兴起，实际上展现了苏维埃教育中对19世纪自由主义批判的影子。杜威在学习方法中，比起"注入和教授的方法"，更注重引入"探究和商议、讨论的方法"。另外，他还对通过"探究的自由""教学和学习的自由""学生和教师的自由""精神的自由和表现的自由"构成的"作为教育机构的学校的自由"表示支持，并提出了以"教育的自律性"为基础的"社会行为"和"公共行为"的"机构"的学校形象。

第 2 节　学校改革与艺术的公共性

1　审美经验与教育的公共性

20世纪20年代至30年代，杜威公共性构想有了新的发展，表现在他关注生活活动和共同体基层的艺术力量，并表现在以审美的经验与公共性的桥梁为目标。他在公共性形成的渊源中把握审美的经验，从艺术教育中探究扩大民主主义的方法。1934年的《作为经验的艺术》从艺术的角度出发对这一主题进行了论述。杜威在媒体和交流的关联上，考察了构成艺术的审美的经验和表现。比起个人的兴趣，更应从日常生活经验世界的交换与共享的共同体中对艺术进行把握。在19世纪至20世纪的转换期中，人们从以下的历史立场对艺术与公共性的主题进行了解释。近代民族主义产生了"艺术与日常生活的背离"，产业资本主义的兴起推动了"世界市场的非人性化"，机械化和技术化导致"人类灵魂的'非人性化'"和"生命的量化"，整个国家开始了维护自身权力的"宣传"功能。对此，杜威期待在大众文化环境中扩大媒体和交流。他并没有将艺术作品视为"文化的装饰品",而是将其理解为"民主主义的文化基础",在那里他看到了艺术所承担的公共性职责。

接着,我们将视线转向艺术教育与公共性的实践桥梁。其中,杜威与巴恩斯基金会的关系非常重要。1922年12月设立于费城郊外梅里奥的巴恩斯基金会的目的是"教育的发展和艺术作品的鉴赏"。巴恩斯不仅收集雷诺阿及塞尚的作品,而且热心于美术评论,出版了《绘画的技法》《法国原始主义与其形式》《亨利·马蒂斯的艺术》《雷诺阿的艺术》《塞尚的艺术》等著作。杜威通过与巴恩斯的交流,加深了对艺术理解的共同认识。两人深交的契机是1917年巴恩斯去哥伦比亚大学参加了杜威的社会哲学研讨会。巴恩斯对杜威的民主主义、经验哲学及教育的科学方法表达了强烈的关注。

巴恩斯基金会的核心目标之一,就是推动艺术教育。1923年,杜威就任基金会美术教育部门的第一任部长。对杜威来说,他期待着从民主主义的角度发挥艺术教育的作用。美术教育部门的副部长由巴迈耶、门罗和巴伦担任。1925年基金会的新美术馆揭幕式上,杜威发表了演讲。他在巴恩斯计划的基础上对作为教育设施的基金会活动的意义加以说明,强调了"基金会的艺术性"的伟大之处在于担负着美育事业的使命。他在演讲中提到,基金会力推的艺术并非限定于少数人的"某种疏远的存在",而是与人的"所有生命活动"息息相关、成为"生命意义与美好艺术的终极融合"的存在。艺术并非偏重"机械性、技术性事物的训练",而是与"最普通、最根本、最重要的公共认识"有关的活动。在《作为经验的艺术》中,杜威认为"艺术"是"人与人之间毫无遮拦的完全交流的媒体"。

以杜威的这种艺术论为根据,巴恩斯基金会开展了关于艺术教育的各种先进的尝试。巴恩斯与宾夕法尼亚大学的美术研究所协力设立了美术教育中心,并在费城提出了实行新的美术教育计划的展望。为此,杜威与大学的彭尼曼校长及美术研究所所长莱尔德接触,最终在基金会与大学的合作下,于1924年5月达成了协议。协议事项中提到,巴迈耶和门罗担任授课。巴恩斯还希望使基金会持有的艺术作品在费城的公立学校中发挥作用。另外，基金会还尝试联系全美国最古老的艺术学校——宾夕法尼亚美术学院。巴恩斯屡次与杜威谈起这些事宜。

但是，在与大学和城市的交涉中，巴恩斯的计划也遇到了诸多批判及困难，中途甚至面临过挫折和转换。其原因之一在于，对于为费城的美术教育作出贡献的城市指导主任西奥多·迪拉韦和图形素描俱乐部的塞缪尔·弗莱舍，基金会也展开了激烈的批判。此时，杜威多次为巴恩斯及巴恩斯基金会的活动出谋划策。他强调，基金会为了完成和大学及城市的"协同"所必要的，并非基金会的"否定评价"，而是以强化"联系"为目标的"理性"战略。然而，巴恩斯基金会与宾夕法尼亚大学之间的协同合作，也于1926年告终。此外，基金会与宾夕法尼亚美术学院、费城的公立学校及费城艺术博物馆之间的协作，也未能取得积极的成果。巴恩斯力图在费城形成美术教育研究和实践地点的这一愿望，尽管接受了杜威以"协同"为目标的稳妥的"怀柔"策略的提议，其结果还是昙花一现，最终走向失败。

通过巴恩斯基金会的活动，杜威对作为公共性渊源的艺术所具有的可能性进行了先见性的论述和实践。然而，他与巴恩斯的尝试不断碰壁。在20世纪20年代至30年代的时代背景下，想要与拥有传统的权威势力及学院进行协作并非容易之事。20世纪30年代，他们成立了艺术与教育之友这一组织，杜威就任名誉会长，巴恩斯就任会长。巴恩斯对艺术与教育之友寄托的目标是发展费城的市民文化、艺术与教育。其具体活动，便是对作为罗斯福新政的一环而开展的由公共事业振兴署推动的联邦艺术计划进行批判。被誉为"联邦第一"的这个项目是指，由政府雇佣在世界性经济危机中失业的5000至10000名艺术家，并对他们进行积极的经济资助，同时将他们的壁画、绘画、雕刻、海报等作品装饰在学校、政府机关、图书馆、医院等公共空间，以此扩大普通市民在社会生活中接触艺术的机会。这项事业被视为公共艺术的开端，是艺术的样式发生巨大转变的契机。

在费城，费城艺术博物馆等也协助推动了宾夕法尼亚联邦艺术计划。然而，艺术与教育之友则认为，这项计划是对"真正的艺术运动的阻碍"，攻击其为"对公众的欺诈行为"。杜威作为艺术与教育之友的名誉会长，从背后支持了巴恩斯的行动。巴恩斯基金会的活动绝对不能说受到费城美术相关人士及教育界的欢迎。在工作中架设审美的经验与教育的公共性主题，并不是预先准备好的已有绪论的讨论，而是在基金会的尝试中才显露其轮廓的展望。巴恩斯基金会遇到的各种各样的困境也象征了这条未完成的道路。我们可以认为，杜威在基金会的活动展示了与民主主义和协同教育以何种形式遭遇困难，并实行了改革，可以说是一个挑战的轨迹。

20世纪30年代，杜威扩大了民主主义的概念，对创建使其与教育相结合的学校系统进行了展望。他对"粗野的个人主义"的传统进行批判，力推"社会行为的组织化"，推动多样的机构互相协同的实践活动。而且，他将"民主主义与教育的关系"理解为"互惠的、相互的"关系，认为"民主主义"是"教育的原理、教育的方针和教育的政策"。"民主主义的生活方式"并不意味着"民主主义"是"某种固定的存在"，而应将其解释为"不断进行的新的探究""被发现和重新发现""被创造"的实践。在杜威看来，打开学校公共性的道路是公众"面对面"的"交流"，是组织"社会行为和公共行为"的"机构"的活动，是以学校、社会和文化为媒介的协同的"联合"。其中，艺术的审美经验处于其基础之中。"艺术"是"最普遍、最自由的交流的形态"，是超越"为经验的共同体划出界限的深渊和障壁"的"完全的交流媒体"。杜威将"艺术"理解为与人们的生活经验及全体社会活动相关的"公共的""交流性的存在"，是由"公共世界的共有的性质"构成的"最普遍的语言形态"。艺术存在于交流的言论空间和社会的协同活动空间的基础中。

1946年，巴恩斯在《人文主义者》杂志中发表了《约翰·杜威的教育哲学》一文。巴恩斯指出，"杜威的教育哲学，是民主主义生存方法中不可或缺的要素；它作为工作、艺术、教育中的知性的科学方法，受一个有机整体中相互关联的原理支撑"。根据巴恩斯的理解，"道德、科学、艺术都是交流的形态，只有通过形成精炼的生活方式的经验共享才变得具有可能性"。他主张，当"教育"不是"为了生活"而是成为"其本身的生活方式"时，"就包含了它的全部"。据巴恩斯所述，"约翰·杜威的最大功绩"便是揭示和实践了这样的教育理念。[①]被聘为巴恩斯基金会讲师的罗素，也将在基金会使用的讲义归结为有名的著作《西方哲学史》（1946）。罗素在该书"前言"中写道："本书的完成多亏了阿尔伯特·C. 巴恩斯博士"[②]。罗素还在该书中插入名为《约翰·杜威》的章节，表示对他的"敬意和赞美"，并"亲身体会到他的关心"[③]。巴恩斯基金会的艺术教育，以杜威的民主主义思想为基础得到开展，并着手构筑审美经验与公共性的实践性桥梁的目标。

2　学校改革的展望与课题

本书从自由主义的重建和重新概念化的观点出发，对20世纪20年代至30年代杜威的学校公共性的构想和实践进行考察，揭示了他立足于民主主义与公共性的关于学校的新视点。美国的自由主义并未构建起坚如磐石的单一原理体系的思想运动，而是一种包含相互间的紧张与不合作关系的复杂结构的竞争。这一时期也是从自由市场向福利国家过渡的、自由主义分水岭形成的时期。其中，杜威的自由主义形成了并非主流的学派。传统的自由主义市民社会论，倾向于以完全的个人主义为特征的自然概念的哲学，取而代之的是其他价值指标

---

① Barnes, Albert C., "John Dewey's Philosophy of Education, " Dewey, John, Barnes, Albert C., Buermeyer, Laurence, Mullen, Mary, de Mazia, Violette, *Art and Education*, op. cit., pp. 9-12.

②［英］伯特兰·罗素著，［日］市井三郎译：《西方哲学史——与从古代到现代政治、社会的诸条件的关联中的哲学史1》，第ii页，みすず书房1970年版。

③［英］伯特兰·罗素著，［日］市井三郎译：《西方哲学史——与从古代到现代政治、社会的诸条件的关联中的哲学史1》，第811页，みすず书房1970年版。

并未成熟。因此，杜威克服个人主义传统、展望共同体和联合体的思想，从主流自由主义的角度来看，确实是非正统的学派。实际上，在总统选举、第三政党的建立、对罗斯福新政的批判、进步学校的重建、对社会改造主义的批判、巴恩斯基金会的活动、伯特兰·罗素案等局面中，他经历了各种各样的困难和挫折。在拉格曼等人看来，总的来说，杜威的实践性尝试表现了其"激进主义"的"败北"。不过，杜威的思想也对实际参与和实践发挥了指导性作用。他的构想支持进步学校中进行适合时宜的改革，也成为推动巴恩斯等人的艺术教育实践的原动力。

杜威将"自由主义改造"的"第一目标"设为"教育"，力求学校改革与公共性的重建。他的"激进主义"在产生于人际关系的相互行为关系的领域中对自由主义的"空白"进行把握，从联合体"共同生活的方式"的角度将其联系起来。自由放任主义和罗斯福新政在宣扬"自由主义"的同时，也侵蚀和放弃了人与人间相互行为的联合体的领域。杜威对包含市场和国家权力的傲慢、与松散的关系性进行了内在的批判，促使公共领域与私人领域的两极对立无效化，并探索了对其进行连续把握的思想战略。他的公共性概念是一种领域概念，同时也是以关系为基础的空间和实践的概念，这一点非常重要。他的公共性概念的渊源并不是宣扬传统自由主义的市民社会的原理。杜威超越了自由放任主义和罗斯福新政，探究了以激进的方式树立教育公共性的新模式。他所谓的公共性已扩大至扎根于人与人之间的信赖和对话关系的政治与伦理的层面上，是以共同体和联合体的协同行为与活动为基础而产生的，是对"作为生活方式的民主主义"的展望。其中，他在公共性的基础中看到了艺术，通过构筑审美经验与公共性桥梁，参与巴恩斯基金会的教育活动中。在他的思想脉络中，协同的联合体与共同体的实践的"教育机构"受到重视。在杜威看来，学校的公共性是扩张的民主主义与教育相结合产生的导线。

最后就本书论述的课题做进一步的展望，有以下三点。

第一个课题是，聚焦于20世纪20年代以前杜威关于联合体与教育的构想，对他的学校改革与公共性的思想形成进行了考察。关于联合体与共同体的论述，在19世纪80年代杜威的文章中已零散可见，从早期起就存在于他的思想之中。特别是杜威在芝加哥大学实验学校的尝试，就是以共同体与联合体为成立基础的。关于19世纪90年代至20世纪初实验学校的实践，学校公开发行的《初等学校纪事》中也有具体的记述。在杜威任职于芝加哥大学时期，他参与了珍妮·亚当斯的赫尔会所的社会福利运动中，献身于共同体的活动。从杜威早期的思想和实践出发，关注成为后期公共性构想萌芽的共同体思想。

第二个课题是考察了关于20世纪30年代后日本实用主义的兴起与对杜威思想的引入。据日本学者鹤见俊辅所述，20世纪30年代后半时期，在向着国家总动员、"大政翼赞会"体制扩张的"国家主义"中，实用主义成为站在"非国家主义"一方的"最后堡垒"。清水几太郎、三木清、新明正道、大道安次郎等人起了核心作用。[1]另外，对以鹤见俊辅为首的战后言论派对实用主义的引入过程进行了考察。日本二战后思想中出现了使实用主义定型的一系列动向，其中至少也包含构建教育公共性的观点。例如，清水几太郎就将其作为"实用主义的本质"，着眼于与"交流""社会"和"教育"相结合的杜威思想。[2]另外，聚焦于问题探究式的学习及生活单元式的学习等新教育实践，需要在以问题探究及生活经验为主题的二战后新教育实践中，引入和解释杜威的民主主义思想。由此，将视野投向二战后日本的教育与公共性这一课题。

第三个课题是对进步学校进行了进一步的事例分析。继承进步主义的学校改革的源流，现今在日本国内外褒贬不一。在这种情况下，再次明确杜威与进步学校的关系及实际情况具有重要的意义。值得注意的是，埃尔茜·克拉普

---

①［日］鹤见俊辅：《实用主义的发展概述》，见《岩波讲座现代思想　第6卷　民众与自由》，第223-248页，岩波书店1957年版。

②［日］清水几太郎：《实用主义的本质——以杜威为中心》，见《岩波讲座现代思想　第6卷　民众与自由》，第262-269页，岩波书店1957年版。

的罗杰·巴拉德学校和阿瑟代尔社区学校、格特鲁德·哈特曼的梅里恩国家学校、露西·米切尔的银行街学院、卡罗琳·普拉特的城乡学校、印第安纳波利斯的第45公立学校等的改革，这些学校或多或少受到了杜威的影响。在本书中，也未能充分展开对每所学校的实践活动和对他们本人著作及文章的综合性考察。因此，本书对这些学校的课程和教学方法进行探讨，尝试论述进步学校的实践情况及其经验。通过这些考察，我们便可以从具体的学校课程及实践的观点出发，揭示杜威的学校改革与公共性的主题。

首版一览

首版一览如下所示。每一部分都进行了大幅的增删与修正。

序章　上野正道、田尻敦子编：《公共性的概念系谱与社区——哈贝马斯、阿伦特、杜威》，载大东文化大学人文科学研究所《社区学习》2009年，第1—13页。

序章·第1节　《杜威实用主义的批判与公共性的再建构——作为教育改革成立基础的公共性概念的探讨》，载《大东文化大学纪要　社会科学》2008年第46号，第271—283页。

第1章　《杜威的学校公共性与民主主义——以20世纪20年代的实用主义批判为中心》，载《教育方法学研究》2002年第27卷，第1—10页。

第1章　《作为对话、协同实践的学习活动的创造——杜威与进步教育》，载《语言教育研究论文集》2008年第25号，第261—281页。

第2章　《杜威的学校改革与公共性的再构建——以20世纪30年代的民主主义的教育为中心》，载《大东文化大学纪要　社会科学》2007年第45号，第127—145页。

第2章　《20世纪30年代的杜威关于社区／学校的构想——活动性学习实践的创造》，载《人文科学》2008年第14号，第121—140页。

第2章、第3章　《协同学习为基础的学校体系的形成——以约翰·杜威的〈教育的自由〉构想为中心》，载《语学教育研究论集》2009年第26号，第349—362页。

第2章、第5章 《20世纪30年代的杜威的民主主义和教育的结合——实用主义的再构建与再概念化的方略》，载《大东文化大学纪要 社会科学》2009年第47号，第319-338页。

第3章 《作为公共行为的代理学院 学校的创造——社会开拓者和杜威》，载《幼儿教育学研究》2009年第16号，第22-32页。

第4章 《杜威中以美学经验为基础的艺术》，载《东京大学研究生院教育学研究科纪要》2003年第42卷，第283-291页。

第5章 《杜威在巴恩斯基金会中的艺术教育论的实践性开展——教育和美学经验的桥梁》，载《人文科学》2009年第15号，第35-84页。

第5章 上野正道、田尻敦子编：《艺术教育和社区——杜威与巴恩斯的挑战》，载大东文化大学人文科学研究所《社区学习》2009年，第14-30页。

参考文献 *

阿部潔『公共圏とコミュニケーション―批判的研究の新たな地平』ミネルヴァ書房，1998年.

Addams, Jane, "John Dewey and Social Welfare," *John Dewey: The Man and His Philosophy, Address Delivered in New York in Celebration of His Seventieth Birthday*, Cambridge, Mass.: Harvard University Press, 1930.

Adorno, Theodor W., *Minima Moralia: Reflexionen aus dem beschädigten Leben,* Frankfurt am Main: Suhrkamp, 1962.（アドルノ，テオドール『ミニマ・モラリア』三光長治訳，法政大学出版局，1979年.）

秋元秀紀『ニューヨーク知識人の源流―1930年代の政治と文学』彩流社，2001年.

Alberty, Harold B., Bode, Boyd H., *Educational Freedom and Democracy*, New York; London: D. Appleton-Century, 1938.

Alexander, Thomas M., *John Dewey's Theory of Art, Experience & Nature:*

---

　　* 上野正道博士为收集资料多次赴美实地考察，访问了杜威研究中心、巴恩斯基金会等，获得了很多宝贵的资料。对此，日本著名教育学家佐藤学教授在日文版序言中指出，"本书后半部分，重点考察了杜威与巴恩斯基金会在艺术活动方面的积极合作过程，这是日本国内外任何杜威研究学者都没能取得的杰出贡献"。

　　在翻译过程中，为了解杜威研究的专业词汇，下载了大量国内有关杜威研究的文献，通读后发现有关杜威如何通过艺术致力于重构民主主义和公共教育实践方面的研究甚少。为此，我们萌生出为国内学者提供一手研究资料的想法，不对日语原著中的参考文献进行汉译，读者就此可以知悉有关杜威研究的英语文献和日语文献的出处，这对于我国杜威研究有着重要的意义。　　　　——译者注

The Horizon of Feeling, Albany: State University of New York, 1987.

Anderson, John, *Art Held Hostage: The Battle over the Barnes Collection*, New York: W. W. Norton & Company, 2003.

Appleby, Joyce, *Liberalism and Republicanism in the Historical Imagination*, Cambridge, Mass.: Harvard University Press, 1992.

Arendt, Hannah, *The Human Condition*, Chicago: The University of Chicago Press, 1958. （アレント，ハンナ『人間の条件』志水速雄訳，筑摩書房，1994年.）

Arendt, Hannah, *Eichmann in Jerusalem: A Report on the Banality of Evil*, New York: The Viking Press, 1963. （アーレント，ハンナ『イェルサレムのアイヒマン—悪の陳腐さについての報告』大久保和郎訳，みすず書房，1994年.）

Barnes, Albert C., "Cubism: Requiescat in Pace," *Arts & Decoration*, vol.6, January, 1916.

Barnes, Albert C., "The Barnes Foundation," *The New Republic*, vol.34, no.432, March 14, 1923.

Barnes, Albert C., "The Shame in the Public School of Philadelphia," *Journal of the Barnes Foundation*, vol.1, no.1, April 1925.

Barnes, Albert C., "Art Teaching that Obstacles Education," *Journal of the Barnes Foundation*, vol.1, no.2, May 1925.

Barnes, Albert C., "Art Teaching that Obstacles Education," *Journal of the Barnes Foundation*, vol.1, no.3, October, 1925.

Barnes, Albert C., "Educational Disorder at the Metropolitan Museum," *Journal of the Barnes Foundation*, vol.2, no.1, January, 1926.

Barnes, Albert C., "Day-Dreaming in Art Education," *Journal of the Barnes Foundation*, vol.2, no.2, April, 1926.

Barnes, Albert C., de Mazia, Violette, *The French Primitives and Their Forms: From Their Origin to the End of the Fifteenth Century*, Marion, Pa.: The Barnes

Foundation Press, 1931.

Barnes, Albert C., de Mazia, Violette, *The Art of Henri Matisse*, New York: Charles Scribner's Sons, 1933.

Barnes, Albert C., de Mazia, Violette, *The Art of Renoir*, New York: Minton, Balch & Co., 1935.

Barnes, Albert C., *A Disgrace to Philadelphia*, Philadelphia, Pa.: Friends of Art and Education, 1938.

Barnes, Albert C., de Mazia, Violette, *The Art of Cezanne*, Marion, Pa.: The Barnes Foundation Press, 1939.

Barnes, Albert C., "Art as Experience," *The Educational Frontier*, no.13, 1939.

Barnes, Albert C., "Method in Aesthetics," *The Philosophy of The Common Man: Essays in Honor of John Dewey to Celebrate His Eightieth Birthday*, New York: G. P. Putnam's Sons, 1940.

Barnes, Albert C., *The Art in Painting*, Merion, Pa.: The Barnes Foundation Press, 2000.

Becker, Carl, L., *The Declaration of Independence: A Study in the History of Political Ideas*, New York: Alfred A. Knoph, 1942.

Bell, Daniel, "Adjusting Men to Machines: Social Scientists Explore the World of the Factory," *Commentary*, vol.3, no.1, January, 1947.

ベンヤミン, ヴァルター『ベンヤミン・コレクション 1―近代の意味』浅井健二郎編訳, 筑摩書房, 1995年.

Bernstein, Richard J., *The Restructuring of Social and Political Theory*, Philadelphia: University of Pennsylvania Press, 1978.

Bernstein, Richard J., *Beyond Objectivism and Relativism: Science, Hermeneutics, and Praxis*, Oxford: B. Blackwell, 1983.

Bernstein, Richard J., *The New Constellation: The Ethical-Political Horizons of Modernity/Postmodernity*, Cambridge, UK: Polity Press, 1991. (バーンスタイ

ン，リチャード J. 『手すりなき思考—現代思想の倫理−政治的地平』谷徹，谷優訳，産業図書，1997年.）

バーンスタイン，リチャード「民主主義的エートスの回復」ジェイ，マーティン編『ハーバーマスとアメリカ・フランクフルト学派』竹内真澄監訳，青木書店，1997年.

Bingham, Alfred M., "Books," *Common Sense*, vol.4, 1935.

Bowers, C. A., *The Progressive Educator and the Depression: The Radical Years*, New York: Random House, 1969.

Brubacher, John, S. *Modern Philosophies of Education*, New York: McGraw-Hill, 1950.

Buehrer, Edwin T., "In Defense of Liberalism," *The Christian Century*, vol.52, no.1210, September 25, 1935.

Buermeyer, Laurence, "An Experiment in Education," *The Nation*, vol.120, no.3119, April 15, 1925.

Buermeyer, Laurence, "The Graphic Sketch Club and Art Education," *Journal of the Barnes Foundation*, vol.1, no.1, April, 1925.

Buermeyer, Laurence, "Art and the Ivory Tower," *Journal of the Barnes Foundation*, vol.1, no.2, May, 1925.

Buermeyer, Laurence, "Art and Day-Dreaming," *Journal of the Barnes Foundation*, vol.1, no.2, May, 1925.

Buermeyer, Laurence, *The Aesthetic Experience*, Merion, Pa.: The Barnes Foundation Press, 1929.

Burke, Kenneth, "Liberalism's Family Tree," *The New Republic*, vol.86, no.1109, March 4, 1936.

Butts, R. Freeman, Cremin, Lawrence A., *A History of Education in American Culture*, New York: Holt, Rinehart and Winston, 1953. （バッツ，R. F.，クレミン，L. A. 『アメリカ教育文化史』渡部晶，久保田正三，木下法也，池田稔

訳，学芸図書，1977年.）

Cahill, Holger, *New Horizons, in American Art*, New York: The Museum of Modern Art, 1936.

Cahn, Steven M.（ed.）, *New Studies in the Philosophy of John Dewey*, Hanover, N. H.: University Press of New England, 1977.

Chamberlain, John, "The World in Books," *Current History*, vol.43, 1935.

Chubb, John E., Moe, Terry M., *Politics, Markets, and America's Schools*, Washington D. C.: The Brookings Institution, 1990.

Clapp, Elsie Ripley, "John Dewey's Influence of Education," *The New Era*, vol.7, no.27, July, 1926.

Clapp, Elsie Ripley, *Community Schools in Action*, New York: Arno Press, 1971.

Cohen, Nancy, *The Reconstruction of American Liberalism, 1865—1914*, Chapel Hill, N.C.; London: The University of North Carolina Press, 2002.

Cohen, Sol, *Progressives and Urban School Reform: The Public Education Association of New York City 1895—1954*, New York: Bureau of Publications, 1964.

Columbia Associates in Philosophy, *An Introduction to Reflective Thinking*, Boston: Houghton Muffin Company, 1923.

Counts, George S., *The Social Foundations of Education*, New York: Charles Scribner's Sons, 1934.

Counts, George S., *The Prospects of American Democracy*, New York: John Day Co., 1938.

Counts, George S., *Dare the School Build a New Social Order?*, New York: Arno Press & The New York Times, 1969.

カウンツ，G. S.『アメリカ民主主義と教育』伊藤良高，中谷彪，藤本典裕訳，明治図書，1987年.

Cremin, Lawrence A., Shannon, David A., Townsend, Mary Evelyn, *History of Teachers College, Columbia University*, New York: Columbia University Press, 1954.

Cremin, Lawrence A. *The Transformation of the School: Progressivism in American Education 1876—1957*, New York: Vintage Books, 1964.

Croce, Benedett, "On the Aesthetics of Dewey," *The Journal of Aesthetics & Art Criticism*, vol.6, March, 1948.

Czitrom, Daniel J., *Media and the American Mind: From Morse to McLuhan*, Chapel Hill: University of North Carolina Press, 1982.

Dalton, Thomas C., *Becoming John Dewey: Dilenmas of a Phiosopher and Naturalist*, Bloomington: Indiana University Press, 2002.

Danto, Arthur, "Every Straw Was the Last," *New York Times Book Review*, November 22, 1987.

Darling-Hammond, Linda, *Powerful Teacher Education: Lessons from Exemplary Programs*, San Francisco: Jossey-Bass, 2006.

Darwin, Charles, *The Origin of Species*, Oxford; New York: Oxford University Press, 1998.（ダーウィン，チャールズ『種の起源』八杉竜一訳，岩波書店，1963—1971年.）

de Selincourt, O., "New Books: *The Public and Its Problems*," *Mind: A Quarterly Review of Psychology and Philosophy*, vol.37, 1928.

Dewey, John, *The Early Works of John Dewey, 1882—1898*, Boydston, Jo Ann, （ed.）, Carbondale: Southern Illinois University Press, 1967—1972, 5 vols.

Dewey, John, *The Middle Works of John Dewey, 1899—1924*, Boydston, Jo Ann, （ed.）, Carbondale: Southern Illinois University Press, 1976—1983, 15 vols.

Dewey, John, *The Later Works of John Dewey, 1925—1953*, Boydston, Jo Ann, （ed.）, Carbondale: Southern Illinois University Press, 1981—1991, 17 vols.

Dewey, John, *The Correspondence of John Dewey, 1871—1952*, Hickman, Larry A.,（ed.）, InteLex Corporation, 2005.

Dewey, John, *Democracy and Education*, New York: Macmillan Company, 1916.（デューイ，ジョン『民主主義と教育』松野安男訳，岩波書店，1975年.）

Dewey, John, *Reconstruction in Philosophy*, New York: Henry Holt, 1920.（デューイ，ジョン『哲学の改造』清水幾太郎，清水礼子訳，岩波書店，1968年.）

Dewey, John, "Dedication Address," *Journal of the Barnes Foundation*, vol.1, no.2, May, 1925.

Dewey, John, "Experience, Nature and Art," *Journal of the Barnes Foundation*, vol.1, no.3, October, 1925.

Dewey, John, "Individuality and Experience," *Journal of the Barnes Foundation*, vol.2, no.1, January, 1926.

Dewey, John, "Affective Thought in Logic and Painting," *Journal of the Barnes Foundation*, vol.2, no.2, April, 1926.

Dewey John, *The Public and Its Problems*, Denver: Alan Swallow, 1927.（デューイ，ジョン『現代政治の基礎—公衆とその諸問題』阿部斉訳，みすず書房，1969年.）

Dewey, John, "In Response," *John Dewey: The Man and His Philosophy, Address Delivered in New York in Celebration of His Seventieth Birthday*, Cambridge, Mass.: Harvard University Press, 1930.

Dewey, John, *How We Think: A Restatement of the Relation of Reflective Thinking to the Educational Process*, Boston: D. C. Heath, 1933.（デュウイー，ジョン『思考の方法』植田清次訳，春秋社，1950年.）

Dewey, John, *Experience and Education*, New York: The Macmillan Company, 1938.（デュウイー，ジョン『經驗と教育』原田實訳，春秋社，1950年. デューイ，ジョン『経験と教育』市村尚久訳，講談社，2004年.）

Dewey, John, *Education Today*, New York: G.P. Putnam's Sons, 1940.（デューイ，ジョン『今日の教育』杉浦宏，石田理訳，明治図書出版，1974年.）

Dewey, John, Kallen, Horace M.（ed.）, *The Bertrand Russell Case*, New York: Da Capo Press, 1972.

Dewey, John, *Problems of Men*, New York: Philosophical Library, 1946.（デューイ，ジョン『人間の問題』杉浦宏，田浦武雄編訳，明治図書出版，1976年.）

Dewey, John, "A Comment on the Foregoing Criticism," *The Journal of Aesthetics & Art Criticism*, vol.6, March, 1948.

Dewey, John, Barnes, Albert C., Buermeyer, Laurence, Mullen, Mary, de Mazia, Violette, *Art and Education*, Merion, Pa.: The Barnes Foundation Press, 1954.

Dewey, John, *Philosophy of Education, Problems of Men*, Totowa: Littlefield, Adams & Co., 1958.

Dewey, John, *The School and Society, The Child and the Curriculum*, Chicago: The University of Chicago Press, 1990.（デューイ，ジョン『学校と社会』宮原誠一訳，岩波書店，1957年. デューイ，ジョン『学校と社会・子どもとカリキュラム』市村尚久訳，講談社，1998年.）

デューイ，ジョン『アメリカ古典文庫13 ジョン・デューイ』明石紀雄訳，本間長世解説，研究社，1975年.

デューイ，J., ミード，G. H.,『デューイ＝ミード著作集』全15巻，河村望訳，人間の科学社，1995—2003年.

Du Bois, W. E. B., "The Economics of Negro Emancipation in the United States," *The Sociological Review*, vol.4, no.4, October, 1911.

Du Bois, W. E. B., *The Souls of Black Folk*, Oxford: Oxford University Press, 2007.（デュボイス，W. E. B.,『黒人のたましい』木島始，鮫島重俊，黄寅秀訳，岩波書店，1992年. デュボイス，W. E. B.,『黒人のたましい』木島始，鮫島重俊，黄寅秀訳，未來社，2006年.）

Du Bois, W. E. B., *Darkwater: Voices from within the Veil*, Oxford: Oxford University Press, 2007.

Dykhuizen, George, *The Life and Mind of John Dewey*, Boydston, Jo Ann （ed.）, Carbondale: Southern Illinois University Press, 1973.（ダイキューゼン，ジョージ『ジョン・デューイの生涯と思想』三浦典郎，石田理訳，清水弘文堂，1977年.）

Edman, Irwin, "Art as Intelligence," *The Nation*, vol.120, no.3112, February 25, 1925.

Fott, David, *John Dewey: America's Philosopher of Democracy*, Lanham, Md.: Rowman & Littlefield Publishers. Inc., 1998.

Friedman, Milton & Rose, *Free to Choose: A Personal Statement*, New York: Harcourt Brace Jovanovich, 1980.（フリードマン，ミルトン，フリードマン，ローズ『選択の自由―自立社会への挑戦』西山千明訳，日本経済新聞社，2002年.）

Friends of Art and Education, "Program of Friends of Art and Education," *1212*, vol.2, no.2, The Artists' Union 1212 Walnut St., Philadelphia, Pa. March, 1938.

Fuiman, Harry, *The Progressive Decay of the Pennsylvania Museum of Art*, Philadelphia, Pa.: Friends of Art and Education, 1938.

藤田英典『教育改革のゆくえ―格差社会か共生社会か』岩波書店，2006年.

Galbraith, John, Kenneth, *The Great Crash 1929*, Boston; New York: Houghton Mifflin, 1997.（ガルブレイス，ジョン，ケネス『大暴落 1929』村井章子訳，日経BP社，2008年.）

Garrison, Jim,（ed.）, *The New Scholarship on Dewey*, Dordrecht; Boston: Kluwer Academic Publishers, 1995.

Garrison, Jim, *Dewey and Eros: Wisdom and Desire in the Art of Teaching*, New York: Teachers College Press, 1997.

Geuss, Raymond, *Public Goods, Private Goods*, Princeton, N.J.: Princeton University Press, 2001.（ゴイス，レイモンド『公と私の系譜学』山岡龍一

訳，岩波書店，2004年.）

Giroux, Henry A., *Border Crossings, Cultural Workers and the Politics of Education*, New York; London: Routledge, 1993.

Giroux, Henry A., *Public Spaces, Private Lives: Beyond the Culture of Cynicism*, Lanham, Md.: Rowman & Littlefield Publishers, Inc., 2001.

Glover, Katherine, Dewey, Evelyn, *Children of the New Day*, New York; London: Appelton, 1934.

Gouinlock, James, *Excellence in Public Discourse: John Stuart Mill, John Dewey, and Social Intelligence*, New York: Teachers College Press, 1986.（ガウアンロック，J.『公開討議と社会的知性——ミルとデューイ』小泉仰監訳，御茶の水書房，1994年.）

Greenfeld, Howard, *The Devil and Dr. Barnes: Portrait of an American Art Collector*, New York: Penguin Books, 1989.（グリーンフェルド，ハワード『悪魔と呼ばれたコレクター——バーンズ・コレクションをつくった男の肖像』藤野邦夫訳，小学館，1998年.）

グロスバーグ，ローレンス「カルチュラル・スタディーズのアメリカへの導入 & イントロダクション」WNNスペシャル「知の解放」フォーラム，1997年.

Habermas, Jürgen, *Theorie des kommunikativen Handelns*, Frankfurt am Main: Suhrkamp, 1981.（ハーバーマス，ユルゲン『コミュニケイション的行為の理論』河上倫逸，フーブリヒト，M.，平井俊彦訳，未來社，1985—1987年.）

Habermas, Jürgen, *Strukturwandel der Öffentlichkeit*, Frankfurt am Main: Suhrkamp, 1990.（ハーバーマス，ユルゲン『公共性の構造転換——市民社会の一カテゴリーについての探究』細谷貞雄，山田正行訳，未來社，1994年.）

Habermas, Jürgen, *Erläuterungen zur Diskursethik*, Frankfurt am Main: Suhrkamp, 1991.（ハーバーマス，ユルゲン『討議倫理』清水多吉，朝倉輝一訳，法政大学出版局，2005年.）

Habermas, Jürgen, *Faktizität und Geltung: Beiträge zur Diskurstheorie des Rechts und des demokratischen Rechtsstaats*, Frankfurt am Main: Suhrkamp, 1998.（ハーバーマス，ユルゲン『事実性と妥当性―法と民主的法治国家の討議倫理にかんする研究』河上倫逸，耳野健二訳，未來社，2002―2003年.）

原聡介，宮寺晃夫，森田尚人，今井康雄編『近代教育思想を読みなおす』新曜社，1999年.

Hart, Henry, *Philadelphia's Shame: An Analysis of Un-American Administration of the Federal Art Project in Philadelphia*, Philadelphia, Pa.: Friends of Art and Education, 1938.

Hartman, Gertrude, *The Child and His World: An Interpretation of Elementary Education as a Social Process*, New York: E. P. Dutton & Company, 1922.

Hartz, Louis, *The Liberal Tradition in America: An Interpretation of American Political Thought Since the Revolution*, New York: Harcourt, Brace, 1955.（ハーツ，ルイス『アメリカ自由主義の伝統―独立革命以来のアメリカ政治思想の一解釈』有賀貞訳，講談社，1994年.）

Harvey, David, *A Brief History of Neoliberalism*, Oxford; New York: Oxford University Press, 2005.（ハーヴェイ，デヴィッド『新自由主義―その歴史的展開と現在』渡辺治監訳，作品社，2007年.）

早川操『デューイの探究教育哲学』名古屋大学出版会，1994年.

早川操「コミュニケーション的探究が拓くデューイ公共哲学の地平―公共的知性と文化的多様性が築く友愛的経験の世界」『日本デューイ学会』第47号，2007年.

林俊彦『大恐慌のアメリカ』岩波書店，1988年.

Hazlitt, Henry, "John Dewey's History and Analysis of 'Liberalism'," *New York Times Book Review*, September 1, 1935.

Hickman, Larry H., *John Dewey's Pragmatic Technology*, Bloomington: Indiana University Press, 1990.

Hickman, Larry H., Alexander, Thomas M., *Pragmatism, Education, Democracy*, Bloomington: Indiana University Press, 1998.

Hickman, Larry H., （ed.）, *Reading Dewey: Interpretations for a Postmodern Generation*, Bloomington: Indiana University Press, 1998.

日高一輝『ラッセル—恋愛と結婚』河出書房新社，1974年.

広田照幸『ヒューマニティーズ　教育学』岩波書店，2009年.

広田照幸「社会運動と思想運動——教育思想史学会の歩みを傍観して」『近代教育フォーラム』第18号，2009年.

Hirsch, E. D. Jr., *Cultural Literacy: What Every American Needs to Know*, Boston: Houghton Mifflin, 1987.（ハーシュ，E. D.『教養が国をつくる—アメリカ建て直し教育論』中村安男訳，TBSブリタニカ，1989年.）

Hofstadter, Richard, *Social Darwinism in American Thought*, Boston: Beacon Press, 1955.（ホフスタター，リチャード『アメリカの社会進化思想』後藤昭次訳，研究社出版，1973年.）

Hofstadter, Richard, *Anti-Intellectualism in American Life*, New York: Knopf, 1963.（ホーフスタッター，リチャード『アメリカの反知性主義』田村哲夫訳，みすず書房，2003年.）

Hogben, Lancelot Thomas, *Retreat from Reason*, New York: Random House, 1937.

Honneth, Axel, *Das Andere der Gerechtigkeit: Aufsätze zur praktischen Philosophie*, Frankfurt am Main: Suhrkamp, 2000.（ホネット，アクセル『正義の他者—実践哲学論集』加藤泰史，日暮雅夫他訳，法政大学出版局，2005年.）

Hook, Sidney, *John Dewey: An Intellectual Portrait*, New York: John Day Company, 1939.

Hook, Sidney, *Pragmatism and the Tragic Sense of Life*, New York: Basic Books, 1974.

堀尾輝久『現代教育の思想と構造』岩波書店，1971年.

Horkheimer, Max, Adorno, Theodor W., *Dialektik der Aufklärung: Philosophische Fragmente*, Amsterdam: Querido Verlag, 1947.（ホルクハイマー，マックス，アドルノ，テオドール『啓蒙の弁証法』徳永恂訳，岩波書店，1990年.）

Hoy, Terry, *The Political Philosophy of John Dewey: Towards a Constructive Renewal*, Westport, Conn.: Praeger Publishers, 1998.

Hutchins, Robert Maynard, *The Higher Learning in America*, New York: AMS Press, 1978.

今井康雄『ヴァルター・ベンヤミンの教育思想―メディアのなかの教育』世織書房，1998年.

Jackson, Philip W., *John Dewey and the Lessons of Art*, New Haven, Conn.: Yale University Press, 1998.

Jay, Martin, *The Education of John Dewey: A Biography*, New York: Columbia University Press, 2002.

Johnpoll, Bernard K., *Pacifist's Progress: Norman Thomas and the Decline of American Socialism*, Chicago: Quadrangle Books, 1970.

Johnson, Marietta, *Youth in a World of Men: The Child, the Parent and the Teacher*, New York: John Day Company, 1929.

Judd, Charles Hubbard, *Psychology: General Introduction*, Boston: Ginn, 1917.

Judd, Charles Hubbard, *Introduction to the Scientific Study of Education*, Boston: Ginn, 1918.

Judd, Charles Hubbard, *Psychology of Secondary Education*, Boston: Ginn, 1927.

Judd, Charles Hubbard, *Educational Psychology*, Boston: Houghton Mifflin, 1939.

Kallen, Horace M., "Salvation by Intelligence," *Saturday Review of Literature*, December 13, 1935.

Kallen, Horace M., "Freedom and Education," *The Philosophy of The Common*

Man: Essays in Honor of John Dewey to Celebrate His Eightieth Birthday, G. P. Putnam's Sons, 1940.

金子郁容，鈴木寛，渋谷恭子『コミュニティ・スクール構想—学校を変革するために』岩波書店，2000年.

苅谷剛彦『教育の世紀—学び、教える思想』弘文堂，2004年.

片島紀男『トロツキー挽歌』同時代社，2007年.

紀平英作『ニューディール政治秩序の形成過程の研究』京都大学学術出版会，1993年.

菊池英博「金融大恐慌と金融システム」『文京女子大学経営論集』第8号第1巻，1998年.

Kilpatrick, William Heard（ed.）, *The Educational Frontier*, New York: D. Appelton-Century Company, 1933.

Kilpatrick, William H., "Launching The Social Frontier," *The Social Frontier: A Journal of Educational Criticism and Reconstruction*, vol.1, no.1, October, 1934.

Kliebard, Herbert M., *The Struggle for the American Curriculum, 1893—1958*, Boston: Routledge & Kegan Paul, 1986.

Knight, Frank H., "Pragmatism and Social Action," *The International Journal of Ethics: A Quarterly Devoted to the Advancement of Ethical Knowledge and Practices*, vol.46, January, 1936.

小玉重夫『教育改革と公共性—ボウルズ＝ギンタスからハンナ・アレントへ』東京大学出版会，1999年.

Krugman, Paul, *The Conscience of a Liberal*, New York: W. W. Norton & Co., 2007.（クルーグマン，ポール『格差はつくられた—保守派がアメリカを支配し続けるための呆れた戦略』三上義一訳，早川書房，2008年.）

窪田知子「知能検査の歴史的展開—発達検査のルーツをたどる—」田中耕治編『新しい学力テストを読み解く』日本標準，2008年.

工藤安代『パブリックアート政策—芸術の公共性とアメリカ文化政策

の変遷』勁草書房，2008年.

　黒崎勲『学校選択と学校参加―アメリカ教育改革の実験に学ぶ』東京大学出版会，1994年.

　黒崎勲『新しいタイプの公立学校―コミュニティ・スクール立案過程と選択による学校改革』同時代社，2004年.

　Lagemann, Ellen C. *An Elusive Science: The Troubling History of Education Research*, Chicago: The University of Chicago Press, 2000.

　Lamprecht, Sterling P., "Philosophy Put in Touch With Affairs," *New York Herald Tribune Books*, November 27, 1927.

　Lassahn, Rudolf, *Einführung in die Pädagogik*, Heidelberg: Quelle & Meyer, 1995.（ラサーン，ルドルフ『ドイツ教育思想の源流―教育哲学入門』平野智美，佐藤直之，上野正道訳，東信堂，2002年.）

　ラザースフェルト，ポール「社会調査史におけるひとつのエピソード：メモワール」ヒューズ，アドルノ，マンドラー，ヤホダ，ラザースフェルト『亡命の現代史4　社会科学者・心理学者』荒川幾男，山口節郎，近藤邦夫，今防人訳，みすず書房，1973年.

　Lasch, Christopher, *The Revolt of the Elites and the Betrayal of Democracy*, New York: W. W. Norton & Company, 1995.（ラッシュ，クリストファー『エリートの反逆―現代民主主義の病』森下伸也訳，新曜社，1997年.）

　Lewis, David Levering, *W. E. B. Du Bois: The Fight for Equality and the American Century 1919―1963*, New York: Henry Holt and Company, 2000.

　Linville, Henry R., *The Biology of Man and Other Organisms*, New York: Harcourt, Brace, 1923.

　Linville, Henry R., "Inaugurating the Plan," *John Dewey: The Man and His Philosophy, Address Delivered in New York in Celebration of His Seventieth Birthday*, Cambridge, Mass.: Harvard University Press, 1930.

　Lippmann, Walter, *Public Opinion*, New York: Macmillan, 1922.（リップマ

ン，ウォルター『世論』掛川トミ子訳，岩波書店，1987年.）

Lippmann, Walter, *An Inquiry into the Principles of the Good Society*, Westport, Conn.: Greenwood Press, 1973.

Lippmann, Walter, *The Phantom Public*, New Brunswick, N.J.: Transaction Publishers, 1993.（リップマン，ウォルター『幻の公衆』河崎吉紀訳，柏書房，2007年.）

Locke, John, *Two Treaties of Government*, London: Cambridge University Press, 1970.（ロック，ジョン『全訳 統治論』伊藤宏之訳，柏書房，1997年）

Lovett, Robert Morss, "A Real Public," *The New Republic*, vol.52, no.664, August 24, 1927.

Luskin, John, *Lippmann, Liberty, and the Press*, University, Ala.: University of Alabama Press, 1972.（ラスキン，ジョン『ウォルター・リップマン—正義と報道の自由のために』鈴木忠雄訳，人間の科学社，1996年.）

Malherbe, Ernst Gideon（ed.）, *Educational Adaptations in a Changing Society*, Cape Town; Johannesburg: Juta and Co., 1937.

Mannheim, Karl, *Man and Society in an Age of Reconstruction*, New York: Harcourt, Brace and Co., 1940.（マンハイム，カール『変革期における人間と社会—現代社会構造の研究』福武直訳，みすず書房，1962年.）

松村將『デューイ派教育者の研究』京都女子大学研究叢刊，1997年.

Mead, George H., "The Philosophies of Royce, James, and Dewey in Their American Setting," *John Dewey: The Man and His Philosophy, Address Delivered in New York in Celebration of His Seventieth Birthday*, Cambridge, Mass.: Harvard University Press, 1930.

Merriam, Charles Edward, *The Making of Citizens: A Comparative Study of Methods of Civic Training*, Chicago: The University of Chicago Press, 1931.

Meyers, Mary Ann, *Art, Education, and African-American Culture: Albert Barnes and the Science of Philanthropy*, New Brunswick, N.J.: Transaction Publishers,

2004.

　Mitchell, Lucy Sprague, *North America: The Land They Live in for the Children Who Live There*, New York: Macmillan, 1931.

　Mitchell, Lucy Sprague, *The New Republic*, vol.121, October 17, 1949.

　Mitchell, Lucy Sprague, *Two Lives: The Story of Wesley Clair Mitchell and Myself*, New York: Simon and Schuster, 1953.

　溝口雄三「中国思想史における公と私」佐々木毅，金泰昌編『公共哲学第1巻—公と私の思想史』東京大学出版会，2001年.

　水林彪「日本的『公私』観念の原型と展開」佐々木毅，金泰昌編『公共哲学第3巻—日本における公と私』東京大学出版会，2002年.

　森田尚人『デューイ教育思想の形成』新曜社，1986年.

　森田尚人「公教育の概念と歴史的構造—19世紀イギリスとアメリカにおける学校改革」森田尚人，藤田英典，黒崎勲，片桐芳雄，佐藤学編『教育研究の現在—教育学年報１』世織書房，1992年.

　森田尚人「発達観の歴史的構成—遺伝—環境論争の政治的機能」森田尚人，藤田英典，黒崎勲，片桐芳雄，佐藤学編『教育のなかの政治—教育学年報3』世織書房，1994年.

　森田尚人「『赤い30年代』のジョン・デューイ—リベラリズムと反スターリニズムのあいだ—」『教育学論集』第45集，2005年.

　毛利陽太郎「デューイと現代公教育—リアリティとしてのデューイの公教育思想—」『近代教育フォーラム』第5号，1996年.

　Mullen, Mary, *An Approach to Art*, Merion, Pa.: The Barnes Foundation Press, 1923.

　Mullen, Mary, "The Barnes Foundation: An Experiment in Education," *Journal of the Barnes Foundation*, vol.1, no.1, April, 1925.

　Mullen, Mary, "A First Requisite in Art Education," *Journal of the Barnes Foundation*, vol.1, no.2, May, 1925.

Mullen, Mary, "An Experience in Studying Paintings," *Journal of the Barnes Foundation*, vol.1, no.3, October, 1925.

Mullen, Mary, "Learn to See," *Journal of the Barnes Foundation*, vol.2, no.1, January, 1926.

Mumford, Lewis, *The Myth of the Machine: Technics and Human Development*, New York: Harcourt, 1967.（マンフォード，ルイス『機械の神話—技術と人類の発達』樋口清訳，河出書房新社，1971年.）

Munro, Thomas, "A Constructive Program for Teaching Art," *Journal of the Barnes Foundation*, vol.1, no.1, April, 1925.

Munro, Thomas, "College Art Instruction: Its Failure and a Remedy," *Journal of the Barnes Foundation*, vol.1, no.2, May, 1925.

Munro, Thomas, "Franz Cizek and the Free Expression Method," *Journal of the Barnes Foundation*, vol.1, no.3, October, 1925.

Munro, Thomas, "The Dow Method and Public School Art," *Journal of the Barnes Foundation*, vol.2, no.1, January, 1926.

Munro, Thomas, "The Art Academies and Modern Education," *Journal of the Barnes Foundation*, vol.2, no.2, April, 1926.

中村和世「ジョン・デューイの芸術教育論の形成に関する研究—アルバートC.バーンズとの書簡を中心に」『広島大学大学院教育学研究科紀要』第54号，2005年.

中村和世「教育的美術批評に関する研究—アルバート・バーンズの芸術論へのデューイの影響」『日本デューイ学会紀要』第47号，2006年.

中谷彪『アメリカ教育行政学—ニューロンとカウンツ』渓水社，1998年.

中谷彪『1930年代アメリカ教育行政学研究』晃洋書房，2005年.

Nathan, Joe, *Charter Schools: Creating Hope and Opportunity for American Education*, San Francisco, Ca.: Jossey-Bass, 1996.（ネイサン，ジョー『チャータースクール—あなたも公立学校が創れる』大沼安史訳，一光社，1997年.）

Naumburg, Margaret, *The Child and the World: Dialogues in Modern Education*, New York: Harcourt, Brace and Company, 1928.

Naumburg, Margaret, "A Challenge to John Dewey," *The Survey*, vol.60, no.12, September 15, 1928.

Naumburg, Margaret, "The Crux of Progressive Education," *The New Republic*, vol.63, no.832, June 25, 1930.

Newlon, Jesse H., "John Dewey's Influence in the Schools," *John Dewey: The Man and His Philosophy, Address Delivered in New York in Celebration of His Seventieth Birthday*, Cambridge, Mass.: Harvard University Press, 1930.

Newlon, Jesse H., Dix, Lester, "John Dewey," *School Executives Magazine*, vol.53, no.4, December, 1933.

Newlon, Jesse H., *Educational Administration as Social Policy*, New York; Chicago: C. Scribner's sons, 1934. (ニューロン『社会政策と教育行政』高木太郎, 中谷彪訳, 明治図書出版, 1976年.)

New York Herald Tribune, "Dewey Hits 'Lock-Step' Method of Education," *New York Herald Tribune*, November 18, 1927.

New York Times, "Dr. Dewey Praises Russia's Schools," *New York Times*, December 6, 1928.

New York Times, "Socialist Candidates," *New York Times*, November 4, 1932.

New York Times, "Dr. Dewey Regulates Judges. But Not Children," *New York Times*, February 23, 1937.

New York Times, "New Group Fights Any Freedom Curb," *New York Times*, May 15, 1939.

New York Times, "Philosophy of Americanism," *New York Times*, October 20, 1939.

Niebuhr, Reinhold, "The Pathos of Liberalism," *The Nation*, vol.141, no.3662, September 11, 1935.

Noddings, Nel, *The Challenge to Care in Schools: An Alternative Approach to Education*, New York: Teachers College Press, 1992. (ノディングス，ネル『学校におけるケアの挑戦—もうひとつの教育を求めて』佐藤学監訳，ゆるみ出版，2007年.)

Noddings, Nel, *Philosophy of Education*, Boulder, Colo.: Westview Press, 1995. (ノディングス，ネル『教育の哲学—ソクラテスからケアリングまで』宮寺晃夫監訳，世界思想社，2006年.)

Noddings, Nel, Happiness and Education, Cambridge, U.K.: Cambridge University Press, 2003. (ノディングス，ネル『幸せのための教育』山﨑洋子，菱刈晃夫監訳，知泉書館，2008年.)

野村達朗編『アメリカ合衆国の歴史』ミネルヴァ書房，1998年.

North American, "Art Critics Flay Barnes Foundation," *North American*, May 20, 1924.

Norton, Mary Beth, Katzman, David M., Escott, Paul D., Chudacoff, Howard P., Paterson, Thomas G., Tuttle William M. Jr., *A People and a Nation: A History of the United States*, Boston: Houghton Mifflin Company, 1994. (ノートン，メアリーベス他『アメリカ社会と第一次世界大戦』本田創造監修，上杉忍，大辻千恵子，中條献，戸田徹子訳，三省堂，1996年.)

小倉英敬『メキシコ時代のトロッキー——1937—1940』新泉社，2007年.

岡村東洋光『ジョン・ロックの政治社会論』ナカニシヤ出版，1998年.

大森雄太郎『アメリカ革命とジョン・ロック』慶應義塾大学出版会，2005年.

Palyi, Melchior, "Book Reviews," *The American Journal of Sociology*, vol.44, no.3, November, 1938.

Paringer, William A., *The Paradox of Liberal Reform: A Critique of Deweyan Praxis*, Ann Arbor: UMI, 1989.

Park, Robert E., "Book Reviews: *The Public and Its Problems*," *The American Journal of Sociology*, vol.34, 1928.

Parker, Walter C., *Teaching Democracy: Unity and Diversity in Public Life*, New York: Teachers College Press, 2003.

Penniman, Josiah H., *Office of the Provost, Josiah H. Penniman (1868—1941), 1921—1940, Records, 1887—1941* (UPA 6.2 P), Box 2, Folder 35, Philadelphia, Pa.: University Archives and Records Center, University of Pennsylvania.

People's Lobby Bulletin, "Liberalism and Social Action," *People's Lobby Bulletin*, vol.5, no.10, February, 1936.

Pepper, Stephen, "Book Reviews: *The Public and Its Problems*," *The International Journal of Ethics: A Quarterly Devoted to the Advancement of Ethical Knowledge and Practice*, vol.38, 1927—1928.

Pepper, Stephen, "The Development of Contextualisitic Aesthetics," *Antioch Review*, vol.28, 1968.

Philadelphia Inquirer, "Foundation Fights Tax; A. C. Barnes Protests City Levy on Property in Suit," *Philadelphia Inquirer*, October 1, 1930.

Progressive Education Association, *Progressive Education Advances: Report on a Program to Educate American Youth for Present-Day Living*, New York, London: D. Appleton-Century Company, 1938.

Progressive Education Association, *Frontiers of Democracy*, vol.10, New York, N. Y.: 1943.

Public Ledger, "African Art Work for Merion Museum Is Most Comprehensive in the World," *Public Ledger*, February 5, 1923.

Public Ledger, "Dr. Barnes Gives $6,000,000 for Art Museum in Merion," *Public Ledger*, January 13, 1923.

Putnam, Hilary, Reason, *Truth and History*, Cambridge, Mass.: Cambridge University Press, 1981.（パトナム，ヒラリー『理性・真理・歴史―内在的実

在論の展開』野本和幸訳，法政大学出版局，1994年.）

Putnam, Hilary, *Realism and Reason*, Cambridge, Mass.: Cambridge University Press, 1983.（パトナム，ヒラリー『実在論と理性』飯田隆訳，勁草書房，1992年.）

Putnam, Hilary, *The Collapse of the Fact/Value Dichotomy and Other Essays*, Cambridge, Mass.; London: Harvard University Press, 2002.（パトナム，ヒラリー『事実/価値二分法の崩壊』藤田晋吾，中村正利訳，法政大学出版局，2006年.）

Putnam, Hilary, *Ethics without Ontology*, Cambridge, Mass.: Harvard University Press, 2004.（パトナム，ヒラリー『存在論抜きの倫理』関口浩喜，渡辺大地，岩沢宏和，入江さつき訳，法政大学出版局，2007年.）

Ratner, Sidney, "Foreword," *The Philosophy of The Common Man: Essays in Honor of John Dewey to Celebrate His Eightieth Birthday*, New York: G. P. Putnam's Sons, 1940.

Ravitch, Diane, *Left Back: A Century of Battles over School Reform*, New York: Simon & Schuster, 2000.（ラヴィッチ，ダイアン『学校改革抗争の100年—20世紀アメリカ教育史』末藤美津子，宮本健市郎，佐藤隆之訳，東信堂，2008年.）

Rawls, John, *A Theory of Justice*, Cambridge, Mass.: Belknap Press of Harvard University Press, 1971.（ロールズ，ジョン『正義論』矢島鈞次監訳，紀伊國屋書店，1979年.）

Read, Herbert, *Education Through Art*, London: Faber and Faber, 1943.（リード，ハーバート『芸術による教育』植村鷹千代，水沢孝策訳，美術出版社，1957年. リード，ハーバート『芸術による教育』宮脇理，岩崎清，直江俊雄訳，フィルムアート社，2001年.）

Rockefeller, Steven C., *John Dewey: Religious Faith and Democratic Humanism*, New York: Columbia University Press, 1991.

Rorty, Richard, *Philosophy and the Mirror of Nature*, Princeton: Princeton University Press, 1979.（ローティ，リチャード『哲学と自然の鏡』野家啓一監訳，産業図書，1993年.）

Rorty, Richard, *Contingency, Irony, and Solidarity*, Cambridge; New York: Cambridge University Press, 1989.（ローティ，リチャード『偶然性・アイロニー・連帯—リベラル・ユートピアの可能性』齋藤純一，山岡龍一，大川正彦訳，岩波書店，2000年.）

Rorty, Richard, *Objectivity, Relativism, and Truth*, Cambridge; New York: Cambridge University Press, 1991.

Rorty, Richard, *Philosophy and Social Hope*, London: Penguin Books, 1999.（ローティ，リチャード『リベラル・ユートピアという希望』須藤訓任，渡辺啓真訳，岩波書店，2002年.）

Rugg Harold, *Man and His Changing Society*, Boston: Gin and Co, 1929—1939, 14 vols.

Russell, Bertrand, *Principles of Social Reconstruction*, London: George Allen and Unwin, 1916.（ラッセル『社会改造の諸原理—数理哲学入門』市井三郎，中村秀吉訳，河出書房新社，2005年.）

Russell, Bertrand, *Marriage and Morals*, New York: Liveright, 1929.（ラッセル，バートランド『結婚論—バートランド・ラッセル著作集8』後藤宏行訳，みすず書房，1959年.）

Russell, Bertrand, *A History of Western Philosophy, and Its Connection with Political and Social Circumstances from the Earliest Times to the Present Day*, London: G. Allen & Unwin, 1946.（ラッセル，バートランド『西洋哲学史—古代より現代に至る政治的・社会的諸条件との関連における哲学史』市井三郎訳，みすず書房，1970年.）

Russell, Bertrand, *The Conquest of Happiness*, London: Unwin Books, 1961.（ラッセル，バートランド『幸福論—バートランド・ラッセル著作集6』片

桐ユズル訳, みすず書房, 1959年. ラッセル『幸福論』安藤貞雄訳, 岩波書店, 1991年.)

Russell, Bertrand, *The Autobiography of Bertrand Russell 1914—1944*, vol.2, London: Allen & Unwin, 1968. (ラッセル, バートランド『ラッセル自叙伝 II 1914—1944』日高一輝訳, 理想社, 1971年.)

Ryan, Alan, *John Dewey and the High Tide of American Liberalism*, New York: W. W. Norton & Company, 1995.

齋藤純一『公共性』岩波書店, 2000年.

齋藤眞『アメリカ政治外交史』東京大学出版会, 1975年.

Saito, Naoko, Imai, Yasuo, "In Search of the Public and the Private: Philosophy of Education in Post-war Japan," *Comparative Education*, vol.40, no.4, 2004.

Saito, Naoko, *The Gleam of Light: Moral Perfectionism and Education in Dewey and Emerson*, New York: Fordham University Press, 2005.

齋藤直子『〈内なる光〉と教育―プラグマティズムの再構築』法政大学出版局, 2009年.

佐貫浩, 世取山洋介編『新自由主義教育改革―その理論・実践と対抗軸』大月書店, 2008年.

佐々木力『生きているトロッキイ』東京大学出版会, 1996年.

佐々木毅『アメリカの保守とリベラル』講談社, 1993年.

佐々木毅『政治学講義』東京大学出版会, 1999年.

佐藤学『米国カリキュラム改造史研究―単元学習の創造』東京大学出版会, 1990年.

佐藤学『カリキュラムの批評―公共性の再構築へ』世織書房, 1996年.

佐藤学『学びの快楽―ダイアローグへ』世織書房, 1999年.

佐藤学「公共圏の政治学―両大戦間のデューイ」『思想』第907号, 岩波書店, 2000年.

Savage, Daniel M., *John Dewey's Liberalism: Individual, Community, and Self-*

Development, Carbondale: Southern Illinois University Press, 2002.

Schack, William, *Art and Argyrol: The Life and Career of Dr. Albert C. Barnes*, New York: Yoseloff, 1960.

Schilpp, Paul Arthur（ed.）, *The Philosophy of John Dewey*, Chicago: Northwestern University Press, 1939.

School Management, "Dewey Favors Federal Department of Education," *School Management*, vol.3, no.4, April, 1934.

School Management, "John Dewey Asks Rotarians to Cooperate with Schools in Character Development," *School Management*, vol.4, no.1, October, 1934.

Sennett, Richard, *The Fall of Public Man*, Cambridge: Cambridge University Press, 1977.（セネット, リチャード『公共性の喪失』北山克彦, 高階悟訳, 晶文社, 1991年.）

Shaw, A. H., "De Medici in Merion," *The New Yorker*, September 22, 1928.

清水幾太郎, 久野収『概論・論理学』白日書院, 1947年.

清水幾太郎「現代文明論」勝田守一, 久野収, 清水幾太郎, 宮原誠一, 宗像誠也編『岩波講座教育第1巻 世界と日本』岩波書店, 1952年.

清水幾太郎「プラグマティズムの本質—デューウィを中心として」『岩波講座現代思想第6巻 民衆と自由』岩波書店, 1957年.

Shusterman, Richard, *Pragmatist Aesthetics: Living Beauty, Rethinking Art*, Oxford; Cambridge, Mass.: B. Blackwell, 1992.（シュスターマン, リチャード『ポピュラー芸術の美学—プラグマティズムの立場から』秋庭史典訳, 勁草書房, 1999年.）

Smith, Adam, *Wealth of Nations*, Buffalo, N.Y.: Prometheus Books, 1991.（スミス, アダム『国富論』水田洋監訳, 杉山忠平訳, 岩波書店, 2000—2001年. スミス, アダム『国富論—国の豊かさの本質と原因についての研究』山岡洋一訳, 日本経済新聞社, 2007年.）

Stack, Sam F., *Elsie Ripley Clapp (1879—1965): Her Life and the Community*

School, New York: Peter Lang, 2004.

Steel, Ronald, *Walter Lippmann and the American Century*, Boston: Little, Brown, 1980.（スティール, ロナルド『現代史の目撃者—リップマンとアメリカの世紀』浅野輔訳, TBSブリタニカ, 1982年.）

杉浦宏編『アメリカ教育哲学の動向』晃洋書房, 1995年.

杉浦宏編『現代デューイ思想の再評価』世界思想社, 2003年.

田中耕治「測定・評価論—アメリカの教育測定運動の特徴～ターマンの足跡を中心にして～」長尾十三二編『新教育運動の歴史的考察』明治図書出版, 1988年.

田浦武雄『デューイとその時代』玉川大学出版部, 1984年.

Temin, Peter, *Lessons from the Great Depression: The Lionel Robbins Lectures for 1989*, Cambridge, Mass.: MIT Press, 1989.（テミン, ピーター『大恐慌の教訓』猪木武徳, 山本貴之, 鳩澤歩訳, 東洋経済新報社, 1994年.）

The Barnes Foundation, "The Educational Program of the Barnes Foundation," *Journal of the Barnes Foundation*, vol.1, no.1, April, 1925.

The Barnes Foundation, "Notes and Comments," *Journal of the Barnes Foundation*, vol.1, no.1, April, 1925.

The Committee for Cultural Freedom, "Manifesto," *The Nation*, vol.148, no.22, May 27, 1939.

The Committee of the Progressive Education Association on Social and Economic Problems, *A Call to the Teachers of the Nation*, New York: The John Day Company, 1933.

The Elementary School Journal, "Dewey's Warnings to Radicals in Education," *The Elementary School Journal*, vol.28, no.9, May, 1928.

The John Dewey Society, "The Forward View: A Free Teacher in a Free Society," *The Teacher and Society*, First Yearbook of the John Dewey Society, New York, London: D. Appleton-Century Company, 1937.

The John Dewey Society, *Educational Freedom and Democracy*, Second Yearbook of the John Dewey Society, New York, London: D. Appleton-Century Company, 1938.

The John Dewey Society, *Democracy and the Curriculum: The Life and Program of The American School*, Third Yearbook of the John Dewey Society, New York, London: D. Appleton-Century Company, 1939.

The John Dewey Society, *Teachers for Democracy*, Forth Yearbook of the John Dewey Society, New York, London: D. Appleton-Century Company, 1940.

The National Commission on Excellence in Education, *A Nation at Risk: The Imperative for Educational Reform: A Report to the Nation and the Secretary of Education*, Washington D. C.: United States Department of Education, 1983.

The New Republic, "Liberty and Common Sense," *The New Republic*, vol.99, no.1278, May 31, 1939.

The Preliminary Commission of Inquiry, *The Case of Leon Trotsky: Report of Hearings on the Charges Made against Him in the Moscow Trials*, New York; London: Harper & Brothers, 1937.

The President's Research Committee on Social Trends, *Recent Social Trends in the United States*, McGraw-Hill, 1933.

The Social Frontier, "Editorials," *The Social Frontier: A Journal of Educational Criticism and Reconstruction*, vol.1, no.1, October, 1934.

Thorndike, Edward L., *Educational Psychology*, New York: Arno Press, 1969.

Thorndike, Edward L., *The Measurement of Intelligence*, New York: Arno Press, 1973.

Tocqueville, Charles Alexis Henri Maurice Clerel de., *Democracy in America*, New York: A. A. Knopf, 1987.（トクヴィル『アメリカのデモクラシー』松本礼二訳，岩波書店，2005年．トクヴィル，A.『アメリカの民主政治』井伊玄太郎，講談社，1987年．）

鶴見和子『デューイ・こらいどすこおぷ』未來社，1963年.

鶴見俊輔『プラグマティズム』河出書房，1955年.

鶴見俊輔「プラグマティズムの発達概説」『岩波講座現代思想第6巻 民衆と自由』岩波書店，1957年.

鶴見俊輔『人類の知的遺産60 デューイ』講談社，1984年.

鶴見俊輔『アメリカ哲学』講談社，1986年.

鶴見俊輔『限界芸術論』筑摩書房，1999年.

鶴見俊輔『戦後日本の大衆文化史』岩波書店，2001年.

Tyack, David, *Seeking Common Ground: Public Schools in a Diverse Society*, Cambridge, Mass.: Harvard University Press, 2003.（タイヤック，デイヴィッド『共通の土台を求めて―多元化社会の公教育』黒崎勲，清田夏代訳，同時代社，2005年.）

上杉忍『二次世界大戦下の「アメリカ民主主義」』講談社，2000年.

Wallace, Graham, *The Great Society*, New York: Macmillan, 1914.

Wallace, Graham, *Human Nature in Politics*, New Brunswick: Transaction Books, 1981.

Washington Post, "John Dewey, Great American Liberal, Denounces Russian Dictatorship," *Washington Post*, December 19, 1937.

Watson, John B., *Psychology: From the Standpoint of a Behaviorist*, Philadelphia: Lippincott, 1919.

Westbrook, Robert B., *John Dewey and American Democracy*, Ithaca: Cornell University Press, 1991.

Whitehead, Alfred North, *Science and the Modern World*, Cambridge: Cambridge University Press, 1925.（ホワイトヘッド『科学と近代世界』上田泰治，村上至孝訳，松籟社，1981年.）

Winters, Elmer, "Man and His Changing Society," *History of Education Quarterly*, no.7, 1967.

柳沼良太『プラグマティズムと教育―デューイからローティへ』八千代出版，2002年.

山脇直司『公共哲学とは何か』筑摩書房，2004年.

山脇直司『グローカル公共哲学―「活私開公」のヴィジョンのために』東京大学出版会，2008年.

油井大三郎『好戦の共和国アメリカ―戦争の記憶をたどる』岩波書店，2008年.

后 记

[日] 上野正道

　　我于2007年9月11日访问了南伊利诺伊大学卡本代尔分校所在的杜威研究中心。卡本代尔位于伊利诺伊州南部，是一个人口约2万人的小镇，从芝加哥乘电车约5小时即可抵达。当日的清晨，既有一种秋之即来的安详静谧之感，也有一种令人难以表述的庄重肃穆充盈其中。那天恰是"9·11事件"的追悼纪念之日，市内随处可见挂起的星条旗，虔诚祈祷的市民举行着满怀哀悼之情的仪式。远处市政厅附近的一群普通市民队列映入我的眼帘，每人都心怀思念和祈愿，其中既有沉浸于悲痛之中者，亦有静默供奉鲜花者，还有做出立誓之举动者。这一日，甚至连清晨与傍晚疾驰奔走的电车汽笛的声音，都仿佛在秋风中飘浮着紧张之感，又像是隐藏于某处的哀鸣响彻了天空的彼岸。这是一个能让人切身感受到在美国社会中所潜在的对于战争与和平的思考的时刻。

　　在这沉寂之中，南伊利诺伊大学卡本代尔分校哲学系教授、杜威研究中心主任拉里·希克曼先生热情地迎接了我。研究中心与广阔的绿色校园相毗邻，在这栋充满设计情调的独栋建筑之中，我几乎每天都会与希克曼主任交谈。谈及话题多为关于民主主义与公共性的论点、进行中的教育改革、学校的课程实践等多方面的内容。有一次，在与主任进行交谈的过程中，我向主任询问：他认为杜威的教育思想在如今的美国教育改革中的渗透力与生命力如何？当触及此问题时，短暂的沉默之后，主任深吸一口气，摇着头说道："一点都没有。"希克曼主任悲叹，现下的政策颠覆了之前的教育改革，重视市场原理主义与标准的政策大行其道，杜威主张的创造性学校教育却逐渐被人所忘却。（关于在南伊利诺伊大学访问时笔者的研究活动，在2007年9月20日的报纸《埃及时报》（*Daily Egyptian*）中有介绍）

2009年秋，即杜威诞辰150周年之际，我访问杜威研究中心时对希克曼主任又提出了相同的问题。之所以会问同样的问题，是因为我想看一下在2008年的金融危机和2009年的奥巴马执政以来，教育是否会发生变化。但是，彼时主任仍旧给出了相同的回答。与此同时，希克曼主任也提到点燃希望之光，敢于批判的重要性。德博拉·迈耶（Deborah Meier）校长引领了纽约中央公园东部和波士顿的学校改革，在以其为首的革新性尝试中，杜威主张的学校构想在教育实践中至今仍散发着生命力。哈佛大学的艾伦·拉古曼教授和斯坦福大学的达林·哈蒙德教授将着眼点放在杜威"被击败"的历史这一点上，也正是从更深层面上与希克曼主任所指出的内容有很高的契合度。就像本书中所论述的那样，杜威对学校改革的构想、特别是对美学经验和公共性的教育实践，遇到了很多困难和挫折，可以称其为"未完成的工程"。此外，在当今高度复杂化、多样化的21世纪中，这项挑战也被认为在未来的学校中，会催生出改革的浪潮，且会展现出以民主主义和公共性为目标的教育愿景。

谈及我与杜威和进步学校改革的渊源，兴趣初始是小学期间因父亲工作的关系，我有一年的时间都是在俄勒冈州的小乡镇上学的经历。当地的学校没有一个日本人，在那里我接受了与之前在日本的小学完全不同的教育。20世纪80年代，我度过了我的小学、中学时光。也正是在这一时期，日本校园暴力横行，学校管理控制的职能被强化，且"应试战争"和"学历社会"成为流行语，崇尚能力主义的教育思潮席卷了整个日本。我还记得，在我上过的学校里，教师把控着学生的学习方向，课程偏重于知识的传达和获得，竞争考试覆盖了整个教室。当然，当时的日本学校并非皆是如此，事实上，即使在美国也看到了趋于竞争环境的风潮。实际上，1983年美国教育部发表了审议会报告书《国家在危急中》（*A Nation at Risk*），积极地提出了重视学习能力的政策。

但是，当时我所在的俄勒冈州正处于实用主义氛围比较浓厚的地区，即使在学校教育中这种浓厚的氛围也随处可见。比如，对于像我这样完全不懂英语的孩子，学校会专门派遣以英语作为第二语言的老师辅导学习，而对于家境贫困的孩子，在休假期间学校也会供餐，等等，学校会充分考虑多样性的社会、文化背景之间的差异，并提供相应的教育。还有，授课是以孩子们交换彼此之间的经验，以合作学习为中心而开展的，教室内也并非由单一的、一元性的价值标准所控制，而是采取多层次的、多元化的形式。学校，顾名思义是相互学习交流之地。在俄勒冈州的这些经历，潜藏于我的记忆深处，给我留下了极为深刻的印象，也使我对理想学校的建设充满了无限的憧憬。而对于这种我所憧憬的教育正是根植于美国民主主义思想这一沃土的事实，却是在我读大学之后才知晓的。

之后，从读硕士开始，我就被杜威以及进步主义中所蕴含的丰富的实践性深深吸引。我在从事相关研究的同时，也得到了许多参观日本国内以及美国学校的机会。日本国内的学校先不必说，在纽约州、马萨诸塞州、宾夕法尼亚州、伊利诺伊州、加利福尼亚州、华盛顿州、夏威夷州等各州访问的多数学校，不仅开启了追忆儿童时期美好回忆的大门，而且在我思考教育问题时也给予我许多启示与美好愿景，这些都成为我针对根源性问题能不断提出疑问的宝贵财富。学校的公共性是什么？基于民主主义的教育又是什么？在这个意义上，就我而言，公共性的问题与其说是科学与艺术的融合，不如说是从更为综合全面的方向考虑的结果。

本书是在东京大学学术研究成果专著出版资助下，所出版的博士学位申请论文《杜威的学校公共性的再构建——以20世纪20年代至30年代的实用主义的变化为中心》（2008年3月提交于东京大学，10月获得教育学博士学位）。在汇总整理本书的过程中，获得了日本文部科学省科学研究经费青年研究（B）2006—2008年度以及2009年度的资助，同时获得大东文化大学人文科学研究所研究费2007年度的资助。出版发行之际，将书名更改为《学校的公共性与民主主义——走向杜威的审美经验论》，并进行了部分增删与修正。

本书能够顺利出版，得益于多方良师益友的指导与建言。对于资料的收集，由衷感谢以东京大学综合图书馆、教育学部图书室为代表的全国大学图书馆、以及宾夕法尼亚大学、哈佛大学、哥伦比亚大学、芝加哥大学、华盛顿大学的各个图书馆、美国国会图书馆等。特别是在我访问南伊利诺伊大学卡本代尔分校杜威研究中心及该大学特别收藏检索中心、宾夕法尼亚大学资料馆、费城艺术博物馆资料馆、巴恩斯基金会时，得到了他们的大力支持与帮助，并且准许我引用杜威和巴恩斯等的书信及照片。此外，笔者考察了芝加哥大学实验学校、城市与乡村学校（play school）、银行街学院（教育实验研究所）、萨缪尔·S. 弗莱舍艺术纪念学院（graphic sketch club）、宾夕法尼亚美术学院，得到他们的支持与协助，并接受了我的采访，准许我进行课堂观察。在此，一一表示衷心的感谢。

另外，我的博士导师佐藤学教授担任了博士论文的主要审查工作。首先，我由衷感谢佐藤学老师严格的学术要求以及给予我的鼓励、指导与帮助。在老师的指导下，我学习掌握了从历史研究方法、实践的方法、到教育哲学的宽广范围的内容。佐藤学老师对论文的指导与分析鞭辟入里，讲解独具匠心，对我以后的研究生涯影响深远，启迪颇多，令我受益匪浅。尤其是学习佐藤学老师的"学习共同体"——学校构建，从本质上得到了与研究主题的基础相关的启示。其次，通过参加老师在研究生院所授课程以及学校的活动，我有幸能接触到学校最新的研究成果以及教育研究的最前沿，这令我倍感幸福。在此，请允许我发自内心地对老师表达最真挚的感谢。

还有，我也从参与接受博士论文审查的今井康雄老师、川本隆史老师、小玉重夫老师、胜野正章老师那里获得了很多宝贵的意见。此外，金森修老师也给予我很多有益的指导与帮助。在此，由衷表示感谢。在日常的学习与研究中，大东文化大学文学部教育系的老师们也多方给予我帮助与鼓励，在此致以诚挚的谢意。除此之外，因人数颇多，在此虽不能一一列名，但在研究期间受到国内外众多老师的关怀与照顾，在此也一并表达我对大家的谢意。另外，在与大学院和研究会的同学、朋友，以及学校的老师们交流的过程中，我也汲取了很多营养，学到了很多知识。这本书出版时，得到了东京大学出版会的竹中英寿先生、后藤健介先生的照拂。在此也感谢后藤健介先生为本书的顺利出版所做的工作，给予的热情帮助和悉心指导。

最后，由衷感谢父母和妻子美姬，以及给予我无法用语言表达的勇气和力量的女儿英惠和瑞香。谨愿此书在今后的教育和学校的思考和实践上，能以某种形式作出微薄的贡献。

2009年10月

译后记

赵卫国

    上野正道博士是日本著名的杜威研究学者，他的日语原著《学校の公共性と民主主義——デューイの美的経験論へ》于2010年由东京大学出版会出版，英文版*Democratic Education and the Public Sphere: Towards John Dewey's theory of aesthetic experience*于2016年由Routledge出版社出版，本次中文版是第三种语言的版本。作者从20世纪20年代至30年代杜威生活的时代入手，考察和分析了杜威实用主义教育哲学产生的背景及过程，并指出杜威的教育哲学思想在今天的意义：它可以为我们当下重建和开拓学校公共性提供新的视角和方向。本书还探讨了杜威公共哲学与美学是如何密切联系的，这是本书的又一个特别的学术贡献，把杜威研究往前推进了一大步。

    上野博士为收集资料多次赴美实地考察，他访问了杜威研究中心、巴恩斯基金会等，获得了很多宝贵的一手资料。因此在本书使用的史料中，不但有杜威著作及大量的杜威研究的文献，还有巴恩斯基金会出版的著作及《巴恩斯基金研究》《乔赛亚·H. 彭尼曼记录集》《菲斯克·金博尔书信集》《菲斯克·金博尔记录集》等，这些都是在2010年原著在日本出版时尚未在其他杜威研究中被充分探讨的资料。上野博士历尽辛苦，通过对资料的梳理和分析，得出的结论是：杜威关注生活活动与共同体基础中的艺术的力量，反对传统教育的灌输和机械训练，强调教育要从实践中学习，要用实践来充实经验，提出在公共性形成的过程中把握审美经验，从艺术教育中探究扩大民主主义的方法。

    翻译这部学术著作的契机是源自科研的需要，2014年至2017年，我作为团队成员参加了由山东师范大学党委副书记张文新教授主持的教育部哲学社会科学研究重大课题委托项目《我国小学阶段学生核心素养模型、指标体系与表现水平研究》（13JZDW007），调研开始阶段我们发现国内有关学生核心素养的研究积累十分贫乏，需要借鉴国际先进国家有关学生核心素养的研究成果，为此我担任了有关日本小学阶段学生核心素养模型、指标体系与表现水平的子课题的调研。在寻找日语资料的过程中，得到了上野博士的很多支持和帮助。他不辞劳苦，多次来到山东师范大学给我们的本科生、研究生及教师做了多场精彩的演讲，如《全球化时代日本的学校改革和学习共同体》《全球化时代的艺术教育与公共性》《日本的小学生核心素养研究和最新的教学实践活动》《日本的教师专业性和教师教育》等。

从上野博士的演讲中，我们对日本在20世纪80年代以后实施的教育改革状况以及2020年开始实施的新教育课程标准都有了深入的了解，并对日本国立教育政策研究所提出的日本版"21世纪能力框架"，即基本能力、思考能力和实践能力三大能力的内涵和实践有了全面的认识。上野博士还通过自己多年田野调查积累的小学课堂教学实践案例，为我们提供了日本小学生核心素养研究的实例，让我们更直观地看到日本小学教育阶段如何重视培养孩子的主体性，即"自己思考和主体判断，能够表现或行动的资质和能力"。越来越多的日本学者认为只有通过实施对话式协同型学习模式，学校才能真正成为学习共同体。与上野博士的这一系列的学术交流活动，让我们深深感受到，杜威的"教育即生活""教育即生长""教育即经验的改造"这些教育理念对日本教育的影响之深之广。

本书的翻译得到了很多同事和同学的帮助，首先感谢张文新教授及课题组各位老师、研究生的支持和鼓励，在此不再一一署名致谢。感谢山东师范大学外国语学院日语系主任李光贞教授、副主任崔颖副教授和同学们的支持和帮助，上野博士到访之际得到日语系老师和同学们的照顾。感谢山东大学外国语学院日语系主任邢永凤教授的支持和鼓励，感恩邢老师帮我介绍山东教育出版社。衷心感谢山东教育出版社祝丽副总编、钱锋编辑、苏文静编辑、齐爽编辑的一路陪伴，正是有你们的鼓励和鞭策，这本译著才得以最后完稿。

　　本书是山东师范大学 2019 年度校级教学改革立项项目（2019XM44）"基于核心素养下的学习心理辅导课程构建的实践探究"、山东师范大学2019年混合式金课建设项目"教育心理学"（2019JK24）等教改项目成果的一部分。全书由我负责组织安排，统筹审稿、定稿。各章翻译执笔情况是：序言、中文版序言，赵卫国（山东师范大学心理学院副教授）；序章，赵卫国；第1章，赵亦璇（山东大学外国语学院日语系硕士）；第2章，赵卫国、伍雨倩（山东大学外国语学院日语系硕士）；第3、4章，赵卫国、殷明艳（山东师范大学外国语学院日语系硕士）；第5章，杨超（山东师范大学外国语学院日语系讲师）；终章、后记，赵卫国。

　　虽然我们尽全力进行翻译，但译文不足之处在所难免，敬请读者批评指正。